www.ingramcontent.com/pod-product-compliance
Lightning Source LLC
Chambersburg PA
CBHW020824270326
41928CB00006B/431
* 9 7 8 6 0 0 1 7 5 9 7 0 3 *

بسم الله الرحمن الرحیم

اللهم صل علی محمد و آل محمد

عقاب علیه شیر

بررسی پیامدهای حملهٔ احتمالی آمریکا به ایران

یعقوب توکلی

انتشارات سوره مهر (وابسته به حوزه هنری)

سوره مهر

عقاب علیه شیر

بررسی پیامدهای حمله احتمالی امریکا به ایران

نویسنده: یعقوب توکلی

طراح جلد : حسام صادقی

اچ اند اس مدیا: تحت امتیاز انتشارات سوره مهر
چاپ بر اساس تقاضا : ۱۳۹۴
شابک: ۳-۹۷۰-۱۷۵-۶۰۰-۹۷۸

سرشناسه : توکلی، یعقوب ، ۱۳۴۶ -
عنوان و نام پدیدآور : جنگ احتمالی امریکا با ایران / نویسنده یعقوب توکلی .
مشخصات نشر : تهران: شرکت انتشارات سوره مهر، ۱۳۸۷.
مشخصات ظاهری : ۳۲۴ ص.
ISBN: 978-600-175-970-3
وضعیت فهرست نویسی : فیپا
موضوع : سیاست نظامی -- ایران .
موضوع : سیاست نظامی -- ایالات متحده .
موضوع : ایران -- روابط خارجی -- ایالات متحده.
موضوع : ایالات متحده -- روابط خارجی -- ایران .
شناسه افزوده : شرکت انتشارات سوره مهر
رده بندی کنگره : ۱۳۹۳ ۹ج۸۸ت۱۶۵۴ DSR
رده بندی دیویی : ۳۲۷/۵۵۰۷۳
شماره کتابشناسی ملی : ۱۲۵۸۳۸۷

نشانی: تهران، خیابان حافظ، خیابان رشت، پلاک ۲۳
صندوق پستی: ۱۱۴۴-۱۵۸۱۵
تلفن: ۶۱۹۴۲ سامانه پیامک: ۳۰۰۵۳۱۹
تلفن مرکز پخش: (پنج خط) ۶۶۴۶۰۹۹۳ فکس: ۶۶۴۶۹۹۵۱
www.iricap.com

فهرست

پیش درآمد

حملهٔ احتمالی امریکا به کشور جمهوری اسلامی ایران از موضوعاتی است که از مدت‌ها پیش دغدغهٔ ذهنی‌ام بوده است. بعد از مدتی بر آن شدم پیش‌بینی‌هایم را از مخاطرات آن به قلم آورم، و بر اساس شواهد و مستندات تاریخی و مباحث، هشداری بدهم به همهٔ آن‌هایی که در پاره‌ای از مباحث و برداشت‌های تاریخی و سیاسی، خوش‌بینانه در برابر دشمنان خویش به تسامح می‌نشینند، و تصور دارند تسامح آنان موجب تسالم آن‌ها خواهد شد. اما واقعیت آن است که تسامح در برابر دشمن به تسلیم خود آن‌ها منتهی می‌شود، نه جان سلامت بردن.

بر همین اساس، از سال‌ها پیش به طرح مباحث ضروری در این خصوص پرداختم. دربارهٔ موضوعاتی که باید بدان‌ها پرداخته شود، با دوستان و محققان بسیاری مشورت کردم. در گام اول، از راهنمایی استادان بسیاری بهره جسته و در فرایند عنوان‌بندی موضوعات و کارآمد کردن مباحث نیز آرای آنان را در نظر گرفتم.

در اینجا لازم است از چند تن از دوستان عزیزم، که در این مسیر همراه من بودند، تشکر کنم؛ آقایان دکتر محمدرضا مرندی، و محمدهانی ایران‌منش، که در ورود به این مباحث یاریگر من بودند، و همچنین دوست عزیزم آقای یاسر عسگری، که بار اصلی زحماتی چون آماده‌سازی متون و تنظیم آن را بر دوش کشیدند. تردیدی وجود ندارد که اگر پشتکار و همت ایشان نبود، این تلاش به این زودی به ثمر نمی‌نشست. ضمن آنکه از دقت و ظرافت نظر آقایان سعید سرمدی و سید محمد معصومی در پیرایش این نوشتار، بی‌نهایت سپاسگزارم. این دوستان با حوصله و دقت بسیار، سطر به سطر کتاب را مطالعه، و اصلاح کردند.

از آنجا که بخش بزرگی از مباحث کتاب بر پایهٔ شواهد تاریخی و تحلیلی، و ناشی از گمانه‌زنی‌های نگارنده است، به طبع مطالبهٔ ارجاع در بسیاری از موارد چندان موجّه به نظر نمی‌رسد؛ ضمن آنکه برای بسیاری از مطالب این کتاب مستندات لازم عرضه شده است.

در ضمن، تاریخ نگارش این اثر زمستان ۱۳۸۵ بوده است. بدیهی است پاره‌ای از تحلیل‌ها یا به اثبات رسیده، یا دچار تغییرات جزئی شده‌اند. با این حال، به اعتقاد من اصل مخاطره همچنان باقی است، و هیچ‌گاه از دستور کار امریکا، اسرائیل، و غرب خارج نشده است.

مقدمه

روند تحولات و اوضاع سیاسی و امنیتی در خاورمیانه و روابط بین ایران و امریکا به سمت و سویی خطرناک پیش می‌رود؛ به گونه‌ای که می‌بینیم بعضی از سران سیاست خارجی امریکا از طرح حمله به ایران سخن می‌گویند. به نظر نمی‌رسد این تهدیدها فقط به پیشرفت ایران در صنعت هسته‌ای و تحولات مربوط به دانش نظامی در ایران معطوف بوده باشد. بررسی و مطالعهٔ سوابق و نتایج ناشی از اتفاقات منطقهٔ خاورمیانه و مسائل بین‌المللی، و روند تحولات در عرصهٔ اقتصاد، فرهنگ، و سیاست خود گواه این بیان است. در واقع مسئله‌ای بس عمیق‌تر از کشمکش هسته‌ای در میان است.

با توجه به نتایجی که امریکا در افغانستان و عراق ـ از حیث رسیدن به اهداف اولیه و تصاحب پایگاه‌های مهم نظامی و سیطره بر منابع نفت و گاز ـ گرفته است، ما به بحث دربارهٔ امکان حملهٔ امریکا به ایران و وقوع جنگی بسیار خطرناک ملزم می‌شویم؛ زیرا این امکان وجود دارد که کانون قدرت حاکم بر امریکا واقعاً در اجرای این تصمیم مُصر بوده، و عملیات حمله به ایران را عملی کند. به طبع این بحث به سرنوشت تک‌تک ایرانیان، نظام جمهوری اسلامی، اسلام و تشیع ایران، انقلاب اسلامی، و به همهٔ نیروهای اسلام‌گرایی، که در ایران و همچنین خاورمیانه وجود دارند، ارتباط وثیق دارد.

ما باید بدانیم که با چه فرایند خطرناکی روبه‌رو هستیم. این مسئله کاملاً منطقی است که اصحاب مدیریت دفاعی و استراتژیک و بحران در کشور باید برای این وضعیت و سناریوهای مختلف آن آمادگی داشته باشند. هر کشوری در زمان نبرد، مقاومت، و اشغال چند نوع سناریوی مقاومت خواهد داشت. گونه‌ای از آن در دست نیروهای حاکمیت است، که در مصادر امور و تصمیم‌گیری‌های اساسی هستند. آن‌ها موظف‌اند برای مواجهه با حملهٔ احتمالی تدابیر لازم را انجام دهند. اما بخش زیادی از هزینه‌های مقاومت را مردم عادی جامعه می‌پردازند. آن‌ها چاره‌ای ندارند جز اینکه در کنار نیروهای نظامی، آستین بالا بزنند، لباس رزم بپوشند، چکمه‌های جنگ به پا کنند، و اسلحه به دست بگیرند. یا اینکه در معرض بمباران‌ها و هجوم دشمن قرار بگیرند.

این درست است که معمولاً مسئولان کشور و نظامیان ارشد تصمیم می‌گیرند که چه باید بشود؛ اما مردم هم باید بدانند که چه باید بکنند؟ علاوه بر مردم عادی، کسانی هم که احتمال می‌دهند در معرض این

تعرض قرار می‌گیرند، می‌بایست از آنچه در پیش رو دارند، آگاه باشند. از سوی دیگر، دشمن هم پیشاپیش باید بداند که با چه پدیدهٔ نیرومند و خطرناکی مواجه خواهد شد. اگر بتوانیم این پیام را به طور جدی به دشمنانمان منتقل کنیم، یعنی در واقع بخشی از قدرت واقعی‌مان را به دشمن بشناسانیم، به اعتقاد من ظرفیت بازدارندگی علیه دشمن را بیشتر کرده‌ایم.

حضرت امیرالمؤمنین(ع) دربارهٔ تجربهٔ شخصی خود در نبرد، خطاب به فرزندش، محمد بن حنیفه، می‌فرمایند: «اِنّی لَمْ اَلْقِ اَحداً الّا حدثتنی نفسی بِقَتْلِهِ فَحدِّثْ نَفسکَ بِعون الله بظهورکَ علیهم.» من با کسی [در جنگ] به مقابله برنخواستم؛ جز آنکه به خودم کشتن او را تلقین می‌کردم. پس پیروزی بر آنان را به کمک الهی به خود تلقین کن؛ یعنی حضرت علی(ع) در نبردهایشان به گونه‌ای با طرف مقابل برخورد می‌کرد، که او از ابتدا می‌فهمید که با خطری جدی روبه‌رو شده است؛ بنابراین ترجیح می‌داد با او مقابله نکند. اگر هم مبارزه را شروع می‌کرد، به طور قطع شکست می‌خورد؛ چون پیشاپیش اراده‌اش برای نبرد ضعیف شده بود.

تاریخ زندگانی آن حضرت به‌خوبی نشان می‌دهد که در تمامی نبردها، امام از جنگ پرهیز می‌کردند. به‌رغم آنکه مورخان اموی در اذهان جوامع مسلمان تمایل آن حضرت را به جنگ به تصویر کشیدند، ایشان همیشه از جنگ امتناع داشتند. تاریخ واقعی حضرت امیر و ائمه، علیهم‌اسلام، تاریخ امتناع از جنگ است، نه تاریخ اتکای به جنگ.

بنابراین، با توجه به اینکه ما پیرو آن حضرت هستیم، آنچه در این بحث منظور ما است، در گام نخست ارائهٔ راهکارهایی برای جلوگیری از جنگ، و دوم اگر بنا است دشمن آغازگر جنگ باشد، بداند در چه بستر تاریخی و اجتماعی گرفتار خواهد شد ـ البته نه

اینکه دشمن راهنمایی شود، بلکه به او بفهمانیم با چه خطر بزرگی مواجه خواهد شد، و بر آن اساس بتواند عاقلانه تصمیم بگیرد؛ یعنی خروج از عرصهٔ رقابت‌خوانی‌های نظامی و جنگ‌طلبی‌هایی، که ذهنیت استراتژیست‌های نظامی نومحافظه‌کار و جنگ‌طلب امریکا را پر کرده است.

ما در این مجال می‌کوشیم با توجه به واقعیت‌های موجود، در مسیر بازدارندگی روانی دشمن و آمادگی نظام جمهوری اسلامی، مباحث ضروری را مطرح کنیم.

ضرورت بحث دربارهٔ پیامدهای حملهٔ احتمالی امریکا به ایران

ممکن است این سؤال در ذهن مخاطب پدید آید که ضرورت این بحث در این اوضاع و احوال ـ که اسرائیل از حزب‌الله لبنان شکست سنگینی خورده، طرح خاورمیانهٔ بزرگ امریکا ناکام مانده، تئوری «نقشهٔ راه» به ضدّ خود بدل شده، و امریکا در افغانستان و عراق با مشکلات بزرگی مواجه شده است ـ چیست؟

واقعیت این است که بعد از موقعیتی که در خاورمیانه برای امریکا به وجود آمد و به‌خصوص بعد از رشد جریان اسلام‌گرایی و قدرت‌های کانونی مختلف در جهان اسلام، امریکا به این نتیجهٔ اساسی رسید که کانون همهٔ این تحولات در ایران قرار دارد، و این کانون با مجموعه‌ای از نیروهای اجتماعی و نیز پتانسیل بسیار نیرومند سیاسی و نظامی

همراه است و امکان کنترل، تهدید، و برخورد با آن به‌آسانی وجود ندارد. برداشت ما این است که امریکا با پیش کشیدن بحث فرایند انرژی هسته‌ای در شورای امنیت، می‌کوشد بهانهٔ لازم را برای به دست آورد و اجماعی حداقل در سطح سران غرب در مقابل ایران ایجاد کند، و در نتیجه کانون اصلی و نیرومند گرایش به اسلام و مقابله با امریکا را هدف قرار دهد؛ کانونی که در عمل بخش بزرگی از جهان اسلام را متوجه منافع نامشروع غرب در جهان اسلام کرده است، و با ایجاد خودباوری، ذهنیت‌ها را در جهان اسلام به این واقعیت معطوف کرده است که مردم جهان سوم و اسلام شایستهٔ زندگی بهتری هستند؛ پس چرا باید در مسیر زندگی خود، فقط به دنبال آسایش مردم اروپا و امریکا باشند؟ آنچه مهم است، این است که اگر در غرب این اجماع شکل بگیرد، و برای حمله و مقابلهٔ نظامی با ایران تصمیمی گرفته شود، چه سناریوهایی ممکن است طراحی شود؟

ما با اوضاع آشفته‌ای که ممکن است پس از وقوع این حادثهٔ تلخ صورت گیرد، باید یک «چه باید کرد؟» فرضی در ذهنمان داشته باشیم؛ یعنی بتوانیم افق‌های حوادث را ببینیم، و بدانیم در این صورت با چه حوادثی مواجهیم؟ دقیقاً مثل زمانی که احتمال یک زمین‌لرزه را می‌دهیم و برای آنکه جان سالم به در ببریم و فرزندانمان آسیب کمتری ببینند، می‌اندیشیم که چگونه این بحران را کنترل و مدیریت کنیم. با عواقب آن آشنا شویم و بدانیم که در صورت وقوع زلزله، چه امکاناتی را باید فراهم کنیم، چه ارتباطاتی را ایجاد کنیم، نیروها را از چه مسیرها و کانال‌هایی بسیج کنیم، و با چه نیروهایی تماس بگیریم؟

بدون برنامه‌ریزی و مدیریت، فرزندان و آسیب‌دیدگان این جریان با مشکلات جدی مواجه خواهند شد. بنابراین، داشتن این پیش‌فرض‌ها

به معنای استقبال از زلزله نیست؛ بلکه به این دلیل است که بتوانیم آنچه را که در این حادثه بر ما تحمیل می‌شود، مدیریت، و خودمان را از آن آسیب‌ها حفظ کنیم. پس باید در جریان این حملهٔ احتمالی بدانیم که برای مردم ما و نیروهای اشغالگر چه اتفاقاتی ممکن است بیفتد، و چه باید بکنیم تا هویت و امنیت ملی کشور ما آسیب نبیند؟

ممکن است عده‌ای بر این باور باشند که با توجه به سابقهٔ شکست امریکا در جریان طوفان طبس و جنگ تحمیلی، این دولت به جای حملهٔ مستقیم، از راهکارهای دیگری چون ادامه دادن به تحریم‌های اقتصادی و سیاسی و علمی، بها دادن به شخصیت‌های تفرقه‌انداز قومی و مذهبی ـ به‌خصوص در استان‌های مرزی ـ حمایت از روشنفکران سکولار و ضد انقلاب، ترویج فساد و فحشا، و دور کردن نسل جوان از انقلابیون دشمنی‌اش را با ایران تشدید کرده، و به «فروپاشی از درون» و «انقلاب مخملی» روی آورَد. با اینکه امریکا درصدد تشدید فشار بر ایران است؛ واقعیت مطلب این است که خود می‌داند در عمل، با این طرح‌ها به اهداف مطلوبش دست نیافته است.

از طرف دیگر، ممکن است امریکا بخواهد در ایران با ایجاد تفرقه و نیروی گریز از مرکز، بحران‌های تجزیه‌طلبی را تقویت کند؛ چنان که در حال حاضر، و البته در سال‌های گذشته نیز طیف بسیاری از آثار و مکتوبات نوشته‌شده ادبیات گریز از مرکز و تجزیه‌طلبی را ترویج کرده و می‌کنند. ولی مسئله این است که هیچ یک از این‌ها مشکل امریکا را حل نمی‌کند. گسترش ادبیات جنسی، سکولار، و تجزیه‌طلبی ممکن است بخشی از نیروهایی را خطاب قرار دهد، که در عمل تأثیر چندانی در حوزهٔ قدرت سیاسی و دفاعی در ایران ندارند. آن‌ها با پدیدهٔ مهم دیگری مواجهند؛ اسلام‌گرایانی که در ایران و سایر کشورها حضوری

فعال، و در برخی از کشورها قدرت سیاسی خوبی در اختیار دارند. بنابراین، با وجود اسلام‌گرایان ـ با همهٔ انتقادات و تفاوت سلیقه‌هایی که در داخل درباره‌شان وجود دارد ـ نه مسئلهٔ تجزیه‌طلبی به جایی می‌رسد، و نه مسئلهٔ گسترش ادبیات سکس و سکولار. در واقع تمرین، گسترش، و سرمایه‌گذاری بر سر این موضوعات مصرف هزینه در بسترهای اجتماعی است، که از دیرپا به غرب نزدیک بودند و سنگرهای جدیدی را برای آنان فتح نخواهند کرد؛ به این معنا که حتی افرادی که به لحاظ سوابق ذهنی و خانوادگی آمادگی و ظرفیت روانی کنار گذاشتن عفت را دارند ـ و البته درست است که طیف‌های بی‌طرف هم در اینجا در معرض خطر قرار می‌گیرند ـ اگر احساس کنند هویت ملی و دینی‌شان با ادبیات بی‌عفتی و گسترش بی‌حجابی به خطر می‌افتد، تغییر جهت داده و به سمت منافع ملی و دینی خودشان گام برمی‌دارند. اما این مطالب برای کسانی که در حوزهٔ سیاست‌گذاری‌های کلان فکر می‌کنند، مباحثی جزئی است و نمی‌تواند منابع و منافع کلان آن‌ها را یک‌جا تأمین سازد.[1]

واقعیت این است که گسترش ادبیات تجزیه‌طلبی، سکولار، و سکس در ایران ممکن است در سال‌های آینده به نتایجی منتهی شود؛ اما حاکمان کاخ سفید، شامل دموکرات‌ها یا جمهوری‌خواهان نومحافظه‌کار، فرصت و حوصلهٔ این کار درازمدت را ندارند. آن‌ها می‌خواهند از قدرتشان در آینده سؤال نشود. ما با جهانی مواجه هستیم که قدرت از آنِ کسانی است که با معادلات نظامی جهان را اداره می‌کنند، و منطقِ سیاست عقلانیِ حاکمیت‌های سیاسی صلح‌طلب یا در خطرِ تجاوز نظامی را ندارند. ما در گذشتهٔ تاریخی خود چنین فریبی

۱. سراج، رضا، جنگ در پناه صلح، قم، تسنیم اندیشه، ۱۳۸۷، ص۶۶.

را خورده‌ایم. در سال‌های نهضت ملی شدن صنعت نفت این تصور را داشتیم که امریکایی‌ها از دوستان ما هستند. ولی با دگرگونی ماهیت حکومت در امریکا و تغییر سیاست‌ها در انگلیس و نیز امریکا، کودتای ۲۸ مرداد به نفع امریکا و انگلیس در ایران به وقوع پیوست، و دکتر مصدق دستگیر، محاکمه، و سپس به احمدآباد تبعید شد.

بنابراین، ما باید فرض را بر این بگیریم که دشمن ما به اقدامی سریع دست خواهد زد، و در صورت غفلت، ما دچار یک انفعال، بحران، و مشکل حاد خواهیم شد؛ چون در جنگ سرعت عمل بسیار مهم است؛ یعنی این‌چنین نیست که به ما فرصت تغییر موقعیت را بدهند. ممکن است برخی از سیاسیون چنین تصوری داشته باشند؛ اما کسانی که دارای تفکر نظامی هستند و جنگ‌سالارانه می‌خواهند جهان را اداره و بر آن سیطره پیدا کنند، به‌هیچ‌وجه این گونه فکر نمی‌کنند. آن‌ها به عملیاتی بسیار سریع و دسترسی به اهداف با سرعت هر چه بیشتر فکر می‌کنند. به همین جهت عموم کشورهایی که اهداف اشغالگرانه و تجاوزگرانه دارند، همیشه نیروهایی با قدرت واکنش سریع داشتند. نمونه‌های تاریخی از این دست فراوان‌اند. در گذشته از اسبان تیزرو و جنگاورانی چابک استفاده می‌کردند، تا بتوانند ضربات نظامی سهمگین‌تری را بر دشمنان خویش وارد کنند. زمانی که امریکایی‌ها به دنبال اهداف خودشان بودند، اولین نیرویی که به عراق فرستادند، نیروی واکنش سریع بود. بنابراین، ما باید خود را برای روبه‌رو شدن با این واقعیت آماده کنیم، که امریکا به گونه‌ای وارد نبرد با ایران خواهد شد، که ما فرصت نکنیم نیروهای خودمان را بسیج کنیم.

در جنگ‌های گذشته، معمولاً نیروی متجاوز و آغازکنندهٔ نبرد نهایت سعی خود را داشت تا بتواند اهدافش را پنهان کند، و آن‌چنان بر سر

دشمن فرود بیاید که فرصتی برای تدارک نظامی برای او باقی نگذارد؛ یعنی در عمل کشور مقابل در معرض اقدام انجام‌شده قرار بگیرد، و راهی جز تسلیم یا مقاومت شکننده نداشته باشد. بنابراین، چون امکان و احتمال وقوع حملهٔ دشمن کم نیست، چاره‌ای نداریم که به لحاظ ذهنی و عینی خود را برای هجوم گسترده و نیرومند دشمن آماده کنیم، یا حداقل مباحث و سناریوهای احتمالی مربوط به این مسئله را پی بگیریم.

چنانچه از تاریخ جنگ جهانی دوم برمی‌آید، و اسناد و مدارک تاریخی نیز مؤید این نکته‌اند، دولت در دورهٔ پهلوی اول، و به‌خصوص شخص رضاخان پهلوی، به‌هیچ‌وجه فکر نمی‌کرد با حملهٔ انگلیس و امریکا در سال ۱۳۲۰ مواجه شود. انگلیسی‌ها علیه رضاخان تبلیغات کردند و به وی هشدار دادند که باید کارشناسان آلمانی را اخراج کند. او نیز هر شرطی را که انگلیس گذاشت، پذیرفت. اما منافع امریکا، انگلیس، و روسیه اقتضا می‌کرد برای ایجاد تغییر در صحنهٔ نبرد، جبههٔ زمینی روسیه تقویت شود. در واقع امکانات نظامی و نفتی، و ظرفیت‌های اقتصادی کشورهای منطقه را در جهت حمایت از روسیه و تقویت و بهره‌برداری نیروهای متفقین به نفع آن مصادره کند. رضاخان و مسئولان دولت ایران هیچ‌گاه فکر نمی‌کردند کشور ایران، در آن اوضاع و احوال، در خطر هجوم کشور خارجی قرار بگیرد، و فوراً هم اشغال شود.[1]

در وضعیت کنونی، اصلی‌ترین مسئلهٔ امریکا با ایران ساختار فکری حاکم بر کشور ما و نیروهای اسلام‌گرایانه است، که با ارزش‌های امریکا کاملاً در تضاد هستند. پس در واقع، این‌چنین نیست که اگر امریکا وارد فاز نظامی برخورد با ایران شود، هدف نهایی‌اش فقط

---

۱. الهی، همایون، اهمیت استراتژیکی ایران در جنگ جهانی دوم، تهران، نشر دانشگاهی، ۱۳۶۴، ص ۱۰.

نابودی پالایشگاه‌ها، مرکز هسته‌ای بوشهر، یا چند مرکز هسته‌ای و اقتصادی در ایران باشد. مشکل امریکا نیروهای اسلام‌گرا در ایران است و بس. با این حساب، در صورت وقوع حمله، خطر بسیار شدید است و اصلاً نمی‌توان این پدیده را با پدیدهٔ اشغال در زمان جنگ جهانی دوم در ایران مقایسه کرد.

هدف امریکا در عراق انهدام ماشین نظامی صدام و تسلط بر منافع نفتی آن کشور بود. حذف نیروهای بعثی از اهداف اساسی آن به شمار نمی‌رفت؛ چون به لحاظ ارزشی، اصلاً با نیروهای بعثی مشکلی نداشت. در جریان حمله به پاناما نیز، هدف اصلی امریکا برکناری آقای نوریگا و تسلط بر پاناما بود. به عبارتی، در پاناما با تفکری خاص روبه‌رو نبود.

امریکا حتی در برخورد با کمونیسم نیز با یک تفکر چالش‌برانگیز جدی روبه‌رو نبود؛ چون هنگامی که توانستند در عمل شوروی و روسیه را از جایگاه ابرقدرتی خارج کنند، با کمونیست‌ها برخورد جدّی نکردند. ولی در فلسطین، بوسنی، و لبنان برخورد فیزیکی، و بر اساس حذف شخصیت‌های اسلام‌گرا و مسلمان بود.

بحث بر سر این است که امریکایی‌ها معتقدند در ایران مجموعه‌ای بسیار گسترده از این دست شخصیت‌ها حضور دارند. بنابراین، آنچه در ایران هدف نظامی امریکایی‌ها خواهد بود، در گام اول، انهدام اهداف و شخصیت‌های مؤثر انسانی است، نه اهداف فیزیکی، و در مرحلهٔ بعد حذف آنان به منزلهٔ جریانی فکری از عرصهٔ قدرت سیاسی.

بنابراین، ما معتقدیم که می‌بایست با رویکرد دیگری به این مسئله بنگریم. به عبارتی، آشکارا با سابقه و دیرینهٔ تاریخی این پدیده آشنا شویم و بدانیم با چه پدیده‌هایی، چه دشمنانی، و چه اهدافی مواجه هستیم. من باور ندارم که ما وارد جنگی بشویم که نه طرف ما بداند

که با چه کسی می‌جنگد، و نه ما بدانیم که با چه کسی می‌جنگیم. به عبارت دیگر، انسان‌ها در جنگ‌ها با هم‌دیگر می‌جنگیدند و هم‌دیگر را می‌کشتند؛ بدون آنکه بدانند برای چه و که دارند می‌جنگند؟ ما باید پیشاپیش بدانیم با چه پدیده‌ای سر و کار داریم. به نظر من، ضرورت این بحث در وضعیت کنونی بسیار زیاد است.

شاید این سؤال مطرح شود که پیش‌بینی حملهٔ امریکا به ایران تصوری بدبینانه است، و امکان دارد بر پایهٔ یک نگرش افراطیِ سیاسی و تاریخی باشد. اما این طور نیست؛ بلکه از منظری کاملاً واقع‌بینانه ناشی می‌شود. امریکا در حال حاضر در وضعیتی قرار دارد که معتقد است در بحران‌های بزرگ می‌تواند دست به کارهای بزرگ بزند. همیشه اتفاقاتی که دولت‌ها به دنبال آن هستند، در آرامش به دست نمی‌آید؛ بلکه برعکس اهداف بزرگ را می‌توان در وضعیت کاملاً ناآرام به دست آورد.

ممکن است بسیاری تصور کنند که با توجه به نتایجی که امریکا به‌ظاهر در افغانستان و عراق به دست آورده است، ممکن است پیش‌بینی فرض حملهٔ امریکا به ایران پیش‌بینی نامعقولی باشد. اتفاقاً از نگاه استراتژیک، رهبرانی که وارد عرصهٔ نبردهای بزرگ شدند، در وضعیت‌های بحرانی خواسته‌هایشان را عملی کرده و به اجرای طرح‌هایشان پرداخته‌اند.

ملاحظهٔ تاریخ نبردهای جنگ جهانی اول ثابت می‌کند که جنگی از پی جنگی دیگر شروع می‌شود. طرفین جنگ در جنگی پیروزنشده، وارد نبردی دیگر می‌شوند. در جنگ جهانی دوم نیز، هیتلر بعد از تصرف اتریش و تصاحب آن، چکسلواکی را نیز اشغال کرد. شعور سیاسی و نظامی اقتضا می‌کرد هیتلر، که مرزهایش را تا به آن حد

گسترش داده بود، به تثبیت وضعیت خود بپردازد و به کشورگشایی و اشغال سرزمین‌های دیگر ادامه ندهد. اما چرا او در پی این حمله، با وجودی که دولت‌های فرانسه و انگلیس این مسئله را پذیرفته و چمبرلین (نخست‌وزیر انگلیس) و دالایه (نخست‌وزیر فرانسه) مجوز تصرف چکسلواکی را به او دادند و حتی به دولت ایتالیا اجازه دادند که به لیبی حمله کند، این اقدامات را انجام داد و به دنبال طعمه‌های بعدی مثل رومانی، بلغارستان، لهستان، یوگسلاوی، و بعد خودِ فرانسه بود؟! حتی بعد از اشغال فرانسه و تثبیت نیروهایش در این کشور، به روسیه لشکر کشید. ضرورت این کار چه بود؟! این با عقل متعارف نظامی و استراتژیک هم‌خوانی نداشت.

مردانی دست به جنگ‌های بزرگ و حملات سنگین در دنیا می‌زنند، که دارای توهمات بزرگ هستند. ما از حدود و اندازهٔ دایرهٔ توهمات استراتژیک این مردان، که دارای امکانات نظامی گسترده هستند و مخاطرات شدیدی را برای دیگران و خودشان پیش می‌آورند، آگاه نیستیم و نمی‌دانیم موضع ما در داخل این دایره قرار دارد، یا خارج آن. از این جهت، اصلاً منطقی نیست که خوش‌بینانه، همچون افرادی که دوست دارند هیچ اتفاقی برای آن‌ها نیفتد و در معرض خطر قرار نگیرند، خود را به عقلانیت دشمن خوش‌بین کنیم.

امریکا حاکمیت ایران را به منزلهٔ کانون بحران و مخالفت بین‌المللی علیه خود می‌شناسد، و اگر بتواند آن را دچار اضمحلال و مشکلات اساسی کند، سران آن را از بین ببرد، یا حتی حکومتی بی‌ثبات در ایران ایجاد کند، قطعاً منافع امریکا در جهان بر اساس رویکرد جورج بوش و نومحافظه‌کاران تأمین خواهد شد. چنانچه جورج بوش گفته است: «جهان پس از صدام امن‌تر شده است.» در حالی که واقعیت این است

که جهان ناامن‌تر شده است.

اما به هر حال، امریکا به بخشی از اهداف اساسی‌اش رسیده است. در چنین اوضاع و احوالی، امریکایی‌ها به دنبال القای این باور هستند، که ناامنی عراق به دلیل وجود ایران است. از این رو، باید بتوانند ایران را در این مجموعهٔ جهانی از تابعان سیاسی خود کنند. با این فرض، معتقدند که مردم در ایران، عراق، و سایر نقاط جهان و حتی در امریکای لاتین، که مخالفان امریکا به قدرت رسیده‌اند، از مقاومت خود دست خواهند کشید و به سمت رضایت به نظم بین‌المللی مورد نظر امریکا و غرب شتابان حرکت خواهند کرد. در نتیجه خاورمیانه‌ای جدید و ساختار نوین تقسیم قدرت در جهان تثبیت می‌شود. بنابراین، ما اصلاً نمی‌توانیم به این مسئله نگاه خوش‌بینانه‌ای داشته باشیم، یا طبق برآورد استراتژیک بگوییم که این‌ها چرا مرتکب جنگ شدند؟ یا چند کشور در اطراف ما را اشغال کردند؟ بلکه در حال حاضر باید این مسئله را جدی بگیریم که ما بالاترین، حساس‌ترین، و جدی‌ترین هدف نظامی آن‌ها هستیم. مهم‌تر اینکه بیشترین ظرفیت بین‌المللی (منظور ظرفیت‌های تبلیغاتی، سیاسی، و حقوقی در غرب و امریکا) برای وقوع حمله به ایران وجود دارد.

عاقلانه‌ترین تصمیم آن است که ما فرض را بر این بگذاریم که امریکا ممکن است به ما حمله کند. حضرت امام(ره) در کتاب چهل حدیث به نکته‌ای اخلاقی اشاره می‌کنند، که به هدف‌گذاری طولانی‌مدت زندگی انسان مربوط است. ایشان می‌فرمایند: «شما فرض را بر این بگیرید که همهٔ انبیا که آمدند و وعدهٔ عذاب دادند، یک در هزارم آن درست باشد. اگر شما در معرض خطر یک‌هزارم در عذابی چون عذاب جهنم باشید، باید تلاش کنید؛ چراکه احتمال یک در هزارمِ آن هم عذاب

خطرناکی است.»

با توجه به ابزار و عواملی که امریکا در دست دارد، احتمال حملهٔ امریکا به ایران زیاد است. همین احتمال هشداردهندهٔ بسیار مهمی برای ما می‌تواند باشد. حقیقت این است که هزاران دوست انسان را کفایت نمی‌کند؛ اما یک دشمن انسان را بس است. دنیا به سمت نوعی استقلال‌خواهی و آزادمنشی پیش می‌رود. بخشی از این جریان تحت تأثیر وقوع انقلاب اسلامی در ایران است. با توجه به اینکه در فضای بین‌المللی احساس‌های مشابه هم وجود دارد، در واقع در سراسر جهان همه منتظر و متوقع آزادی‌خواهی و به عبارت دیگر، رهایی‌بخشی هستند.

ممکن است بخشی از این حوادث با زمان ما هماهنگ و هم‌زمان باشند. بنابراین در مسائل جهانی، ما نمی‌توانیم ادعا کنیم که این اتفاقات با انگشت اشارهٔ ما صورت گرفته است. البته سیاستمداران مایل‌اند خودشان را در جهان مؤثر نشان دهند، و البته مخالفان آن‌ها هم بدشان نمی‌آید هر اتفاق نامیمونی را در هر گوشه از دنیا به گردن مخالفان خود بیندازند ـ که این رفتار گاهی سبب افزایش قدرت مخالف، و از سویی افزایش فرصت برای تهاجم به دشمن می‌شود.

زمانی اسرائیل حوادث بسیاری را به گردن می‌گرفت. این امر سبب می‌شد بر قدرت روانی اسرائیل در دنیا افزوده شود. جالب اینکه همان طور که اسرائیل اتفاقات بسیاری را به گردن ما می‌اندازد، خودِ این تبلیغات علیه ما سبب شده است تابوی قدرت ما افزایش یافته و بعضی مواقع باور کنیم که واقعاً ما بر هر چیزی توانایی داریم. در صورتی که واقعیت این گونه نیست. گاهی دشمنان ما نیز چنین باور می‌کنند و خودِ این مسئله سبب شده است ظرفیت و قدرت بین‌المللی ما افزایش پیدا

کند. هرچند سیاست مطلوب جمهوری اسلامی وجود قدرت در برخورد حسنه، مجادلهٔ احسن، و عدالت‌خواهی بین‌المللی است؛ ما باید به این واقعیت توجه کنیم که تأثیرگذاری واقعی ما در عرصهٔ بین‌الملل چقدر است، و ترس از قدرت تخریب و اعمال خشونت از جانب جمهوری اسلامی مطلوب دشمنان واقعی ایران است. اما خود باید از اندازهٔ واقعی قدرت مادی و معنوی‌مان آگاه باشیم، و در معرض باور تبلیغات غلط قرار نگیریم. در الگو بودن ایران برای کشورهای آزاده و مستقل تردیدی وجود ندارد. با شناختی که از دیپلماسی و سیاست خارجی ایران داریم، اینکه دست ایران در همه جا در کار باشد، در چنین اتفاقاتی بعید به نظر می‌رسد.

ضرورت واقع‌بینی و هماهنگی اهداف و ابزار

از اصلی‌ترین مبانی تصمیم‌گیری و عمل در عرصهٔ سیاست خارجی و استراتژی نظامی، درک صحیح از ظرفیت‌ها، توانایی‌ها، فرصت‌ها، و امکانات رقبا، دشمن، و خودمان است. پس، باید با واقعیت قابلیت‌های خودمان آشنا باشیم و این مسئله را درک کنیم که در زمان مخاطره و مواجههٔ جدی و نظامی با امریکا، هیچ کشوری به یاری ما نخواهد آمد. هر یک از کشورها به دنبال منافع ملی خود هستند. گاهی ممکن است منافع ملی ایران با منافع آن‌ها هم‌سویی پیدا کند، گاهی نیز امکان دارد منافع ما در منطقهٔ خاورمیانه در تعارض با قدرت دیگری باشد. حتی شاید منافع ما با فرانسهٔ متحد امریکا هم‌سویی پیدا کند.

این هم‌سویی در منافع را نباید به این حساب بگذاریم که دولت‌ها برای ما از منافع خود درگذرند. به فرض دولت بزرگ یک میلیارد و چهارصد میلیون نفری چین، تحت تأثیر دیپلماسی فعال ما، با امریکا

مناسبات خود را تغییر دهد و در مسیر اهداف ما قرار گیرد. به این مسئله توجه داشته باشیم که آن‌ها هم بر اساس منافع خودشان تصمیم می‌گیرند. اگر ما بخواهیم این ادعا را طرح کنیم، ممکن است دچار دو نقص اساسی بشویم: یکی توهم و دیگری خودبزرگ‌بینی و احساسِ قدرت نابجا. توهم ما را با خطرات بسیار زیادی مواجه می‌کند؛ مثلاً کسی که به حشیش معتاد است و پله‌ای پیش رویش قرار دارد، به دلیل مصرف مواد، پله را خوب نمی‌بیند و دچار خطر سقوط می‌شود.

همراه با توهم، احساسی از خودبزرگ‌بینی نیز در ما ایجاد می‌شود، که ما را به مخاطرات جدی دیگری وامی‌دارد؛ تا جایی که اهدافی را در نظر می‌آوریم که به اندازهٔ توان و ابزار ما نیست. ما باید اهدافی را جست‌وجو کنیم که به اندازهٔ ابزار و توان ما است، یا حتی ابزار ما بیشتر و قوی‌تر از اهداف ما باشد. با این تدبیر، می‌توان گفت دسترسی به اهداف بزرگ دست‌یافتنی است. ساماندهی آن اهداف بزرگ بر اساس ابزار کوچک ما را به بیراهه می‌برد، چون بدون ساماندهی و طراحی استراتژیک به آن اهداف بزرگ نمی‌توانیم برسیم. از باب مثال، ورود ایران در جریان حملهٔ اسرائیل به لبنان، هم‌زمان با درگیری وسیع با عراق، اشتباهی استراتژیک و فراتر از ابزار واقعی کشور بود، که حضرت امام(ره) با صراحت و با تبیینی استراتژیک جلوی این اشتباه را گرفت.

امام(ره) با توجه به واقعیت‌ها و توانایی‌های ابزاری ما، فرمودند که نیروهای مسلمان لبنان را آموزش می‌دهیم تا آن‌ها خود از خود دفاع کنند. اگر این فهم درست و دقیق امام(ره) نبود، جمهوری اسلامی در هر دو جبههٔ عراق و اسرائیل شکست وحشتناکی می‌خورد. اما همسان‌سازی اهداف و ابزار از سوی امام خمینی(ره) علاوه بر اینکه

طرح امریکا و اسرائیل و صدام را، که قصد داشتند ایران را هم‌زمان در چند جبهه درگیر کنند، نقش بر آب کرد، توانست اهداف استراتژیک درازمدت اسلام‌گرایان را به پیروزی برساند.

با پذیرفتن و دامن زدن به این ذهنیت، که در نظام بین‌الملل از تأثیرگذارترین نیروها هستیم، با کسانی روبه‌رو خواهیم بود که ورود یک بازیگر جدید را در عرصهٔ نظام بین‌الملل قبل از نیرومند شدن واقعی او نخواهند پذیرفت، و به‌آسانی به حذف آن رضایت خواهند داد. تاریخ ثابت کرده است هیچ یک از کسانی که امروز با ما همکاری می‌کنند، تا مرز خطر با ما همراه نخواهند بود. بنابراین، نباید دچار توهم شد، و خود را در میدان مین خطرناک و ناشناخته وارد کرد.

مدیریت بحران با ایجاد بحران جدید

از بحث‌هایی که به طور جدی مطرح است، این است که آیا ممکن است امریکایی‌ها در وضعیت بحرانی در عراق، وارد پروژهٔ جدیدی از بحران بشوند؟ واقعیت این است که شواهد بسیاری در تاریخ وجود دارد که دولت‌های میلیتاریست برای حل بحران، به بحران دیگری ناشی از شکست یا کامل نشدن اهداف خود تن می‌دهند؛ چنان که صدام بعد از شکست در جنگ با ایران به الزام مصالحه و قبول شکست در برابر ایران تن داد، و وارد بحران حمله به کویت شد، تا بتواند با این کار بخشی از بحران‌های درون جامعه و حتی شخص خودش را حل کند. او ناچار شد جبههٔ جدیدی ایجاد کند، تا شاید با پیروزی در آن بتواند عامل قدرت‌افزای جدیدی را به دست آورد.

در جریان جنگ جهانی دوم، می‌بینیم که آدولف هیتلر و دولت رایش بعد از هر پیروزی، وارد عملیاتی جدید و اشغال کشوری دیگر می‌شوند.

او بعد از تصرف اتریش، الحاق چکسلواکی به آلمان، حمله به لهستان و اشغال آن، حتی به حمله به فرانسه و اشغال کامل آن هم رضایت نمی‌دهد.[1] حال آنکه عقل سیاسی و استراتژیک اقتضا می‌کرد دولت آلمان، که بخش‌های وسیعی از اروپا را تصرف کرده بود، نیروهایش را در آنجا تثبیت، و دامنهٔ بحران را مدیریت کند. اما بعد از حمله به فرانسه و سپس روسیه، وارد جنگ با انگلستان می‌شود. بنابراین، در جنگ وقتی به یک بحران دامن زده می‌شود، سیاستمداران جنگ‌طلب برای حل بحران‌های دیگر، به فکر بحران دیگری می‌افتند. معلوم نیست دامنهٔ آنچه اتفاق می‌افتد، چقدر خواهد بود. ضمن اینکه تجربهٔ تاریخی ثابت کرده است دولت‌ها برای حل یک مشکل به مشکل دیگری دامن می‌زنند.

از طرفی امریکا در پی حمله به عراق و افغانستان، دچار اختلاف، چانه‌زنی، و در نتیجه بحرانی درونی شده است، او می خواهد برای ایجاد وحدت ملی، دشمنی جدید را به میان آورد. در واقع، این مسئله به ایجاد دشمنی جدید منتهی خواهد شد. به‌اعتقاد نگارنده، برای شروع حملهٔ امریکا به ایران دلایل کافی وجود دارد.

مفهوم تجاوز نظامی و اشغال یک سرزمین

قبل از پرداختن به موضوع حملهٔ امریکا به ایران، لازم است مجموعه‌ای از مباحث را مطرح کنیم. ابتدا مفهوم تجاوز نظامی و اشغال سرزمین را از نظر می‌گذرانیم. سابقهٔ تاریخی تجاوز نظامی و اشغال سرزمین‌ها موضوع دیگری است، که باید بررسی شود. آن‌گاه باید بدانیم که آیا در عصر جدید، مسئلهٔ هجوم به سرزمین‌های دیگر قدیمی نشده است، یا اینکه از این مسئله همچنان به‌مانند یک ابزار استفاده می‌شود؟

---

۱. نقیب‌زاده، احمد، تاریخ دیپلماسی و روابط بین‌الملل، تهران، ۱۳۸۳، چ پنجم، ص۲۲۸.

در بیان مسئلهٔ اول، لازم است دولت‌ها و ملت‌ها را یک واحد عمومی یا انسانی در نظر بگیریم. در حوزهٔ تعارض منافع، در موارد مختلف ممکن است تعارض منافع اقتصادی، ارضی، یا عقیدتی مطرح باشد، یا آنکه اصلاً تعارضی وجود نداشته باشد؛ ولی به دلیل منافع قدرت‌ها به صورت تخاصم نمایانده شود. این تخاصم همیشه با قواعد اخلاقی و روابط متقابل مبتنی بر عقلانیت و دانش و فرهنگ حل نمی‌شود. در خیلی از مواقع، ممکن است این روابط و مسائل با برخوردی فیزیکی به نتیجهٔ جدیدی منتهی شود ــ البته این برخورد فیزیکی ممکن است در ذات خویش، آغازکنندهٔ خاص خود را داشته باشد. متجاوز یا شروع‌کنندهٔ یک جنگ معتقد است که برای رسیدن به اهداف خود باید با استفاده از قوهٔ قهریه به نتیجه برسد. این قوهٔ قهریه است که ابزار لازم برای به نتیجه رسیدن اهدافش را فراهم می‌کند.

از باب مثال، در گذشتهٔ تاریخ بشری می‌بینیم که دسترسی به چراگاه‌ها موضوعی برای تعارض بود، یا در واقعهٔ هابیل و قابیل، پذیرفتن نذر هابیل از جانب خداوند موجب تعدی و تجاوز به حق هابیل شد؛ آن چنان که در اثر این تعارض فکری و عقیدتی، قابیل برادرش را به قتل می‌رساند. این اولین موردی بود که بشر مرتکب تعرض فیزیکی منتهی به قتل می‌شود. نزاع بر سر رود، چراگاه‌ها، مزارع بزرگ، و درگیری بر سر تصاحب اموال و ثروتی که متعلق به دیگران است، از دیگر موارد این تعارضات هستند.

جنگ‌های بسیاری در تاریخ بشر اتفاق افتاد، که جمعی از انسان‌ها برای تصاحب آنچه دیگران دارند، مانند مال و خانه، آغازگر آن بودند؛ دقیقاً شبیه آنچه انگلستان در طول چند صد سال اخیر در همه جای جهان، مانند هندوستان ثروتمند، انجام داد.

وقتی تاریخ را ورق می‌زنیم، می‌بینیم که حتی جنگ بر سر خود آدم‌ها هم اتفاق افتاد. دشمنانی حمله می‌کنند تا مردان قوی قبیلهٔ دیگر و زنان آنان را به اسارت دربیاورند. چنگیز می‌گوید: «بهترین لذت برای من در زندگی آن است که دشمن را درهم بشکنم، زنانشان را به اسیری و کنیزی خود ببرم، و شکم زنان پادشاهان شکست‌خورده را بالش زیر سر خودم قرار بدهم و آنان را به خدمتکار و کنیز بدل کنم.» جنگ‌های بسیاری در طول تاریخ اتفاق افتاده است، که محصول تمایل به برتری‌جویی، احساس فزون‌خواهی در قدرت، و در واقع احساس تحمیل قدرت و استعلا و استیلاجویی امپراتوری قدرت‌طلب بوده است، که می‌خواست این حس برتری‌طلبی را به نتیجه برساند. همین احساس و ساختار ذهن بود که اسکندر برای تعرض فیزیکی و تصاحب قدرت از مقدونیه به ایران لشکر کشید، وارد فارس شد، و امپراتوری هخامنشی را درهم شکست.

جنگ‌های ایران و روم و به طور کلی جنگ‌های گسترده‌ای که هر یک از امپراتوری‌های بزرگ راه انداختند، نشان می‌دهد که جنگ‌طلبی به تمایل تجاوز نظامی، میل به انتقال ارزش‌ها و باورها و نوع زندگی، یا تمایل به گسترش حوزهٔ سیطره با اعمال زور و خشونت ارتباط وثیقی دارد. این پدیده بسیار جدی و در بین ابنای بشر در همهٔ زمان‌ها و مکان‌ها گسترده بوده است. هیچ‌گاه بشر از این تمایل جدا نشد. البته ممکن است برای این تمایل فرم و ساختار و ابزار و ادبیات جدیدی شکل گرفته باشد. چنانچه انسان‌های اعصار باستان برای تصرفِ به فرض یک چراگاه یا رودخانه ارادهٔ جنگ می‌کردند. همین رفتار را با خواست فاشیست‌ها در آلمان عصر جدید، که می‌گفتند: «فضای تنفس بیشتر برای آلمان بزرگ»، مقایسه کنید. هر دو مثل هم‌اند؛ منتها

این تمایل با شکل و ابزاری جدید همراه شده است. پس، این سابقهٔ تاریخی در گذشته وجود داشته است و دولت‌ها سعی می‌کردند با اعمال جنگ ارزش‌های مورد نظرشان را به دولت‌ها و ملت‌های دیگر منتقل کنند.

جنگ‌های صلیبی بخش وسیعی از این گونه جنگ‌ها به شمار می‌روند. از طرفی، ممکن بود بین صاحبان عقیده و مخالفان یک مذهب جنگی درگیرد؛ از آن جهت که صاحبان عقیدهٔ جدید بخواهند موانع انتشار عقاید خودشان را با ورود به سرزمینی جدید برطرف کنند.[۱]

در حال حاضر، ما معتقدیم که گسترش قدرت فیزیکی و سیطره‌ای، و نیز ارزش‌های مورد نظر همچنان از اهداف بشری و به طور کلی سیاستمداران دنیای مدرن به شمار می‌رود؛ ضمن اینکه امکانات و ابزار جنگ‌افروزی گسترش وحشتناکی پیدا کرده است. بنابراین، اینکه ما تصور کنیم در فضای بین‌الملل موجود، در صورت شکل‌گیری تعارضی جدید، امکان تجاوز نظامی یا تعرض فیزیکی جدیدی وجود ندارد، به لحاظ تاریخی و نیز با شناختی که از انسان وجود دارد، ناممکن و نادرست است، و منازعه و جنگ همچنان مانند پدیده‌ای ذاتی در روابط بین جوامع و آحاد بشری وجود داشته و خواهد داشت.

تأثیر نهادهای بین‌المللی در جلوگیری از وقوع جنگ‌ها

این سؤال مطرح می‌شود که آیا سازمان ملل متحد یا شورای امنیت می‌توانند جلوی وقوع جنگ‌ها را بگیرند؟ وقتی با فروپاشی شوروی سابق، نظام دوقطبی برافتاد[۲]، عده‌ای بر این باور بودند که بعد از این

---

۱. هالستی، کی. جی، مبانی تحلیل سیاست بین‌الملل، ترجمهٔ بهرام مستقیمی، تهران، دفتر مطالعات سیاسی و بین‌المللی، ۱۳۷۳، ص۴۶۱.

۲. پیترز، جان، معماری نظامی بر پایهٔ نظم نوین جهانی، ترجمهٔ سید حسین محمدی نجم، تهران،

فروپاشی، دیگر در جهان شاهد جنگ نخواهیم بود؛ چون نظام دوقطبی از هم پاشیده شده بود. اما دیدیم که با وجود سازمان‌های بین‌المللی، جنگ‌های متعددی بر ملت‌های مختلف تحمیل شد. فقط امریکا به‌تنهایی، بعد از جنگ جهانی دوم، ۱۶۰ جنگ را بر کشورهای دیگر تحمیل کرده است.

درگیری‌های بین کشورها برای مرزهایشان هر از چند گاهی اتفاق می‌افتد. جنگ انگلیس و آرژانتین برای تثبیت اشغال جزایر مالویناس، حملهٔ امریکا به کوبا، نیکاراگوا به پاناما و هائیتی، جنگ گستردهٔ داخلی یوگسلاوی سابق و قتل عام مسلمان‌های بوسنی و هرزگوین، جنگ در افغانستان، جنگ و تجاوز عراق علیه ایران، حملهٔ عراق به کویت، و در نهایت حملهٔ امریکا به عراق و افغانستان و پاکستان در درون همین نظام بین‌المللی صورت گرفته است؛ حال آنکه خیلی اوقات سازمان‌ها قادر به کنترل موقت جنگ‌ها بودند. چنانچه امریکا برای حمله به عراق، فقط به یک موافقت بین‌المللی نیاز داشت ــ که آن را هم بعد از مدتی با کمک شورای امنیت، با استناد به مادهٔ ۴۲، توانست به دست آورد.

وقتی منافع قدرت‌های برتر وقوع جنگ را ناگزیر کند، سازمان‌های بین‌المللی قادر به متقاعد کردن دولت‌های جنگ‌طلب به پرهیز از تهاجم نیستند.[۱] چون بعضی از دولت‌ها جنگ‌طلب‌اند و مانع ساز و کار بین‌المللی برای جلوگیری از تجاوز می‌شوند. روابط و قوانین بین‌المللی مانع چندان مهمی برای دولت‌های جنگ‌افروز به شمار نمی‌روند؛ چون کشورهایی که بیشترین کاربرد و نیاز را به اعمال زور و قوهٔ قهریه دارند، کارگزاران اصلی سازمان‌های بین‌المللی هستند. بنابراین، ما نمی‌توانیم

دانشکدهٔ فرماندهی و ستاد سپاه پاسداران، ۱۳۷۸، ص۸۱.

۱. هالستی، همان، ص۴۶۱.

از کسی که خودش این نظام بین‌المللی را ایجاد کرده و بر آن نظارت و حق وتو دارد، بخواهیم که جلوی جنگ‌افروزی را گرفته و صلح برقرار کند؛ درست مثل اینکه از آتش بخواهیم به ما خنکی و نسیم بهاری ببخشد. در واقع، مدیریت نظام بین‌المللی بیشتر در دست کسانی است که خودشان بیش از دیگران استیلاجو و جنگ‌طلب هستند.

ناتوانی سازمان‌های بین‌المللی در ممانعت از حملهٔ امریکا به ایران

باور ما این است که در صورت قطعی شدن تصمیم امریکا مبنی بر حمله به ایران، هیچ سازمان بین‌المللی قادر نخواهد بود مانعی برای این تهاجم باشد؛ به‌خصوص اینکه بخواهد از سازمان‌هایی که نفوذ بیشتری در آن دارد، مثل شورای امنیت، به عنوان تسهیل‌کنندهٔ جنگ استفاده کند. شاید بعضی از بخش‌های سازمان‌های بین‌المللی بخواهند مدتی با چانه‌زنی روند را به تأخیر بیندازند؛ اما توان منتفی کردن این جنگ‌ها را ندارند. اقدام تأخیری آن‌ها نمی‌تواند به قطع کامل ارادهٔ جنگ بینجامد.

امپراتوری‌های جهان‌گشا و سابقهٔ اشغال نظامی کشورهای دیگر

سؤال مهم هر ایرانی این است که آیا ایران سابقهٔ اشغال شدن را داشته و قدرت‌های تجاوزگر دیگری بوده‌اند که همه یا بخشی از آن را اشغال کنند؟ ملت‌های بسیاری این تجربه را در تاریخ خود از سر گذرانده‌اند. البته دورهٔ اشغال در بین کشورها متفاوت است. مثلاً امریکا در یک دوره تحت استعمار انگلیس بود؛ اما تاکنون دولت دیگری به آن تعرض نکرده است. بعضی از کشورها هم نظیر هندوستان بیشتر گرفتار این پدیدهٔ شوم شدند. بخش‌های وسیعی از روسیه را، که بارها

خود کشورهای دیگر را تحت اشغال درآورد، هیتلر و ناپلئون به تصرف درآوردند. زمانی هم آلمان، که فرانسه را یک بار به طور کامل اشغال کرد، در تصرف روس و امریکا درآمد.

همهٔ کشورها اشغال و تجاوز را در دوره‌ای تجربه کرده‌اند. با جابه‌جایی قدرت در طول زمان خیلی از کشورها دچار افت موقعیت و قدرت نظامی شده و در نتیجه زیر سلطهٔ کشورهای اشغالگر درآمدند.

اگر به روند تحولات بین‌المللی در طول تاریخ توجه کنیم، این جابه‌جایی قدرت‌ها را به‌روشنی می‌بینیم. زمانی ایران بر بیشتر کشورهای عربی اشراف سیاسی و نظامی داشت؛ اما بعد از اسلام، خود به تصرف مسلمانان درآمد.[1] بعد از مدتی، دوباره مسلمان‌های ایرانی خلافت و حاکمیت را در منطقهٔ عربستان به دست گرفتند. زمانی چنگیزخان و فرزندانش توانستند یکی از بزرگ‌ترین امپراتوری‌های جهان را در کشور گمنام مغولستان تأسیس کنند. در نقطهٔ مقابل می‌بینیم که این اتفاق برای ترکان عثمانی رخ می‌دهد. مجموعه‌ای بسیار کوچک به نیروی بسیار مهم بین‌المللی و نیز یکی از گسترده‌ترین امپراتوری‌ها تبدیل می‌شود.

این انتقال قدرت در اروپا از پرتغال به اسپانیا، و از اسپانیا به انگلستان، آلمان، و بعد از آن به روسیه و امریکا می‌رسد. در واقع جابه‌جایی قدرت در طول تاریخ امری طبیعی بود، که بار اصلی آن را عناصر نظامی به دوش کشیدند. هرچند عناصر اقتصادی و علمی و پیشرفت‌های تکنولوژی شاکلهٔ اصلی قدرت نظامی را تشکیل می‌دادند؛ این نظامیان و قوهٔ قهریهٔ آنان بود که کار را تمام کرد و برتری آنان را به اثبات رساند.

---

۱. نجفی، موسی و دیگران، تاریخ تحولات سیاسی ایران، تهران، مؤسسه مطالعات تاریخ معاصر، چ سوم، ۱۳۸۱، ص۱۹.

از زمانی که نیروهای نظامی انگلستان در هندوستان بر مخالفان اشغال هندوستان سیطره پیدا کردند و نیروهای مدافع را از بین بردند و در جنگ‌های نظامی به پیروزی رسیدند، هندوستان از آنِ انگلستان شد. انگلیسی‌ها تاریخ هندوستان را متعلق به خودشان می‌دانند. پس می‌بینیم که به لحاظ تاریخی نیز در حوزهٔ جابه‌جایی قدرت عنصر نظامی از اصلی‌ترین عناصر است. اصلاً دور از عقل نیست که دولتی در تعارض با دولت دیگر، برای دست یازیدن به منافع خویش، به تجاوز نظامی دست بزند. این مسئله به لحاظ فلسفی، تاریخی، و اجتماعی امری کاملاً پیش‌پاافتاده و بدیهی است؛ هرچند ممکن است برای به دست آوردن همان منافع راه‌حل‌های دیگری وجود داشته باشد.

پس در بررسی وضعیت کنونی نظام بین‌الملل، دلایلی وجود دارد که می‌تواند تعارض جدی منافع قدرت جهانی امریکا و غرب را با جهان اسلام و جمهوری اسلامی ایران نشان دهد. سطح و عمق این تعارض به اندازه‌ای است که دشمنان جمهوری اسلامی را به اقدامی نظامی (محدود یا گسترده) برمی‌انگیزانند.

سابقهٔ حملهٔ نظامی غرب به ایران

در تاریخ جهان و ایران باستان، حمله‌های نظامی بسیاری به اشکال مختلف دیده می‌شود؛ مثل جنگ‌های ایران و یونان، و ایران و مقدونیه. زمانی که دو قدرت اول بین‌المللی ایران و روم بودند، با ظهور اسلام، جغرافیای جهانی در عرصهٔ سیاست و نظامی‌گری تغییرات اساسی پیدا کرد[1] و به جنگ‌های مسلمانان و روم، و سپس جنگ‌های صلیبی تغییر ماهیت داد، که با وقفه‌ای به شکل جنگ‌های منطقه‌ای کوچک‌تر آغاز شد. تا اینکه در طول چندصد سال، گسترهٔ این تجاوزات مرحله به مرحله گسترش یافت؛ هرچند در دورهٔ جدید از این جنگ‌ها، اولین برخورد نظامی ایران و غرب به زمان حملهٔ پرتغالی‌ها به جزایر خلیج فارس برمی‌گردد. در سال ۱۵۰۷م (۹۱۳ ق)، درست در زمانی که

۱. همان، ص۲۰.

شاه اسماعیل صفوی درگیر جنگ با ازبکان بود، آلفونسو آلبو کرک (دریاسالار پرتغالی) پس از غارت و به آتش کشیدن قسمت‌هایی از جزایر خلیج فارس (بحرین، بندر گمبرون، و جزیرهٔ هرمز) این سرزمین‌ها را به‌زور به اشغال درآورد.[1] بعد از یکصد و ده سال، در زمان شاه عباس صفوی، دولت صفوی توانست با استفاده از ابزار نظامی و البته با کمک دولت‌های غربی، مانند انگلستان، پرتغالی‌ها را از این منطقه بیرون کند. این ماجرا با ضعف قدرت دریایی و نظامی پرتغال در عرصهٔ بین‌المللی و قدرت گرفتن اسپانیا و انگلستان متقارن بوده است.

دومین برخورد نظامی بین ایران و کشورهای اروپایی در پایان دورهٔ صفوی یعنی در زمان سلطان حسین صفوی است. در این دوره، امپراتوری روسیه با استفاده از آشوب‌های داخلی ناشی از حملهٔ محمود افغان به اصفهان، مناطق شمالی ایران را تصرف کرد. این تصاحب مدت زمان زیادی طول نکشید؛ چون نادرشاه افشار با بسیج نیروهای فعال در حوزهٔ نظامی و آموزش‌های درست، توانست تمامی بخش‌های تصرف‌شده را از تسلط روس‌ها و عثمانی‌ها آزاد کند.

آوازهٔ توانایی و هوشمندی نظامی نادر به اندازه‌ای بود که روس‌ها ترجیح دادند با او وارد جنگ نشوند؛ چون می‌دانستند جنگ با نادر حتماً به شکست آن‌ها انجامیده، و در نتیجه بخش‌های تصرف‌شده دوباره به ایران برمی‌گردد. در عوض با ورود ارتش نادر به منطقه، مردم به روس‌ها نزدیک‌تر شدند. اعمال خشونت و مالیات سنگین نادر سبب نگرانی مرزنشینان مسیحی ایران در ارمنستان و گرجستان شد. منطقی بود که بعد از مرگ نادر، دخالت روس‌ها در مرزهای شمالی ایران دوباره تشدید شود. این بار کریم‌خان زند خود در مرزهای شمالی

1. پارسادوست، منوچهر، شاه اسماعیل اول، تهران، شرکت سهامی انتشار، چ دوم، ۱۳۷۵، ص ۶۴۵.

حاضر شده و دوباره گرجستان و قفقاز را به ایران برگرداند. اما باز هم خشونت برخی از نیروهای نظامی ایران همان حس نگرانی را ایجاد کرد ـ که البته در تاریخ‌نگاری روس‌ها به این مسئله بیشتر دامن زده می‌شود. افزون بر این، مردم آن مناطق بیشتر مسیحی و از ارامنه بودند؛ بنابراین ترجیح دادند به جای اینکه تحت حاکمیت یک دولت شیعی باشند، زیر نظر یک قدرت برتر مسیحی ارتدوکس اداره شوند ـ که البته رقابت‌های مذهبی در این مناطق فوق‌العاده مؤثر بود.

سومین برخورد تعرض روس‌ها در زمان حکومت آقا محمدخان قاجار بود. بعد از پذیرش و اطاعت گرگین‌خان (حاکم گرجستان) از امپراتوری روسیه، آقا محمدخان قاجار به این منطقه لشکرکشی کرد. در نتیجه بخش تصرف‌شده به خاک ایران بازگشت. البته این لشکرکشی پیامدهای بدی برای مردم آن منطقه داشت. با مرگ آقا محمدخان قاجار، روس‌ها تجاوزات خود را به مرزهای شمالی ایران افزایش دادند؛ تا اینکه در جریان جنگ‌های اول ایران و روس، روس‌ها با امکانات گسترده‌تری از لحاظ نظامی و بین‌المللی به خاک ایران حمله کردند.

هم‌زمان با رشد صنعت در اروپا، در ایران ما بیشتر شاهد عقب‌ماندگی و فقدان عقلانیت و شجاعت حکومت هستیم. ساختار ذهنی حکومتی در ایران بیشتر قبیله‌ای و خان‌خانی بود. ایران با مدل فدرال سلطنتی به چهار ایالت شمال، شرق، غرب، و جنوب تقسیم شد. هر یک از این ایالت‌ها به شاهزاده‌ای سپرده شدند، که موظف بود به تنهایی در برابر دشمنی که به مرزهای متعلق به ایالت او تعرض می‌کرد، مقاومت کند. بر این اساس، دفاع از مرزهای شمالی بر عهدهٔ عباس میرزای قاجار بود.[1] به همین دلیل در زمان فتحعلی‌شاه قاجار،

۱. تقریرات درس استاد جواد شیخ‌الاسلامی، ترم دوم، ۱۳۶۸.

پس از شکست ایران در جنگ اول ایران و روس، قرارداد گلستان بر او تحمیل شد و بخش‌های وسیعی از شهرهای کشور ما به تصرف روسیه درآمد. قرارداد گلستان قراردادی خفت‌بار بود، که با پذیرش آن بخش‌های وسیعی از سرزمین، و همچنین آبرو و حیثیت ملی ایران در خطر می‌افتاد. این موضوع سبب شد در داخل کشور ما شاهد شکل‌گیری نوعی مقاومت در برابر تجاوز روس‌ها و تلاش برای آزاد کردن شهرهای تصرف‌شده باشیم. حتی برخی از علما فتوای جهاد صادر کرده، و در پی آن مردم از نقاط مختلف کشور برای رفع اشغال سرزمین‌های ایران بسیج شدند.

وضعیتی که روس‌ها در منطقه حاکم کرده بودند، دورهٔ جدیدی از جنگ‌ها را بین ایران و روسیه دامن زد. منطقهٔ تحت حاکمیت ایران به عرصهٔ فعال دیپلماسی و رقابت بین دو دولت روسیه و انگلیس تبدیل شد. در این دوره، ما گرفتار مسئله‌ای بسیار پیچیده در عرصهٔ بین‌المللی شدیم، و آن سیاست انگلستان مبنی بر تصاحب و حفظ هندوستان و تلاش روسیه برای دسترسی به آب‌های گرم و همچنین تصرف هندوستان بود؛ زیرا در این میان همیشه منافع دولت ایران به دلیل نداشتن امکانات کافی و دسترسی به نیروی نظامی برتر، وجه‌المصالحهٔ این دو دولت قرار می‌گرفت.

با آغاز دورهٔ دوم جنگ ایران و روس، در سال‌های اول جنگ، ایرانیان شاهد پیروزی‌های چشمگیری بودند؛ به‌خصوص اینکه در سایهٔ فتوای جهاد و احساس دفاع مقدس دینی مردم، بخش‌هایی از سرزمین‌های اشغالی دوباره آزاد شد. اما با فارغ شدن نیروهای نظامی روسیه از جبههٔ جنگ با عثمانی، جنگ در منطقهٔ آذربایجان به نفع روس‌ها تغییر پیدا کرد. ژنرال پاسکویچ قلعهٔ عباس‌آباد را تصرف کرد،

و در پی آن دولت ایران دوباره به پذیرش خفت‌بار قرارداد دیگری به نام ترکمانچای مجبور شد. طبق این قرارداد ننگین، بخش‌های وسیع دیگری به امپراتوری روس واگذار شد. متأسفانه در بازی رقابتی که انگلیس، فرانسه، و روسیه در عرصهٔ سیاست ایران به راه انداخته بودند، ایران دچار شکست اساسی و عقب‌ماندگی در بهره‌برداری از اوضاع بین‌المللی شد ــ که تأثیر بسیار تلخی را در تاریخ ایران به جای گذاشت.

بعد از قرارداد ترکمانچای، انگلیسی‌ها با گسترش نفوذشان در هندوستان، به ایجاد مرز بین هندوستان و ایران اقدام کردند. دولت ایران در زمان محمدشاه به جنگ با زمان‌خان رفت؛ اما متأسفانه اشتباه استراتژیک و در نتیجه شکست او در این جنگ سبب تضعیف جبههٔ مقاومت هندی‌های مسلمان، به رهبری تیپوسلطان، و در نتیجه شکست و شهادت تیپوسلطان در برابر انگلیسی‌ها شد. بدین گونه انگلستان کاملاً بر هندوستان تسلط پیدا کرد.

جالب اینکه بعد از تثبیت منافع و حاکمیت انگلستان در هندوستان، برای اینکه منافع این کشور به خطر نیفتد، انگلستان تلاش کرد بین ایران و هندوستان از یک سو، و روسیه و هندوستان از سوی دیگر مرزی ایجاد کند. از طرف دیگر، انگلستان سعی کرد با توجه به سابقهٔ ذهنی زمان نادرشاه، که ایران به هندوستان لشکرکشی کرد، و نیز سلطهٔ طولانی‌مدت گورکانیان مسلمان در هند، علاقه‌مندی دو ملت ایران و هندوستان را کم‌رنگ کند. به همین دلیل، به تجزیهٔ مرحله‌ای ایران روی آورد. اشغال بحرین، تجزیهٔ افغانستان، تحمیل قرارداد گلداسمیت، تجزیهٔ بلوچستان جنوبی از ایران، و در پی آن قرارداد تحمیلی آخال، و تجزیهٔ مناطق وسیعی از شمال شرق ایران از موارد عدیدهٔ تجاوز غرب به ایران است؛ امری که با وقاحت تمام در کتاب تاریخ معاصر ایران

با عنوان «ضرورت جغرافیایی کوچک شدن ایران» تعبیر شده است.[1]

سابقهٔ تجاوزات و حملهٔ نظامی امریکا در جهان

تا جنگ جهانی دوم، امریکا سابقهٔ هیچ حمله و تجاوزی را به کشورهای دیگر در تاریخچهٔ نظامی خود نداشت. فقط در مواردی، برای سرکوب مخالفانش بی‌سروصدا اقداماتی انجام داد؛ مانند دخالت در جنگ استقلال کوبا یا شرکت در اتفاق مثلث در جنگ جهانی اول علیه آلمان. تا این تاریخ، ما شاهد حضور گستردهٔ امریکا در حوزهٔ سیاست خارجی نیستیم.

جنگ جهانی اول الزاماتی را برای ایالات متحده ایجاب کرد، که این الزامات با گسترش قدرت نظامی امریکا همراه بود. آن‌ها به این نتیجه رسیدند که دیگر نباید در حوزهٔ امریکای شمالی و لاتین باقی بمانند؛ بلکه می‌بایست ورود به عرصهٔ جهانی و سرزمین‌های دیگر را در پیش بگیرند؛ به‌خصوص آنکه از طرف کشورهایی که تحت فشار روسیه و انگلیس بودند، به عنوان نیروی میانه به دخالت دعوت می‌شدند. بر همین اساس، در پی مسائل سیاسی و اوضاع جهانی و به‌ویژه به قدرت رسیدن رایش سوم آلمان نازی، راه برای گسترش سیاست خارجی و نظامی مداخله‌جویانهٔ امریکا در بسیاری از کشورها هموار شد. در این میان، تعداد زیادی از دانشمندان نظامی و یهودی آلمانی، که در تعاملات درونی یهودی‌ستیزی آلمان دچار مشکل شده بودند، از آلمان فرار کرده و به امریکا، که در آن زمان امکان پذیرش مهاجر را داشت، رفتند.

در آغاز جنگ جهانی دوم، امریکا وارد جنگ نشد؛ بلکه با فاصله‌ای طولانی‌مدت، یعنی سه سال بعد، به جبههٔ متّفقین پیوست. در

---

۱. آوری، پیتر، تاریخ معاصر ایران، تهران، دانشگاه کمبریج، ترجمه تقی ثاقب فر ۱۳۸۸، مقدمه عربی، ص ۱۰.

ابتدا امریکا بیشتر سعی می‌کرد نقش کمک‌کننده و تدارکاتچی نیروها و رزمندگان اصلی عرصهٔ نبرد را در پیش بگیرد؛ زیرا نیروهای متفقین از دولت انگلستان، شوروی، و نیروهای مبارز و چریک‌های مخالف با آلمان بودند؛ مثل چریک‌های ارتش آزادی‌بخش یوگسلاوی و فرانسه، و سایر نیروهای مبارزی که به شکل نیروهای آزاد و پارتیزان علیه آلمان‌ها می‌جنگیدند. بنابراین، ورود امریکا در گام اول به جنگ ورودی تدارکاتی بود.

در جریان جنگ جهانی دوم، آلمان توانسته بود بعد از فتح لهستان و بخش وسیعی از اروپای شرقی، به سرزمین‌های اتحاد جماهیر شوروی پا بگذارد، و خود را به چاه‌های نفت قفقاز نزدیک کند. در پی این اقدام، امکان پرواز هواپیماهای آلمانی به مناطق نفت‌خیز تحت ادارهٔ امریکا در عربستان و همچنین مناطق نفت‌خیز تحت ادارهٔ انگلیس در ایران میسر می‌شد. بعد از این دسترسی، این امکان که انگلیسی‌ها در جنگ به شدت تحت فشار قرار گرفته و شاید بازنده می‌شدند، افزایش می‌یافت. آلمان با تصرف این منطقه، چاه‌های نفت جنوب ایران و عربستان را دچار مشکل کرده و تهدیدی جدی برای منافع انگلستان و امریکا بود؛ چون حرکت کشتی‌های نفتی در خلیج فارس قطع شده و با بسته شدن شیرهای نفت، به طبع شعله‌های جنگ در اروپا به نفع آلمان فروکش می‌کرد. در نتیجه ارتشی که با حمایت انگلستان می‌جنگید، دچار بحران فقدان نفت و انرژی می‌شد، و از ادامهٔ نبرد باز می‌ماند. به همین دلیل انگلیس و امریکا سعی داشتند مانع دسترسی آلمان‌ها به چاه‌های نفت قفقاز شوند.

در گام اول، امریکا خود را چندان با پدیدهٔ جنگ درگیر نکرد. حتی زمانی که انگلیسی‌ها از مرز کرمانشاه و همچنین بنادر جنوب وارد ایران

شدند، تنفر از امریکایی‌ها در جامعهٔ ایران معمول نبود؛ بلکه بیشتر این تنفر متوجه روس‌ها و انگلیسی‌ها بود. حتی اسناد و گزارش‌هایی که از آن زمان باقی مانده است، حکایت از این نکته دارد که امریکایی‌ها مواظب‌اند خودشان را در معرض جنگ و درگیری نظامی قرار ندهند. به همین دلیل تعداد تلفات آن‌ها در برابر بقیهٔ کشورهای درگیر بسیار ناچیز و اندک بود. اگر انگلیسی‌ها هفت میلیون تلفات دادند، آلمانی‌ها چیزی بیش از هفت میلیون نظامی و غیر نظامی، و روس‌ها بیش از بیست و پنج میلیون نفر، که سیزده میلیون آن‌ها نظامی بودند، امریکا فقط صد و شصت هزار نفر کشته داد. این تعداد تلفات یعنی چیزی در حدّ تصادفات معمولی کشور امریکا ـ یا حتی کمتر از آن ـ در آن دوره.

بنابراین، می‌بینیم که امریکا تا سال‌ها و ماه‌های آخر جنگ جهانی دوم، همیشه خود را از جنگ دور نگه داشت؛ اما همواره پشتیبان اصلی نبرد بود. تسلیحات، امکانات تدارکاتی، و پول لازم برای جنگ را تأمین می‌کرد.

مهم‌تر اینکه جنگ هیچ وقت به خاک امریکا راه نیافت؛ چون امکان دسترسی و تعرض به سرزمین امریکا وجود نداشت. هواپیماهای فالکون آلمانی این توان را نداشتند که از اقیانوس اطلس بگذرند و خود را به امریکا برسانند. به همین سبب، امریکا در برابر هجوم کشورها در امان بود، و این گونه از جنگ فاصله گرفت.

امریکا با فروش ابزار و تسلیحات نظامی فراوان در جهانی دوم از یک سو ناامنی را در جهان به وجود آورد، و از سوی دیگر منافع زیادی کسب کرد. صدور این ابزار برای خیرخواهی نبود؛ بلکه فقط در جهت منافع خود قدم برمی‌داشت؛ چنان که می‌بینیم امریکا پس از ورود به ایران، ظرفیت خطوط راه‌آهن ایران را، که روزی دویست تن

بود، بدون هیچ تغییری در بهای حمل و نقل، به روزانه شش‌هزار تن بار، یعنی به سی برابر ظرفیت افزایش داد. ضمن اینکه قراردادی با دولت قوام‌السلطنه منعقد کرد، که در طول جنگ اجازه نخواهد داد در منافع ناشی از حمل و نقل کالا خدشه‌ای ایجاد شود؛ یعنی دولت ایران همان مبلغی را که قبل از جنگ بابت حمل و نقل کالا دریافت می‌کرد، امریکا می‌پرداخت.[1]

از اقدامات دیگری که امریکا در زمان قوام‌السلطنه در ایران انجام داد، این بود که فوراً ارزش دلار را دو برابر کرد. این اقدام موجب شد، که اگر تا آن زمان یک سرباز امریکایی برای خرید یک کیلو گوشت یک دلار هزینه می‌کرد، بعد از آن برای خرید همین مقدار گوشت، پنجاه سنت بپردازد. امریکایی‌ها با کمک عوامل داخلی خود توانستند با این تغییر، قدرت غارتگری و بهره‌برداری از ایران را دو برابر کنند؛ افزون بر اینکه به سبب افزایش قیمت دلار قحطی نیز ایران را فراگرفت.

بنابراین، می‌بینیم که امریکایی‌ها نه در جبهه می‌جنگند و نه در هوا. در هیچ جا در معرض نبردهای سخت و کشندهٔ جنگ جهانی دوم و ارتش آلمان نبودند. فقط در جبههٔ اقیانوس آرام و در مواجهه با ارتش ژاپن حضور آن‌ها را می‌بینیم.

امریکا می‌خواست در جنگی که به شکل گسترده نجنگید، پیروز نهایی باشد. آن‌ها جنگ را به‌خوبی مدیریت کرده، و چون پول و ابزار جنگی در اختیارشان بود، هر جا که صلاح دانستند، وارد معرکه شدند. همان طور که می‌بینیم در روزهای آخر جنگ، وقتی ارتش آلمان درهم شکست، و نیروهای فرانسه و انگلیس و روسیه از جبهه‌های غرب و شرق وارد آلمان شدند، حضور پیدا کردند؛ یعنی زمانی که جنگ در

---

۱. الهی، همایون، همان، ص۷.

آلمان تمام شد، روسیه و امریکا با سرعت خود را به آلمان رساندند؛ چون می‌دانستند کسی که تسلط این شهر را بر عهده بگیرد، آلمان در دست او خواهد بود. جالب اینکه وقتی این دو ارتش به وسط شهر برلین رسیدند و در برابر هم‌دیگر صف کشیدند، چاره‌ای جز اینکه مقابل یک‌دیگر به احترام بایستند، نداشتند. تا مدتی هم مراقب بودند که در مناطق تحت نفوذ یک‌دیگر وارد نشوند. آرام‌آرام خط افتراقی بین این دو طرف کشیده و شهر به دو بخش تقسیم شد. ابتدا سیم‌خاردار کشیدند و برج مراقبت ساختند؛ اما کم‌کم به دیواری تبدیل شد، که برلین را به دو قسمت شرقی و غربی تقسیم کرد. به عبارتی، امریکا در بخش غربی، و روسیه در بخش شرقی برلین مستقر شدند. بنابراین، بعد از جنگ جهانی دوم بود که آلمان شرقی و غربی تشکیل شد ـ البته در سال‌های بعد دوباره با هم متحد شدند.

بعد از جنگ جهانی دوم، روسیه با سختی بسیار توانست بخش اشغال‌شدهٔ خود را با تلفات گسترده و صرف تجهیزات فراوان بازپس بگیرد. اما امریکا بدون تلفات جدی و با گذشتن از جنازه‌های سربازان انگلیسی، هندی، و فرانسوی این پیروزی را به دست آورده و نظام دوقطبی بین‌المللی را ایجاد کرد.

زمانی که امریکا و روسیه به برلین رسیدند، خبری از سربازان انگلیسی و فرانسوی نبود؛ چون نیروهای انگلیس در سراسر نقاط جهان پخش بودند و چون جمعیت کمی داشت، دیگر نیرویی برای حفظ تصرفاتش باقی نمانده بود. بنابراین، در عمل مهار قدرت بین‌المللی و رهبری جبههٔ سرمایه‌داری از دست بریتانیا خارج شد. در عین حال جبههٔ دیگری باقی مانده بود، که امریکا بسیار به آن علاقه‌مند بود؛ جبههٔ شرق دور یعنی اقیانوس آرام. جالب اینجا است که روزولت،

رئیس‌جمهور وقت امریکا، گفته بود: «من قسم خورده‌ام و به مادران امریکایی قول داده‌ام که سربازان امریکایی را به جبهه نفرستم.»

بعد از شکست آلمان، ژاپن چند ماه مقاومت کرد. همین مقاومت ارتش ژاپن در برابر ارتش شوروی و نیز چین، توانی برای او باقی نگذاشته بود. در همین زمان بود که جریان چپ‌گرا و مارکسیسم تحت حمایت شوروی، یعنی مائوتسه تونگ، در چین قدرت گرفت و در برابر ژاپن قد علم کرد. در واقع، ژاپن در روزهای آخر جنگ، مقاومتی بی‌هدف برای ندادن امتیاز بیشتر انجام داد. حال آنکه اگر ژاپن عقل سیاسی و نظامی‌اش را به کار می‌انداخت و درک بهتری از توان و امکانات جنگی خود داشت، گرفتار بمب اتم و مشکلات بعد از آن نمی‌شد.

امریکا از مدت‌ها پیش در بخش جنوب‌شرق آسیا، یعنی در فیلیپین، حضور داشت و این منطقه را منطقهٔ آزاد و جایگاه خاص خود می‌دانست. بنابراین، همچون قدرتی برتر تلاش می‌کرد آن را حفظ کند. حتی بحث حملهٔ ژاپن به پرل‌هاربر ماجرایی ساختگی در تاریخ است، که امریکایی‌ها برای اینکه دلیلی برای حمله به ژاپن داشته باشند، آن را بهانه قرار داده بودند؛ چون در غیر این صورت نمی‌توانستند با ژاپنی‌ها وارد جنگ پیروزمندانه‌ای شوند.

اولین بار، امریکا طی یک عملیات حفاظتی جدی، به یک پایگاه بسیار مهم نیروی دریایی ژاپن حمله کرد. پس از این حمله، ژاپن برای تلافی پایگاه پرل‌هاربر را هدف قرار داد. وقتی حملهٔ متقابل ژاپن اتفاق افتاد، روزولت به کنگره آمد و گفت: «مردم امریکا! من به شما قول داده بودم که فرزندان شما را به جبهه نفرستم. ولی امروز مجبور شدم این تصمیم را بگیرم؛ چون ارتش ژاپن به ارتش ما حمله کرده است و ما باید از امنیت ملی و منافع خودمان در شرق دور دفاع کنیم.» معاون

روزولت بعدها در کتاب خاطراتش می‌گوید: «زمانی که ما با روزولت به کاخ سفید آمدیم، او بسیار گریست، و گفت که در عمرش دروغی به این بزرگی نگفته و در منظر همهٔ مردم جهان دروغ گفته است. ولی منافع اقتضا می‌کند که دروغ بگوید و به ژاپن حمله، و آن منطقه را تصاحب کند.»

جنگ چند ماه بین امریکا و ژاپن برقرار بود. ژاپنی‌ها در عمل شکست خورده بودند. دولت امریکا به‌خوبی می‌دانست که ژاپنی‌ها در حال تسلیم شدن هستند. بنابراین، فرصت را برای اجرای آزمایشی هسته‌ای غنیمت دانست. این آزمایش را تیم رابرت اوپنهایمر با استفاده از نظریهٔ آلبرت انیشتین با موفقیت انجام دادند. امریکا می‌دانست که با انفجار هسته‌ای در ژاپن می‌تواند نظام بین‌الملل را برای همیشه دگرگون کند. پس در اولین اقدام، شهر هیروشیما، و بلافاصله دو روز بعد ناکازاکی را بمباران اتمی کرد، که در هر یک از این شهرها بیش از صدهزار نفر کشته، و شماری مجروح و معلول شدند. پس از آن عدهٔ زیادی نیز ناقص‌الخلقه به دنیا آمدند. ورودی شهرها تخریب، و طبیعت منطقه کاملاً منهدم شد و بر مردم آن مناطق تأثیرات روانی شدیدی گذاشت. همهٔ این‌ها محصول محاسبهٔ استراتژیک است. امریکا می‌دانست اگر این حمله را در آن زمان انجام دهد، وحشت ناشی از حملهٔ هسته‌ای و نیز قدرت برتر امریکا در دل و جان مردم جهان مستولی می‌شود.

امریکا بدون دلیل کافی و لازم نظامی، دست به این عملیات هسته‌ای زده بود. حتی اگر هم دلیل کافی برای انفجار بمب اول بر روی شهر هیروشیما وجود داشت، انفجار بمب دوم چه دلیلی می‌توانست داشته باشد؛ جز اینکه امریکا می‌خواست به همهٔ جهانیان بفهماند وقتی منفعتش ایجاب کند، با ملل دیگر نیز همین کار را خواهد کرد. بنابراین، در تحلیل قضایایی که احتمالاً به جنگ منتهی خواهد شد، باید ما

بر اساس چنین ذهنیتی به تحلیل بنشینیم؛ نه ذهنیت یک سیاستمدار عاقل هوشمند دلسوز نظام بشری یا دلسوز منافع ملی کشور خودش. باید استراتژی‌مان را بر اساس ذهنیت چنین انسان‌نماهایی بنا کنیم. جالب‌تر اینکه آن عملیات بمباران اتمی به دستور رئیس‌جمهور دموکرات، هاری ترومن، صورت گرفت.

انفجار هسته‌ای هیروشیما و ناکازاکی در ژاپن قدرت امریکا را در جهان تثبیت کرد. شرق دور، اروپا، و حتی انگلستان امریکا را کشوری می‌دیدند که می‌بایست میراث آن‌ها را تصاحب کند. امریکا بخش عظیمی از میراث ابرقدرت‌های دیروز را به شکل مستقیم، و بخش دیگر آن را با تغییر و تحول در جهان به چنگ آورد. آن‌ها به رشد ناسیونالیسمی و ملی‌گرایی در جهان دامن زدند و با این کار، که بیشتر علیه سیاست‌های انگلستان سازماندهی شده بود، وارد حمایت مردمی شدند. بعد از اینکه اشغالگران انگلیسی در آن مناطق شکست خوردند، بلافاصله امریکا توانست در آنجا مستقر شود.

استقرار و تهاجم امریکا یا با عملیات دموکراتیک (به شکل انتخابات) صورت می‌گرفت، یا با کودتا؛ مثلاً در مصر با کودتا علیه ملک فاروقِ تحت حمایت انگلیس به خواسته‌شان رسیدند. در ایران هم امریکا توانست با کمک به نهضت ملی شدن صنعت نفت و دکتر مصدق، با انجام کودتای ۲۸ مرداد ۱۳۳۲ پیروز شود. در هندوستان نیز در ابتدا به مبارزان هندی کمک کرد تا اشغال انگلیس در آنجا خاتمه یابد. در اندونزی و بسیاری از کشورهای امریکای لاتین و افریقا نیز بر اساس همان الگو به‌آرامی انگلیس را از حوزهٔ نفوذ جهانی حذف کرد، و خود جانشین آن شد.

در ماجرای کانال سوئز، امریکا در ابتدا از مواضع مصر حمایت

کرد. وقتی انگلیسی‌ها ضعیف شدند و شکست خوردند، جانشین منافع انگلیس در کشور مصر شد. این وضعیت کاملاً به صورت یک‌جانبه جلو نرفت. اتفاق دیگری هم رخ داد؛ شکل‌گیری پدیدهٔ دیگری در عرصهٔ نظام بین‌الملل به نام اتحاد جماهیر شوروی. اتحاد جماهیر شوروی، که از لابه‌لای انبوه کشتگان جنگ جهانی دوم توانست به عنوان یک قدرت جدید جهانی مطرح شود، با بسیج امکانات زمینی و تشکیل بزرگ‌ترین نیروی زمینی جهان و در کنار آن، رشد سریع علمی و همچنین گسترش کشاورزی حتی در عمق مناطق سیبری، کم‌کم به یک قدرت بزرگ بین‌المللی تبدیل شود. با به کار گرفتن افرادی که به سیبری تبعید می‌شدند، سیبری وسیع‌ترین منطقهٔ کشت گندم و دیگر مواد غذایی شد؛ چون تبعیدی‌ها مجبور بودند هر یک به اندازهٔ تعیین‌شده‌ای محصول کشاورزی تولید کنند، یا به دامپروری بپردازند. آن‌ها می‌بایست با حداقل امکانات در وضعیت سخت زندگی می‌کردند. بنابراین توانستند برای جمهوری شوراها تولیدات بسیاری داشته باشند.

از سوی دیگر، شوروی با شکست آلمان و تصرف بخش وسیعی از اروپا به قدرتی بین‌المللی تبدیل شد. اما ویژگی دیگر اتحاد جماهیر شوروی این بود که اگر امریکا به جهت جریان ناسیونالیسم در جهان جذابیت داشت، و برای اشرافیت و سرمایه‌داری و آزادی‌خواهی از نوع غربی مقبول واقع شده بود، اتحاد جماهیر شوروی برای فقرا و محرومان و پابرهنگان و عدالت‌خواهان جهان مطلوب بود. به‌خصوص افرادی که می‌خواستند به نوعی از زیر بار فقر و بدبختی‌هایی که دیکتاتورهای وابسته به انگلیس در طول زمان برای آن‌ها به ارمغان آورده بود، رها شوند، به شوروی گرایش پیدا کردند. اگر نفوذ امریکا در میان نخبگان بود، نفوذ روس‌ها بیشتر در میان مردم بود، و تمایلات

جوامع روشنفکری در جهان را بیشتر ارضا می‌کردند. بنابراین، روس‌ها به قدرت جدیدی تبدیل شدند که همچون کانون استراتژیک و محوری در معاملات و معادلات نظام بین‌المللی فعالیت می‌کردند.

به دنبال موفقیت‌های علمی و استراتژیکی روس‌ها، گسترش نفوذ آن‌ها در کشورهای مختلف بیشتر شد. پرتاب اولین قمر مصنوعی به فضا و پیاده شدن اولین انسان روس در کرهٔ ماه، آزمایش‌های متعدد هسته‌ای، پیش‌برد ساخت موشک‌های میان‌برد و دوربرد، و نیز صنعت ساخت تانک ـ تا جایی که توانستند یازده هزار تانک، این سلاح بسیار مهم استراتژیک زمینی، را بسازند و چندین ارتش بزرگ را در اروپا سازماندهی کنند ـ از موفقیت‌های آنان به شمار می‌رفت. همچنین در حوزهٔ اطلاعاتی، همچنان که امریکا توانست با طراحی و گسترش سازمان اطلاعاتی مرکزی‌اش، سیا[1]، در کشورهای مختلف جهان حضور و نفوذ پیدا کند، آن‌ها هم با سازماندهی ک.گ.ب[2] توانستند این نفوذ را در کشورهای مختلف گسترش بدهند. مهم‌تر از همه اینکه، چون روس‌ها فرصت سازماندهی احزاب سیاسی روشنفکری چپ را در دنیا داشتند، به‌آسانی توانستند احزاب سیاسی مختلفی را در جهان سازماندهی کنند، که عناصر و نیروهای این احزاب سیاسی دارای تمایلات نظامی و مسلحانه بودند و برای تمایلات مورد نظر احزاب چپ، حاضر بودند جان خود را فدا کنند و به عملیات‌های تروریستی و جنگ‌های چریکی گسترده دست بزنند. نکتهٔ جالب توجه اینکه اولین نمونهٔ تعارض بین منافع امریکا و شوروی در تأسیس حزب سیاسی از سوی شوروی و معاملهٔ آن‌ها با امریکایی‌ها، در ایران و یونان اتفاق افتاد.

1.CIA

2. KGB

نفت ایران و منازعهٔ امریکا و روسیه بر سر ایران

شوروی‌ها در ایران حزب توده، فرقهٔ دموکرات پیشه‌وری، و حزب کوملهٔ کردستان را تأسیس کردند. آن‌ها در جنگ جهانی دوم، با حمایت از فرقهٔ دموکرات، توانستند دو جمهوری در ایران سازماندهی و تأسیس کنند: یکی جمهوری کومله به رهبری قاضی محمد در کردستان آذربایجان، و دیگری جمهوری خودمختار فرقهٔ دموکرات در مناطق آذری‌نشین ایران.

علاوه بر این، روس‌ها برای تأسیس یک جمهوری دیگر در شمال‌شرق ایران نیز بسیار تلاش کردند، که به نتیجه نرسیدند. آنچه با عنوان «قیام افسران خراسان»[1] در آثار و منابع مختلف تاریخی آمده است، نشانگر این است که اعضای سازمان نظامی حزب توده سعی کردند کودتایی در آن منطقه انجام دهند؛ ولی موفق نشدند و بعدها در آذربایجان و کردستان ایران به خدمت دموکرات‌ها درآمدند.

در این هنگام که شوروی این دو جمهوری را در ایران تأسیس کرد، که همچون دو شبه‌جمهوری مستقل در برابر دولت مرکزی ایران عمل می‌کردند، بین منافع امریکا و شوروی تعارض پیش آمد. طبیعی بود که منافع استراتژیک امریکا اجازه نمی‌داد شوروی یک گام جلوتر از او بردارد، و بخش وسیعی از سرزمین ایران را به دلیل فقدان قدرت مرکزی تصاحب کند. بنابراین، در آذرماه ۱۳۲۵ شوروی مجبور شد حمایتش را از فرقهٔ دموکرات و حزب کومله بردارد. پس از آن، این دو گروه دیگر نتوانستند کاری انجام بدهند و با فرار رهبرانشان به شوروی و عراق، سایر نیروهایشان دستگیر و اعدام شدند. البته این اتفاق تحت

---

۱. احمد شفاهی، ابوالحسن تفرشیان، و علی‌اصغر احسانی در سه جلد مجزا کتاب‌های قیام افسران خراسان را نگاشته‌اند. همچنین منبع دیگر برای این موضوع، کتاب گماشتگی‌های بدفرجام اثر حسن نظری است.

تأثیر عوامل مختلفی مانند اوضاع داخلی جامعهٔ مذهبی آذربایجان، مخالفت و مقاومت مردمی، و فوت آیت‌الله سید ابوالحسن اصفهانی بود، که به درگیری بسیار شدید بین نیروهای مذهبی و مردم با فرقهٔ دموکرات در آذربایجان منتهی شد. از طرفی، به جهت وعده‌ای که قوام‌السلطنه در سفرش به روسیه داده بود، این کشور منافع جدیدی در حوزهٔ نفتی شمال ایران به دست می‌آورد، که توانست استالین را قانع کند، تا دست از حمایت دولت خودخواندهٔ آذربایجان بردارد؛[1]

افزون بر این، بسیاری نظیر باری روبین، نویسندهٔ امریکایی، در کتاب جنگ قدرت‌ها در ایران مدعی هستند که این مسئله در چهارچوب رقابت بین امریکا و شوروی، با اقدام هاری ترومن و امریکا در دادن اولتیماتوم به شوروی، حلّ و مصالحه شد. اما بنده معتقدم که همهٔ این عوامل به نوعی مکمل هم‌دیگر بودند. منافع امریکا به شوروی اجازهٔ پیشروی در خاک ایران را نمی‌داد؛ بنابراین در برابر این مسئله ایستادگی کردند. از طرف دیگر، هیچ سند متقنی دالّ بر ادعای عجیب باری روبین[2] در طرح مدعای اولتیماتوم هاری ترومن، رئیس‌جمهور امریکا، به روس‌ها وجود ندارد.

از سوی دیگر، به نظر می‌رسید که امتیاز نفت شمال به شوروی منافع بیشتر و مخاطرات کمتری داشت. با توجه به اینکه روس‌ها به سبب شعارهای انقلابی و چپ‌گرایانه نمی‌توانستند مواضع ضد مردمی آشکاری در کشورهای جهان سوم داشته باشند، و با حضور مستقیم در آذربایجان منافع خود را تقویت کنند، این مسئله می‌توانست برای روس‌ها سیاست «یک گام به پس و یک گام به پیش» را داشته باشد؛

---

۱. توکلی، یعقوب، خاطرات جهانگیر تفضلی، تهران، سورهٔ مهر، ۱۳۷۷، ص ۱۲۰.

۲. باری روبین متخصص امور خاورمیانه، عضو مرکز تحقیقات استراتژیک، و امور بین‌المللی دانشگاه جرج تاون امریکا

به‌خصوص اینکه پس از آن بلافاصله قوام‌السلطنه چند وزیر توده‌ای را وارد هیئت دولت کرد و حزب توده هم عنوان کرد: «ما ابتدا سر شتر را وارد دولت می‌کنیم، بعد بقیهٔ شتر را وارد بدنهٔ دولت می‌کنیم.» یعنی دولت ایران را به طور کامل در اختیار می‌گیریم!

حضور و نفوذ آشکار امریکا در ایران

در تجربهٔ تاریخی ایران معاصر، می‌بینیم که تعارض منافع، و اختلاف‌های ارضی و استراتژیک امریکا و شوروی به کمک مردم ایران آمد و توانست بار سنگین اشغال را از دوش مردم ایران بردارد. اما امریکا در همین دوره ـ در اواخر جنگ جهانی دوم ـ گام‌های اساسی و مهمی برای حضور دائمی در ایران برداشت. و با ارسال کمک‌هایی به نیروهای شوروی و انگلیس ـ در زمان حضور اشغالگرانه در ایران ـ در بدنهٔ ارتش و ساختارهای آن نفوذ و حضور نظامی یافت؛ چنانچه بعد از آن حضور شخصیت‌های اصلی حامی سیاست‌های امریکا را در عرصهٔ سیاسی ایران می‌بینیم. این شخصیت‌ها بیشتر از نظامیانی بودند که به امریکا وابستگی داشتند. بدین طریق حضور امریکا به صورت

نظامی و سیاسی در کشور به نحو بارزی گسترش یافت.

بعد از نفوذ نظامی امریکا، این کشور نفوذ خود را در حوزه‌های سیاسی و اقتصادی نیز گسترش داد. با تأسیس «ادارهٔ اصل چهار»، با اینکه سازمانی اقتصادی بود، آشکارا در مسائل نظامی ایران دخالت کرد و ارتباطات نظامی و سیاسی شدیدی را به وجود آورد؛ تا آنجا که سران نظامی در ایران بعد از آن، بیش از آنکه انگلوفیل باشند، امریکوفیل بودند. از باب مثال، شاخص‌ترین آن‌ها سرلشکر حاج‌علی رزم‌آرا بود، که هدایت بخش مهمی از ارتش را بر عهده داشت، و بارها به ریاست ستاد ارتش منصوب شد.

در طول سال‌های بعد از جنگ جهانی دوم تا کودتای ۲۸ مرداد ۱۳۳۲، ارتش ایران محل تعارض و کشمکش نیروهای حامی شوروی و امریکا بود؛ سازمان نظامی حزب توده از یک طرف و ستاد مشترک ارتش و ادارهٔ دوم آن، به رهبری سرلشکر رزم‌آرا، از سوی دیگر. این تقابل و کشمکش بین نیروهای وابسته به دو قدرت اول جهانی انجام شد.

در این دوره شاهد وقوع چند حادثهٔ مهم در تاریخ ایران هستیم، که کاملاً با حضور امریکا در ایران مرتبط است. سازماندهی ژاندارمری ایران را ژنرال نورمن شوارتسکف در سمت فرمانده ژاندارمری ایران انجام داد، که آشکارا در بیشتر سیاست‌های نظامی و داخلی ایران دخالت داشت. با اوج گرفتن نهضت ملی شدن صنعت نفت، امریکا برای به قدرت رساندن سرلشکر رزم‌آرا بسیار کوشید. جرالد دوهر، وابستهٔ عشایری سفارت امریکا، این فعالیت‌ها را سازماندهی می‌کرد[1] حتی امریکا به منظور مطالعه دربارهٔ چگونگی حضور نظامی در ایران، کرمیت روزولت، کارشناس برجستهٔ سازمان سیا، را به مناطق

---

۱. بیل، جیمز، شیر و عقاب، ترجمهٔ مهوش غلامی، ج اول، تهران، شهرآب، ۱۳۷۱، ص۱۷۶.

جنوب ایران و در میان ایل قشقایی فرستاد، تا در خصوص چگونگی بهره‌برداری از نیروهای نظامی ایل قشقایی مطالعات لازم را انجام دهد.

با روی کار آمدن سرلشکر رزم‌آرا، در سمت نخست‌وزیر، برای تمامی دوست‌داران امریکا در ایران و کسانی که منافع خودشان را با منافع این کشور هم‌سو می‌دانستند، این امیدواری ایجاد شد، که یک دیکتاتوری نوین نظامی از نوع دیکتاتوری‌های نظامی امریکای لاتین تشکیل شود. امریکا نیز با حمایت از این دولت، تلاش کرد این دیکتاتوری نوین را در ایران سازماندهی کند. اما منافع امریکا و انگلستان، که با حفظ سرلشکر رزم‌آرا تأمین می‌شد، با نیروهای مردمی و اسلام‌گرا، و همچنین ملی‌گرایان و حامیان ملی شدن صنعت نفت در تعارض بود. در این تعارض، فداییان اسلام با فداکاری استاد خلیل طهماسبی، رزم‌آرا را به قتل رساندند. با حذف رزم‌آرا، اسلام‌گرایان هزینهٔ لازم برای پیروزی نهضت را پرداخت کرده و در نتیجه روند قانونی ملی شدن صنعت نفت طی روزهای ۱۶ تا ۲۹ اسفند ۱۳۲۹ به جریان افتاد.

با حذف رزم‌آرا، دولت علاء، و پس از چند ماه دولت دکتر مصدق بر سر کار آمدند. متأسفانه در این دوره، نیروهای فداکاری که می‌توانستند از دولت ملی‌گرای دکتر مصدق حمایت کنند و در برابر اشرافیت سیاسی حاکم بر ایران و پهلوی، و حضور و نفوذ امریکا و انگلیس ایستادگی به خرج بدهند، مجال و حضور جدی نیافتند، و عوامل سیاسی و امنیتی دولت دکتر مصدق به بهانه‌های مختلف آن‌ها را سرکوب کردند. با کودتای امریکایی ـ انگلیسی ۲۸ مرداد ۱۳۳۲، دولت دکتر مصدق به‌آسانی و بدون هیچ مقاومتی سقوط کرد. در نتیجه امریکا برای رسیدن به منافع جدید خود در نفت ایران، که دولت انگلستان و

شرکت نفت ایران و انگلیس مدعی آن بودند، تلاش کرد با کودتای ۲۸ مرداد وارث منافع شرکت نفت انگلیسی در ایران شود؛ عملیاتی که زیر نظر مستقیم شخص ژنرال دوایت آیزنهاور (رئیس‌جمهور امریکا) جان فاستر دالس (وزیر خارجه) و آلن دالس (رئیس سازمان سیا) صورت گرفت، و ژنرال نورمن شوارتسکف (افسر مستشار ژاندارمری)، و همچنین کرمیت روزولت و دیگران آن را در ایران سازماندهی و اجرا کردند؛ کودتایی که حاکمیت مطلق بیست و پنج‌سالهٔ امریکا بر ایران دستمزد شیرین آن بوده است.

قرارداد نظامی پیمان بغداد

دورهٔ جدید حضور نظامی امریکا در ایران با حضور مأموران اطلاعاتی و سازمان‌های جاسوسی کامل شد و با انعقاد قرارداد نظامی پیمان بغداد، که در سایهٔ دکترین امنیتی امریکا ساماندهی شده بود، به سامان رسید.

چون امریکا بعد از جنگ جهانی دوم به این نتیجهٔ مهم رسیده بود که شوروی در بخش‌های مختلفی از جهان نفوذ و قدرت پیدا کرده است، برای اینکه این قدرت را محدود، و گسترش آن را کنترل کند، جرج کنان دکترینی را (سفیر امریکا در شوروی) طراحی کرد، که در دستور کار دولت امریکا قرار گرفت. این دکترین به «دتانت» یا سدّ نفوذ مشهور شد، و بر این قاعده استوار بود که روس‌ها در مناطق مختلف آسیای میانه و اروپای شرقی (همچنین کشورهای آسیایی و افریقایی) با اجرای سیاستی ایدئولوژیک و سازمان‌یافته خمیروار گسترش پیدا می‌کنند، و مناطق اطراف خود را یکی پس از دیگری به اشغال خود درمی‌آورند.

بر همین اساس، سیاستمداران و استراتژیست‌ها به این نتیجه رسیدند که باید دولت‌های پیرامون اتحاد جماهیر شوروی را با

خودشان همراه و هم‌پیمان کنند، و با استفاده از پیمان‌های نظامی منطقه‌ای، به دور شوروی دیواری دایره‌شکل بکشند. این دیوار با ایجاد چند پیمان نظامی ایجاد شد؛ «پیمان نظامی بغداد»، که بعدها به پیمان نظامی «سنتو» تبدیل شد، پیمان نظامی «سیتو» در شرق دور، و پیمان نظامی «ناتو» در اروپا بود.[1] این سه پیمان نظامی دولت‌ها و کشورها را به حلقهٔ نظامی متحد به امریکا ملحق می‌کرد، تا این حلقهٔ بسیار بزرگ جغرافیایی و سیاسی به دور اتحاد جماهیر شوروی مانع گسترش و نفوذ آن‌ها در این بخش از جهان شوند.

دولتِ بعد از کودتا در ایران هم مایل بود خودش را به این حلقه برساند و عضو این پیمان شود، که با مخالفت نیروهای اسلام‌گرا (فداییان اسلام) مواجه شد. اما در پی این بی‌اعتنایی‌ها، فداییان اسلام دست به ترور حسین علاء زدند، که ناکام ماند. حسین علاء با وجود مجروحیت در کنفرانس بغداد شرکت جست و عضویت ایران را در پیمان بغداد عملی کرد. این بار برخلاف گذشته، فقط فداییان اسلام بودند که در مخالفت با استراتژی امریکا و در تقابل با سیاست‌های نظامی‌گری آن جان خویش را فدا کردند، و به طرز فجیعی شکنجه و سپس اعدام شدند.

کاپیتولاسیون و مخالفت امام خمینی(ره) با آن

بعد از اعدام سران فداییان اسلام، حضور امریکا در ایران تثبیت شد و آن‌چنان تداوم و گسترش پیدا کرد، که در سال ۱۳۴۳ امریکا قرارداد

---

۱. سازمان پیمان مرکزی (سنتو) در دوران جنگ سرد و با هدف مبارزه با شوروی و نفوذ مارکسیسم تشکیل شد. جرج کنان، سفیر امریکا، در سال ۱۹۴۷م در مقاله‌ای به دولت امریکا پیشنهاد کرد که برای مقابله با خطر توسعه‌طلبی شوروی، سیاست سدّ نفوذ را به دور شوروی به مرحلهٔ اجرا گذارد، تا با گذشت زمان، نظام شوروی فروپاشد. پیمان‌های ناتو، سیتو، و سنتو بر اساس این راهکار به وجود آمدند. پس از فروپاشی بلوک شرق، این سازمان فلسفهٔ وجودی خود را از دست داد.

حق قضاوت کنسولی برای نظامیان و درجه‌داران خود را در ایران به تصویب رساند. پس از تصویب کاپیتولاسیون، باز هم نیروهای اسلام‌گرا به رهبری امام خمینی(ره) مخالفت خود را با منافع امریکا در ایران نشان دادند. اما فقط همین نیروها بودند که در برابر این سیاست در صف تقابل ایستادگی کردند. در پی این مخالفت، سخنرانی بسیار تند امام خمینی(ره) علیه کاپیتولاسیون، تبعید ایشان به ترکیه، و ترور حسن‌علی منصور از سوی اعضای حزب مؤتلفهٔ اسلامی، این مسئله به یکی از اصلی‌ترین موضوعات مقاومت در برابر رژیم پهلوی و سیطرهٔ امریکا تبدیل شد.

دورهٔ تثبیت حضور نظامی امریکا

از سال‌های ۱۳۴۲ و ۱۳۴۳ به بعد، که نهضت مقاومت اسلامی در برابر امریکا به رهبری امام خمینی(ره) سرکوب شد، دورهٔ تثبیت و نفوذ کامل امریکا در ایران شروع شد. از این جهت که این حضور همراه با حضور و نفوذ فیزیکی است، آن را دورهٔ تثبیت می‌نامیم؛ هرچند در این دوره با نفوذ معنوی و فرهنگی امریکا هم مواجهیم. حضور سرمایه‌گذاران و نظامیان امریکایی و تصرف منابع سرزمینمان مخالفت ملت ما را برانگیخت. ولی هر گونه مخالفت با استفاده از اهرم نظامی و نیروهای مسلح سرکوب شد و چیزی کمتر از مرگ را برای مبارزان در پی نداشت. بنابراین، ایران بعد از کودتای ۲۸ مرداد و امضای قرارداد کاپیتولاسیون، تا سال ۱۳۵۷ به شکل فزاینده و البته نامحسوسی در اشغال امریکا بود؛ اشغالی که برابر قانون تصویب‌شده، هیچ کس نمی‌توانست با آن مخالفت کند.

طبق این قانون، اگر نیروهای امریکایی در ایران مرتکب جنایت

می‌شدند، از حق قضاوت کنسولی برخوردار بودند. حال آنکه نزدیک چهل‌هزار مستشار نظامی امریکایی در ایران به فعالیت مشغول بودند؛ افرادی که بخش وسیعی از وظایفشان گردآوری اطلاعات و اخبار از نقاط مرزی شمالی ایران علیه اتحاد جماهیر شوروی بود و در مسیر منافع نظامی و گسترش نفوذ امریکا در ایران عمل می‌کردند.

مهم‌تر از همه اینکه در این دوره، شاهد شکل‌گیری استراتژی دوستونهٔ امریکا از سوی ریچارد نیکسون در خاورمیانه بودیم. این استراتژی دوستونه شامل دو ستون اقتصادی و نظامی بود، که ستون اقتصادی آن را دولت عربستان بر عهده داشت و بر اساس منافع اقتصادی امریکا در این منطقه عمل می‌کرد. ستون نظامی آن را نیز دولت ایران تشکیل داد؛ به این شکل که به جای امریکا در منطقه می‌جنگید، به جای آن‌ها از منافع امریکا دفاع می‌کرد، به جای امریکا سرباز و نیرو اعزام می‌کرد. در واقع نقش ژاندارم منطقه‌ای امریکا را در این منطقه بر عهده داشت و سعی می‌کرد این نقش را با دقت و رعایت همهٔ منافع امریکا ایفا کند.

در نبرد ظفار و جنگ‌های دیگری که امریکا و انگلیس می‌بایست با نیروهای نظامی خودشان حضور می‌یافتند، این سربازان ایرانی بودند که در استعداد دو لشکر مجبور بودند به این جنگ‌ها بروند و در این نبردها به هلاکت برسند. آنچه دوباره در سال‌های ۱۳۵۶ و ۱۳۵۷ در ایران اتفاق افتاد، اعتراض علیه رابطهٔ متقابل امنیتی نظامی بین امریکا و رژیم شاه بود؛ آن چنان که وقتی کارتر در یازدهم دی ۱۳۵۶ به ایران آمد، گفت: «منافع متقابل امنیتی نظامی بین ایران و امریکا آن‌قدر زیاد است که این منافع و روابط را نمی‌توان با هیچ کشور دیگری مقایسه کرد.»[1]

---

۱. روزنامهٔ اطلاعات، ۱۲ دی ۱۳۵۶.

سیاست درازمدت قدرت‌های غربی برای تجزیۀ ایران

غرب سیاست تجزیۀ جهان اسلام را به واحدهای کوچک‌تر طی چند قرن اخیر به طور جدی پی گرفته است. به نظر بسیاری از مورخان، سیاست تجزیۀ سرزمین فقط دربارۀ دولت عثمانی اجرا شد؛ آن هم فقط فروپاشی متصرفات آن. اما دربارۀ ایران، سیاست تجزیۀ ارضی به‌موقع اجرا شد. این سیاست در زمان فتحعلی‌شاه به تجزیۀ شمال ایران ـ که جمهوری‌های منطقۀ قفقاز (ایروان، گرجستان، آذربایجان) در آن وجود داشتند ـ منجر شد. این سیاستی بود که علاوه بر روس‌ها، انگلیسی‌ها هم بر آن وحدت نظر داشتند.[1]

در زمان ناصرالدین شاه، سیاست سرزمین سوختۀ انگلیسی‌ها در منطقۀ سیستان اعمال شد، که در پی آن مردم و روحانیت شیعی مقاومت‌های گسترده‌ای را انجام دادند. این سیاست تا جایی پیش رفت که افغانستان و هرات نیز از ایران جدا شد. کشمکش‌های گسترده‌ای در زمان ناصرالدین شاه درگرفت، که در نهایت با سست‌عنصری ناصرالدین شاه و همکاری صدراعظم وقت ایران، میرزا آقاخان نوری، طی قرارداد پاریس در سال ۱۸۵۷ (۱۲۳۵ ش) دیوار جدایی بین مردم ایران و افغانستان کشیده و افغانستان از ایران جدا شد. اما باز هم همۀ اهداف استراتژیک انگلستان تأمین نشد. افغانستان بخشی از منطقۀ اطراف هندوستان را تشکیل می‌داد. انگلستان به بخش‌های دیگری مانند بلوچستان نیز نیاز داشت. بنابراین، طی رفت و آمدهای دیپلماتیک و ادعاهای ارضی و مرزی، و همچنین جعل نقشه‌های جدید، که بلوچستان و سیستان در گذشته جزء هندوستان بوده است، تلاش بسیار گسترده‌ای انجام داد تا بتواند آن را از ایران جدا کند.

---

۱. آوری، پیتر و دیگران، همان، ص۶.

سرانجام جیمز موری، سفیر انگلیس در ایران، بعد از سال‌ها کشمکش رضایت ایران را جلب کرد، تا هیئتی انگلیسی به ریاست گلداسمیت به همراه هیئتی ایرانی به مطالعه در خصوص منطقه بپردازند و مرز جدیدی را برای ایران در این منطقه تعیین کنند. بدین صورت، بخش وسیعی از بلوچستان و سیستان ایران به هندوستان (بلوچستان فعلی پاکستان) واگذار شد، و به عنوان منطقهٔ حائل بین ایران و هندوستان درآمد. در واقع بلوچستان پاکستان بخشی از سرزمین ایران بود، که در جریان قرارداد گلداسمیت از ایران جدا شد. این حادثه از موارد بحث‌نشده در تاریخ معاصر است.

اما چندی بعد، متأسفانه بدبختی‌ها و گرفتاری‌های مردم سیستان آغاز شد. بحث تقسیم آب هیرمند و کشمکش‌های ناشی از آن به میان آمد، که تا سال ۱۳۵۲، یعنی تا زمان دولت هویدا، ادامه یافت. در تمامی این مذاکرات، انگلیس و امریکا از طرف مقابل ایران حمایت می‌کردند. در نتیجهٔ این کشمکش‌ها، ایران بخش اعظم سهم آب خویش را به ۲۳/۵ متر مکعب در ثانیه تقلیل، و به همین میزان اندک رضایت داد.

در واقع فقر، پریشانی، و گرفتاری به مرزهای شرقی ایران تحمیل شد. مصادرهٔ آب هیرمند مشکل بزرگی بود که منجر به خشکسالی در منطقه سیستان می‌شد؛ سیستانی که بسیاری از سیاحان خارجی معتقدند و می‌گویند: «این منطقه به اندازهٔ مصر می‌تواند گندم تولید کند و هنوز هم این ظرفیت را دارد.» بخش وسیعی از کشور در قرارداد گلداسمیت از ایران جدا شد، و در عمل تجزیهٔ مکران[1] و بلوچستان با تلاش انگلیس انجام پذیرفت (سال ۱۸۵۷ م/ ۱۲۵۰ ش).[2]

---

۱. از نظر تاریخی، سرزمینی ساحلی در جنوب خاوری ایران و جنوب باختری پاکستان است.
۲. رئیس‌طوسی، رضا، سرزمین‌های سوخته، تهران، مؤسسهٔ مطالعات تاریخ معاصر، ۱۳۸۵، صص متعدد.

دولت روسیه نیز، با توافق و تحریک ترکمن‌ها در شمال‌شرق ایران، فشار زیادی از شرق دریای خزر به ایران وارد کرد. خان‌های محلی کشمکش‌های بسیاری را در این منطقه ایجاد کردند. تا جایی که سرانجام ایران از ترکمنستان و سایر بخش‌های پیرامونی آن چشم پوشید؛ چنان که طی قرارداد «آخال» در سال ۱۸۸۱ م (۱۲۶۰ ش)، شمال‌شرق ایران، بخش وسیعی از دریای خزر، و همچنین منطقهٔ فرارود در سرزمین‌های خوارزم به روسیه واگذار شد.

همان طور که در طول تاریخ معاصر ایران ملاحظه کردیم، غرب با فشار دیپلماتیک، کشمکش‌ها و درگیری، ترساندن از جنگ، و اینکه از ترس مرگ خودکشی باید کرد، مرحله به مرحله بخش‌های وسیعی از ایران را از این سرزمین جدا کرد. این تجزیه‌ها در دوره‌های بعد نیز تداوم پیدا می‌کرد ـ البته در دورهٔ انقلاب مشروطه، به‌ظاهر تجزیه اتفاق نیفتاد؛ چون اوضاع بین‌المللی و داخلی فرصت اجرایی شدن قرارداد ۱۹۰۷ را نداد. گرچه طبق این قرارداد ایران به سه منطقهٔ تحت نفوذ روسیه در شمال، تحت نفوذ انگلیس در جنوب، و منطقهٔ مرکزی تقسیم شده بود، جنگ جهانی اول و کشمکش‌های بین‌المللی، ورود نیروهای عثمانی و مقاومت نیروهای داخلی، اوضاع عمومی جنگ، و وقوع انقلاب روسیه مانع از اجرایی شدن این فاجعهٔ بزرگ تاریخی برای ایران شد.

از سوی دیگر، اگرچه ایران مطابق سیاست اشغالگری انگلستان به قرارداد تحت‌الحمایگی ۱۹۱۹ تن داد؛ مخالفت‌های داخلی علیه وثوق‌الدوله و اختلاف در روش اشغالگری در انگلیس سبب ناکام ماندن این قرارداد شد. با این حال، انگلستان با اعمال کودتای ۱۲۹۹ ش علیه قاجاریه، از سوی رضاخان، راه دیگری برای اشغال و تصاحب منافع ایران برگزید.

واقعیت این است که ایران در معرض رقابت دو رقیب بسیار بزرگ بین‌المللی هم قرار گرفت؛ چنان که رضاخان بخشی از سرزمین ایران را در جریان پیمان سعدآباد به انگلیس، و همین طور منطقهٔ آرارات شرقی و بلندی‌های آن را به ترک‌های عثمانی واگذار کرد. همچنین در سال ۱۳۳۲ ش ایران از منطقهٔ «فیروزده» در شمال‌شرق ایران، در ازای دریافت یازده تن طلای مورد مطالبه از روسیه ـ به دلیل بدهی‌های ناشی از صادرات اجباری گندم به روسیه در زمان جنگ جهانی دوم ـ چشم پوشید، و آن منطقه را به روسیه واگذار کرد. در جریان خروج انگلیس از منطقهٔ خلیج فارس نیز، ایران از حاکمیت خویش بر منطقهٔ بحرین بزرگ چشم پوشید؛ بحرینی که استان چهاردهم ایران بود، و در آن زمان هیچ نیرویی برای دفاع از آن وجود نداشت. در نتیجه با فشار انگلیس و امریکا از ایران جدا شد. در واقع ایران سیطره‌اش را بر بخش جنوبی خلیج فارس از دست داد.[۱]

در این دوره، ما فقط به مسائلی از قبیل تجزیهٔ سرزمینی و قرار گرفتن در معرض توسعه و گسترش سیطرهٔ سرزمینی از سوی قدرت‌های برتر غربی پرداختیم؛ امری که مورخان انگلیسی دانشگاه کمبریج وقیحانه آن را ضرورت جغرافیایی ایران معرفی کردند، تا بتوانند بر نقش مؤثر انگلستان و غرب در حمایت درازمدت تجزیهٔ سرزمین ایران سرپوشی تاریخی و به‌ظاهر علمی بگذارند.[۲]

در بحث گسترش سرزمینی قدرت‌های پیرامونی ما، شاهد گسترش نفوذ کیفی آن‌ها هم هستیم. قرارداد تنباکو، رویتر، لاتاری، امتیاز و واگذاری حق کشتی‌رانی، واگذاری امتیازات گمرکات، و همهٔ این‌ها تحمیلاتی است که با اعمال قدرت نظامی بر کشور ایران تحمیل

---

۱. سامانی، خان‌ملک، دست پنهان انگلیس در ایران، بی‌جا، بی‌تا.
۲. آوری، پیتر و دیگران، همان، ص۶.

شد. یعنی قدرت‌های بزرگ با استفاده از اهرم نظامی قرارداد جدید اقتصادی را در داخل کشورهای ضعیف منعقد، و امتیازات مختلفی را تصاحب کردند.

سیاست گسترش نفوذ سرزمین با قراردادهای ۱۹۰۷، ۱۹۱۵، و ۱۹۱۹

بعد از وقوع جنبش مشروطه، شاهد کشمکش دیگری در سرزمین ایران هستیم. بعد از بازگشت جمعی از ایرانیان که برای ادامهٔ تحصیل به اروپا رفته بودند، نوعی ادبیات سیاسی خوش‌بینانه دربارهٔ انگلستان شکل گرفت. این ادبیات به شکلی خوش‌بینانه به تبلیغ نوع حاکمیت مشروطه در انگلیس پرداخت. نهضت مشروطه هم آشکارا تحت تأثیر ادبیات سیاسی انگلستان و فرانسه بود. مخالفان مشروطه، یعنی خاندان سلطنتی، نیز بیشتر تحت حمایت امپراتوری تزار روس بودند.

با وجودی که در عصر قاجار بخش‌های وسیعی از ایران جدا شد، در جریان قرارداد ۱۹۰۷، پروژهٔ جدیدی به مرحله اجرا درآمد. طبق این پروژه، انگلستان و روسیه به این نتیجه رسیدند که ایران را به طور کامل بین خودشان تقسیم کنند، و به‌جز یک منطقهٔ حائل مرکزی، بخش جنوبی در اختیار انگلیس و بخش شمالی تحت حاکمیت روسیه قرار گیرد ـ که این مسئله در قرارداد پنهانی ۱۹۱۵ به تقسیم کامل ایران بین روس و انگلیس در قرارداد فوق‌الذکر انجامید، که البته وقوع انقلاب مشروطه، مخالفت‌های نمایندگان و مردم، و بحران‌هایی که در داخل ایران شکل گرفت، منجر شد دولت تزار روسیه ضمن رویارویی با جنبش سوسیالیستی و چپ مارکسیستی، پیگیر اجرایی شدن این عملیات نشود. اما انگلستان همچنان درصدد اجرای یک‌جانبهٔ این

سیاست بود؛ چنان که کوشید با قرارداد ۱۹۱۹ ایران را یکجا به طور کامل مصادره بکند. یعنی اگر در قرارداد ۱۹۰۷ بخشی از شمال ایران به روسیه و جنوب آن به انگلیس واگذار شد، و منطقهٔ مرکزی هم به شکل حائل باقی ماند، در قرارداد ۱۹۱۹ هیچ نقطه‌ای از ایران به خود ایران تعلق نداشت؛ بلکه کل مالیه و ارتش ایران تحت‌الحمایهٔ دولت انگلیس قرار می‌گرفت؛ درست مانند هندوستان.

بدیهی است کشوری که پول و ارتش آن در دست دولت خارجی باشد، در عمل چیزی برای حاکمان ظاهری آن کشور نمی‌ماند. زمانی که ارتش و نیروی نظامی حاکم است، در واقع گسترش و نفوذ سرزمینی به وقوع پیوسته است. البته اجرا نشدن این قرارداد به این دلیل نبود که انگلیسی‌ها هم در داخل کشور ایران و هم در داخل کشور خودشان دچار مشکلاتی جدی شدند؛ بلکه علت آن اختلاف در چگونگی سیطرهٔ سرزمینی بر ایران بود.

چرچیل، طراح خاورمیانهٔ جدید

واقعیت این است که انگلستان به دلیل بر دوش کشیدن بار جنگ جهانی اول، و به این دلیل که بار اصلی مقابله با آلمان بر دوش او بود، هزینه‌های بسیار زیادی را در جنگ متقبّل شد. این هزینه‌ها سبب شد انگلستان دیگر فرصت اجرای پروژه‌هایی را که بار مالی سنگینی داشت، مانند قرارداد ۱۹۱۹، ناتمام بگذارد؛ چون اجرای آن برای دولت انگلیس سالیانه سی میلیون پوند هزینه داشت.

پروژه‌ای که در این دوره اجرا شد ــ که به نظر ما از حساس‌ترین حلقه‌های مطالعاتی در تاریخ دوران معاصر است و لازم است در بحث استراتژی خاورمیانهٔ جدید امریکا با آن هم آشنا شویم ــ بنا به گفتهٔ

وینستون چرچیل (وزیر دریاداری و مستعمرات انگلستان) بود که گفت: «به جای آنکه ما دولت‌های منطقه را به طور مستقیم تحت حاکمیت نظامی و اقتصادی خودمان دربیاوریم، و هزینه‌های ناشی از اشغال کشوری خارجی را بپذیریم، و در معرض بدبینی و سوءظن کشورهای منطقه قرار گیریم، باید قدرت‌هایی در منطقه و کشورها به حاکمیت برسانیم که این قدرت‌ها با استفاده از امکانات و نیروهای نظامی و تجهیزات داخلی منافع ما را تأمین کنند. به دولت‌هایی حاکمیت ببخشیم و پادشاهانی را بر سر کار آوریم، که این پادشاهان جز اتکا به ما، هیچ نقطه اتکای دیگری نداشته باشند. بنابراین، ما بدون آنکه هزینهٔ مالی سنگینی بپردازیم، نیروی انسانی و نظامی را در داخل این کشورها به کار بگیریم، و ناچار باشیم خسارت‌ها و هزینه‌های ناشی از اشغال یا حضور مستقیم نظامی در یک کشور را بر عهده بگیریم، در عمل از همهٔ مواهب ناشی از اشغال آن کشور بهره می‌گیریم و از همهٔ مضرات آن رهایی پیدا می‌کنیم. نتیجه این خواهد بود که عواید مورد نظر ما در آن کشور از آن ما است؛ منتها با دست و ابزار نیروهای داخلی آن کشورها.»

در روند اجرای این پروژه، شاهد شکل‌گیری حاکمیت‌های جدید در کشورهای منطقه هستیم. بلافاصله در ایران کودتای سوم اسفند ۱۲۹۹ به وقوع پیوست. حکومت قاجار، که حکومتی ریشه‌دار و دارای ایل و طایفه‌ای گسترده بود، کنار زده شد و شخصی به نام رضا پالانی، که هیچ پایگاه قومی و قبیله‌ای نداشت، با کمک دولت انگلستان به قدرت رسید ـ البته روند به سلطنت رسیدن رضاخان چهار سال طول کشید. در عربستان سعودی، عبدالعزیز بن سعود از نجد به حجاز رفته، و با کنار زدن خانوادهٔ ریشه‌دار شریف حسین، بر عربستان مسلط شدند. در عراق خانوادهٔ فیصل، در اردن خانوادهٔ ملک عبدالله از فرزندان

شریف حسین، و در مصر خانوادهٔ ملک فؤاد به قدرت رسیدند. ولی در فلسطین به این دلیل که انگلیس پروژهٔ به حاکمیت رساندن صهیونیسم را در نظر داشت، آن را به صورت سیستم تحت‌الحمایهٔ خود درآورد و اجازه نداد دولت فلسطینی مستقلی در آنجا تشکیل شود.

همان‌طور که می‌بینید، در منطقهٔ خاورمیانه دولت‌هایی با ویژگی‌های مشترک شکل گرفت. همهٔ این دولت‌ها چشم به فرمان انگلیس بودند و هیچ استقلالی از خود نشان ندادند. گرچه بسیاری از آن‌ها نقش دولت‌های مستقل را بازی کردند؛ در نهایت آنچه اتفاق افتاد، تلاش برای حفظ و گسترش منافع انگستان بود. آن دولتی که بر آن قدرت‌های محلی احاطهٔ کامل داشت، انگلستان بود. جالب توجه اینکه با حاکمیت این دولت‌ها در این کشورها، اصلی‌ترین مأموریت این قدرت‌های به‌ظاهر مدرن، حذف کانون‌های قدرت سیاسی و اجتماعی و نظامی محلی در داخل این کشورها بود.

با اینکه بسیاری از این کانون‌های قدرت سیاسی و اجتماعی و نظامی فاسد بودند و علیه مردم اعمال زور می‌کردند، واقعیت مطلب این بود که در بحران‌های داخلی، در مسیر منافع ملی قرار می‌گرفتند و رهبران دولت‌های مستقل می‌توانستند از آن‌ها کمک بگیرند؛ مانند عشایر که چون مسلح بودند، توانِ برخورد با نیروهای نظامی خارجی را داشتند و در صورت لزوم فوراً بسیج می‌شدند.

در این دوره، همهٔ نیروهای عشیره‌ای و کانون‌هایی که در گذشته در برابر قدرت‌های خارجی مقاومت کرده بودند سرکوب شدند؛ از منفورترین آن‌ها نظیر شیخ خزعل در جنوب گرفته تا مقبول‌ترینشان مانند میرزا کوچک‌خان در شمال. در عمل همهٔ حوزه‌های قدرت و اقتدار ملی به نفع انگلستان یکپارچه، و حاکمیت انگلستان بر کل ایران

برقرار شد. از این رو، در جنگ جهانی دوم، شاهدیم که در ایران هیچ کانون مقاومتی وجود نداشت تا در برابر انگلستان و نیروهای خارجی مقاومت کند. در حالی که در جریان جنگ جهانی اول شاهد مقاومت‌هایی بودیم، که توانسته بودند انگلیسی‌ها و روس‌ها را با مشکلات فراوان روبه‌رو کنند.

سابقهٔ تاریخی حضور نظامی غرب در منطقهٔ خاورمیانه

شاید در حال حاضر برای بسیاری از مردم، مسئولان، و جوانان ما این مسئله که غربی‌ها در منطقهٔ خلیج فارس یا خاورمیانه حضور نظامی جدیدی پیدا کنند، یا در این منطقه جنگ دیگری به وقوع بپیوندد، چندان منطقی نباشد. در طول تاریخ همیشه شاهد کشمکش‌های نظامی غرب با کشورهای منطقه و مسلمان بوده‌ایم. اغلب پیروزی‌های بزرگ نصیب غربی‌ها شد ـ البته در مواردی نیز شکست‌های بزرگ. اگر ما غرب را در قالب اروپا در نظر بگیریم، شاهد آمد و شدها و هجوم‌های نظامی بسیار گسترده در این منطقه هستیم؛ جنگ‌های گذشتهٔ ایران و روم، که بیشتر در منطقهٔ خاورمیانه اتفاق افتاد، جنگ‌های مختلف بر سر ارمنستان، حوادثی که بعد از شکل‌گیری اسلام در منطقه رخ داد، جنگ‌های تبوک و موته که بین پیامبر اسلام(ص) و امپراتور روم شرقی رخ داد، و جنگی که بعدها بین خلفای اموی (معاویه و هشام بن عبدالملک) و حکّام قسطنطنیه به وقوع پیوست.

بعد از آن، مسلمان‌ها سال‌ها قدرت را در اروپا در دست گرفتند. به دلیل دیوار مستحکمی که در قسطنطنیه وجود داشت، نتوانستند وارد اروپا شوند. بعدها به فرماندهی موسی بن نصیر و طارق بن زیاد، از مرزهای افریقا وارد مرزهای اسپانیا شدند و حاکمیت بخش‌های

وسیعی از اسپانیا و فرانسه را مدت‌های طولانی برعهده داشتند.

اتفاق دیگری که در اروپا رخ داد، این بود که پس از جنگ‌های بسیاری که بین مسلمان‌ها و مسیحی‌ها در اروپا روی داد، مسیحی‌ها توانستند با وحدتی که فرانک‌ها و کاستیل‌ها به رهبری شارل مارتل به وجود آوردند، پیشرفت حاکمیت مسلمان‌ها را در غرب متوقف کرده و به دنبال آن جنگ‌های صلیبی به راه بیندازند؛ با این هدف که مرکز و معبد مشترک سه دین یهود، مسلمان، و مسیحی (بیت‌المقدس) را، که در دست مسلمان‌ها بود، به عنوان محلّ تولد حضرت عیسی(ع) تصرف کنند.

در زمان خلیفهٔ دوم، عمر بن خطاب، بود که مسلمان‌ها بیت‌المقدس را بدون خون‌ریزی و با حضور خلیفهٔ دوم از مسیحیان گرفته بودند. البته مسیحیان شرط بسته بودند، که در صورتی حاضرند بیت‌المقدس را به مسلمانان بدهند، که مانع حضور یهودیان در آنجا شوند.

با گسترش ادبیات جنگ‌طلبانه و شعارها و فتواهای پاپ‌ها و سیاستمداران، مبنی بر لزوم جهاد برای آزادی سرزمین‌های مقدس (مانند بیت‌المقدس) جنگ‌های صلیبی آغاز شد. این جنگ‌ها طی دو قرن در هشت مرحله اتفاق افتاد. در دوره‌هایی شاهد دو دورهٔ هفتادساله تا نودساله هستیم، که در این دوران فلسطین به تصرف مسیحیان درآمد.

در این میان صلاح‌الدین ایوبی، که کُرد و ایرانی‌الاصل بود، توانست با بسیج نیروهای مسلمان در برابر نیروهای حاضر در منطقه مقاومت کند. ابتدا گروهی از مسیحیان را در جنگ عین‌الجالوت شکست داد. سرانجام آن‌ها را در منطقهٔ قدس محاصره کرد، که این محاصره حدود یک سال طول کشید. درگیری‌هایی که در حاکمیت انگلستان به وقوع پیوست، از عواملی بود که به کمک صلاح‌الدین آمد. جالب اینکه در هر یک از جنگ‌های صلیبی امپراتوران دولت‌های اروپایی ـ چه انگلیس،

چه فرانسه ـ نیز حضور داشتند. حتی ریچارد شیردل، پادشاه انگلیس و فرمانده نیروهای اروپایی و مسیحی، با صلاح‌الدین جنگید ـ که در این بین حکومتش دچار بحران شد و برادرش، پرنس چارلز، جای او را گرفت. او نیز مجبور شد نتیجهٔ جنگ را واگذار کند و به انگلستان برگردد.

در کنار کشمکش‌هایی که وجود داشت، جنگ‌های دیگری نیز بین مسلمان‌ها و مسیحی‌ها درگرفت. آل حمدان، حاکمان شیعی منطقهٔ شام، با اروپایی‌ها درگیر شدند. مهم‌ترین این جنگ‌ها ملازگرد است، که در آن ترکان مسلمان سلجوقی به رهبری آلب‌ارسلان در مرز با امپراتوری روم غربی درگیر شدند و توانستند امپراتور روم را به اسارت بگیرند. در واقع آلب‌ارسلان دورهٔ جدیدی از اسلام را در اروپا زنده کرد، و فضا را برای گسترش اسلام در منطقهٔ آسیای صغیر و ترکیهٔ کنونی فراهم ساخت. این گونه شد که خلافت عثمانی، یک امپراتوری نیرومند مسلمان، شکل گرفت.

در سال ۱۴۵۲م سلطان محمد فاتح، امپراتور عثمانی، توانست با فتح قسطنطنیه برای اولین بار از این سمت وارد اروپا شود، و بخش‌های وسیعی از اروپا را به تصرف درآورد. البته کشمکش‌هایی که در منطقهٔ فلسطین وجود داشت، در روابط جهان اسلام و غرب تأثیرگذار بوده است.

از جدی‌ترین دوره‌های حملهٔ غربی‌ها به فلسطین و فتح نودسالهٔ دوم آن، زمانی بود که مارکوپولو، جهانگرد و سیاستمدار معروف ایتالیایی، توانست توجه چنگیزخان مغول را به ثروت‌های ایران جلب کند. در این زمان اروپایی‌ها موفق شدند مغول‌های بیابان‌گرد را به تصرف بخش مهمی از جهان اسلام برانگیزانند. این حضور نظامی تا سقوط خلافت پادشاهان عباسی تداوم پیدا کرد. در واقع، یک دیپلماسی فعال اروپایی چنگیزخان و جانشینانش را به حمله به ایران، عراق، و در آخر سوریه

و شام برانگیزاند، که در نهایت به فتح بیت‌المقدس منتهی شد.

هرچند مغول‌ها در برابر اتحاد نظامی ممالیک مصر شکست خورده و مسلمانان منطقهٔ شامات این خطر را حس کرده بودند؛ اما چنان تضعیف شده بودند که غربی‌ها به‌راحتی توانستند به منطقه حمله کنند؛ چنانچه وقتی فردریک اول، پادشاه آلمان، با پانصد نفر سرباز بیت‌المقدس را گرفت، هیچ یک از پادشاهان مسلمان اقدامی نکردند.

به‌اجمال، هر دولتی که در اروپا به برتری رسید، بلافاصله شعبه‌هایی از نیروهای آن در منطقهٔ خاورمیانه و جهان اسلام به وجود آمد. با این وصف، وقتی پرتغالی‌ها و اسپانیایی‌ها، یا فرانسوی‌ها به برتری رسیدند، حضورشان در خاورمیانه نیز پررنگ‌تر شد. همان طور که در زمان حکومت صفویه می‌بینیم که پرتغالی‌ها به مناطق جنوب ایران حمله، و بنادر ما را اشغال کردند. آلفونسو آلبوکرک، دریاسالار پرتغالی، علاوه بر غارتگری، عدن و مسقط را به آتش کشید و همانند یک دزد دریایی مسلح و بی‌رحم جزیرهٔ هرمز را تصرف کرد. جالب اینجا است که وقتی نقش پرتغالی‌ها در اروپا تضعیف شد، انگلیسی‌ها به خلیج فارس آمدند، و سعی کردند با بیرون کردن پرتغالی‌ها حضورشان را در منطقه تثبیت کنند. حتی به دولت ایران، در زمان شاه عباس اول، کمک کردند تا بندر گمبرون ـ که بعدها به بندرعباس مشهور شد ـ و جزایر هرمز را از اشغال پرتغالی‌ها درآورند.

در زمان حکومت صفویه، افشاریه، زندیه، و قاجار هم به‌خوبی شاهد هستیم که با ضعیف شدن دولت مرکزی ایران، دولت‌های اروپایی از هر طرف وارد خاک ایران شدند ـ چه روس‌ها و چه انگلیسی‌ها. منتها آنچه باید به آن توجه شود، این است که در آن زمان این نفوذ، نفوذ گسترده‌ای نیست و امپراتوری نیرومند مسلمانی چون عثمانی در

بخش‌های وسیعی از اروپا سیطره دارد. در پی این حضور ضعیف، دولت‌های اروپایی برای بیرون راندن دولت عثمانی از اروپا، که حدود سه قرن اروپا را در سیطرهٔ خود داشت، نهایت تلاش را به خرج دادند؛ چنان که توانستند نیروهای آنان را از یوگسلاوی، یونان، و بلغارستان بیرون کنند. آن‌ها برای گسترش جنبش استقلال‌خواهانه، تحریک ادبیات استقلال‌خواهی، و تقویت روحیات ضد عثمانی کوشش‌های فراوانی کردند. مطالعهٔ انواع رمان‌های اروپایی و یونانی به‌خوبی این مسئله را روشن می‌سازد. در ادبیات سیاسی نیز شاهد این هستیم که عثمانی‌ها به «مرد بیمار و مغضوب اروپا» معروف می‌شوند.

اروپایی‌ها پس از اخراج عثمانی‌ها از منطقه، بلافاصله متوجه مناطق خاورمیانه‌ای امپراتوری عثمانی شده، این دولت را دچار تفرقه و انحطاط کامل کرده، و آن تمرکز قدرت را از میان برداشتند. همین سیاست و استراتژی در مورد ایران هم اتفاق افتاد. در یک دورهٔ یکصد و بیست‌ساله قسمت‌هایی از سرزمین ما، تقریباً به اندازهٔ کل ایران امروز، از کشور ما جدا شد. روسیه با قوهٔ قهریه مناطق شمال غرب ایران (قفقاز، جمهوری آذربایجان، و ارمنستان)، و انگلیس در قرارداد پاریس افغانستان، و سپس در قرارداد گلداسمیت بلوچستان و مکران را از ایران جدا کرده و بحرین را به اشغال درآوردند. تنها امتیازی که به دولت عثمانی دادند، اجازهٔ کشتیرانی آزاد در منطقهٔ خلیج فارس و شط‌العرب بود. در همین زمان، بعد از مدتی، رویه توانست در قرارداد آخال بخش وسیعی از شمال شرق ایران را جدا کند. انگلیسی‌ها هم درخلیج فارس امتیاز جدیدی گرفتند.

سال ۱۳۴۸، انگلیس و دیگر دولت‌های غربی، با فشار بر ایران، در زمان سلطنت محمدرضا پهلوی، توانست استان بحرین را از ایران جدا

کند. شکل‌گیری یک دولت مستقل در بحرین، هرچند بسیار کوچک و ناتوان، می‌توانست به نفوذ غرب در منطقه کمک کند. پس از استقلال بحرین، حضور ایران در شمال و جنوب خلیج فارس از بین رفت. با اینکه محمدرضا پهلوی ژاندارم منطقه و عامل اجرای سیاست غربی‌ها در منطقه بود؛ انگلیس و امریکا به او هم رحم نکرده و اجازه ندادند کشور ایران بر شمال و جنوب خلیج فارس حاکم شود. حتی در ماجرای تقسیم سهم آب رود هیرمند در سال ۱۳۵۴، انگلیس و امریکا دولت امیرعباس هویدا را متقاعد کردند تا امتیاز آب هیرمند را، به ظرفیت ۲۳/۵ متر مکعب در ثانیه، به دولت افغانستان واگذار کند ـ که این کار حاصلی جز خشک‌سالی و فقر برای مردم سیستان و بلوچستان نداشت.[۱]

امریکا و غرب همان سیاست‌های تجزیه‌ای را، که در مورد کشور مستقل ایران اعمال کردند، دربارهٔ بعضی از کشورهای عربی دیگر نیز در پیش گرفتند؛ یعنی ایجاد دولت‌های مستقل و متمرکز کوچکی که قدرت دفاع از خودشان را در مقابل غرب نداشته باشند. نتیجهٔ اعمال این سیاست تشکیل دولت اسرائیل بود که هیچ یک از پادشاهی‌ها و حاکمیت‌های شکل‌گرفته از جانب انگلیس یا فرانسه در منطقه توان مقابله با این دولت را که در حمایت مستقیم انگلیس، امریکا، و غرب است، نداشتند.

علاوه بر این، جنگ‌های ۱۹۴۸، ۱۹۵۶، ۱۹۶۷ و ۱۹۷۳ با کشورهای عرب منطقه حضور نظامی کشورهای غربی را در منطقه نشان می‌دهد ـ که در همهٔ این جنگ‌ها اسرائیل، با حمایت امریکا و انگلیس، با مسلمان‌ها و دولت‌های عربی جنگید و سرزمین‌های آنان را به تصرف درآورد. حملات نظامی مشترک انگلیس، فرانسه، و اسرائیل

---

۱. رئیس‌طوسی، رضا، همان.

به کشور مصر این کشور را به ملی کردن کانال سوئز واداشت. پس از حملهٔ دولت‌های اروپایی به این منطقه، امریکا از مصر حمایت کرد تا باقیماندهٔ نفوذ انگلیس و فرانسه را تهدید کرد.

علاوه بر این، در زمان حاکمیت محمدعلی پاشا شاهد حملهٔ انگلیس به مصر هستیم. در آن جنگ محمدعلی پاشا توانست بر قدرت انگلیس مسلط شود. سابقهٔ حمله ناپلئون به مصر را هم در تاریخ داریم که ناپلئون پس از پیروز شدن بر دولت مصر وارد فلسطین شد و شهر عکا را محاصره کرد. در این محاصره حدود سه‌هزار نفر اسیر مسلمان مصری را در بلندی‌های عکا گردن زد. در همین مکان بود که برای نخستین بار اعلامیهٔ مشهور «دعوت از یهودیان جهان برای بازگشت به سرزمین موعود» را مطرح کرد.[1]

در واقع هر یک از قدرت‌های اروپایی تا فرصتی پیدا کردند، بدون هیچ تعارفی به منطقهٔ خاورمیانه هجوم آوردند. جنگ جهانی اول و دوم هم به نوعی دیگر این مسئله را ثابت کرد؛ چنانچه حضور امریکا، روسیه، و انگلیس را در ایران به روشنی می‌بینیم. در جنگ جهانی اول بود که ایران به مناطق مختلف تحت نفوذ روس و انگلیس تقسیم شد. بنابراین، خاورمیانه همیشه منطقه‌ای است که به دلایل مختلف برای امریکا جذابیت دارد. سیطره بر خاورمیانه همواره اصلی مهم برای قدرت‌های برتر غربی در طول تاریخ تحولات روابط بین‌الملل بود.

سلطهٔ امریکا در خاورمیانه و کانون اصلی تعارض با آن

شاید گفته شود که امریکا با حضور در افغانستان توانست سیطره بر خاورمیانه را فعلیت ببخشد و با حضور در عراق درصدد تکمیل این

---

۱. سویدان، طارق، تاریخ فلسطین، تحت انتشار، کویت، ۲۰۰۵، ص ۱۷۶.

سیطره برآمد. کشورهای عربی منطقه نیز با منافع غرب تعارضی نداشته و ندارند. در این صورت این سؤال مطرح می‌شود که ضرورت حملهٔ امریکا به کانون اصلی قدرت تعارض با امریکا و غرب در خاورمیانه، یعنی ایران، چیست؟ یعنی آنچه از حمله به عراق به دست نیامد، چیست که امریکا را به حمله به ایران برمی‌انگیزاند؟

مدل قدرت جهانی امریکا و بسط اختاپوسی

مدل و ساختار قدرت امریکا در جهان این است که امپراتوری‌ها از زمانی که تشکیل می‌شوند تا زمانی که گسترش پیدا می‌کنند، ناچارند به نوعی به بسط نفوذ خود بپردازند. چطور امپراتوری‌های اروپایی شکل گرفتند و سپس به‌آرامی دچار سقوط و انحطاط شدند؟ واقعیت این است که بسط قدرت دولت‌های برتر «بسط فیلی قدرت» نیست؛ یعنی به این صورت نیست که وقتی یک امپراتوری نیرومند می‌شود، همچون یک فیل توانا باشد؛ بلکه نوعی «بسط اختاپوسی قدرت» است. شاید تعبیر قدرت اختاپوسی از سر توهین، یا تصور وحشیانه از قدرت امپراتوری‌ها باشد؛ اما تعبیری واقعی است.

با وجودی که مدل اختاپوسی در قدرت‌های جهانی مدلی دهشت‌انگیز است، نقطه‌ضعف‌هایی نیز دارد. تعبیر ما از به کار بردن این لفظ این است که گسترش قدرت یک امپراتوری، که به بخشی از جهان مسلط می‌شود، به صورت گسترش پاهای یک اختاپوس است؛ به شکلی که هر یک از هشت پایش یک مکان را زیر نفوذ قرار می‌دهد. گرچه این اختاپوس در مناطق مختلف جهان حضور پیدا کرده، حتی با تمام توانش نیز نمی‌تواند در مراکزی که با او در تعارض هستند، بجنگد.

امپراتوری‌های شکل‌گرفته در دوره‌های اخیر و گذشته نیز همین

وضعیت را داشتند. اینکه انگلیسی‌ها عبارت «تفرقه بینداز و حکومت کن» را مطرح می‌کنند، به این معنا است که آن‌ها نیز به این نتیجه رسیدند که در مقابله با یک قدرت، نمی‌توان با کل آن روبه‌رو شد؛ یعنی باید قدرت را خرد کنیم. در این صورت می‌توانیم بر آن مسلط شویم.

امپراتوری‌هایی مثل اسپانیا در امریکای لاتین و کشورهای مختلف جهان حاکم شدند؛ اما به این دلیل که برای گسترش قدرت لازم بود هزینه‌های زیادی را تأمین کنند ـ که با گذر از تاریخ می‌بینیم که امکان تأمین این هزینه‌ها وجود نداشت ـ هر یک از دست و پاهای این اختاپوس به نوعی در یکی از مراکز قدرت حذف شد. چون هم‌زمان با حضورش در سایر نقاط دنیا، نمی‌توانست با نیروهای انقلابی کوبا مبارزه کند. جالب اینکه قدرت‌های دیگر جهانی هم در تجزیهٔ این امپراتوری به آن کمک می‌کنند.

از دیگر مشخصات این مدل اختاپوسی این است که وقتی بر یک نقطه سیطره پیدا کرد، باز هم می‌کوشد فراتر از آن برود؛ یعنی در اندازه و میزان قدرت اختاپوس اقناع وجود ندارد. شاید شکست وجود داشته باشد؛ اما اقناع در آن وجود ندارد. قدرت اختاپوسی هیچ وقت در هیچ کجای دنیا نتوانست در همان منطقه‌ای که تصرف کرده، بماند و خودش را تثبیت کند. مثلاً با اینکه ناپلئون توانست بر بخش وسیعی از اروپا سیطره پیدا کند؛ راضی نشد قدرتش را در همان منطقه‌ای که تصرف کرده، تثبیت و تعمیق بخشد؛ پس به سمت بسط نفوذ در سایر مناطق جهان رفت. مصر را تصرف کرد. . مدتی نیز خود را در خاورمیانه درگیر کرد. به فکر تصرف فلسطین، هندوستان، و سپس مناطق حاکمیت انگلیس در خاک ایران افتاد. چون بخش وسیعی از انرژی‌اش را مصرف کرد؛ در تصرف هندوستان شکست خورد.

امپراتوری فرانسه پس از آن خودش را درگیر قدرت بزرگ و مخوفی به نام امپراتوری روسیه کرد. یعنی این اختاپوس قدرت به سیطره بر بخش‌های وسیعی از آلمان، رومانی، لهستان، و... قانع نشد و به روسیه حمله کرد. حتی شهر مسکو را تصرف کرد و آن را به آتش کشید. این اختاپوس در ادامهٔ طبع سیری‌ناپذیرش در سرمای روسیه دچار مشکل شد. روسیه هم در این هنگام با سایر کشورهای اروپای غربی هم‌دست شد و ناپلئون را شکست داد.

همین پدیدهٔ تاریخی در مورد هیتلر هم دیده شد. وی در گام اول توانست بخش‌های وسیعی از همسایگان آلمان را با هم متحد کند. پس از آن، غرامت‌های سنگین پیمان ورسای را تعدیل، و اتریش را تصاحب کرد. در جریان مذاکرات مونیخ و مذاکره با چمبرلین (نخست‌وزیر انگلیس) و دالایه (نخست‌وزیر فرانسه) هم توانست اجازهٔ تصرف چکسلواکی، رومانی، و بلغارستان را بگیرد. سپس یوگسلاوی را تصرف، و لهستان را به کشور خود ضمیمه کرد. در نهایت با حمله به فرانسه، آن کشور را نیز به تصرف درآورد. عقل و منطق سیاسی و استراتژیک اقتضا می‌کرد هیتلر ـ که بر بخش وسیعی از اروپا حاکم شده بود و در جهان قدرتی به اندازهٔ آلمان وجود نداشت ـ در همین محدوده به تثبیت جایگاه و اقتدار خویش بپردازد. اما چرا دوباره بر سایر نقاط جهان هجوم برد؟ چرا به انگلستان اعلام جنگ داد؟

جالب اینکه این قدرت اختاپوسی، همچنان که درصدد گسترش حضور خود در سایر نقاط بود، از طرف سایر قدرت‌های اختاپوسی دیگر هم تهدید شد. هیتلر هم‌زمان به افریقا رفت و به متصرفات انگلیس در این قاره حمله کرد. در این هنگام که می‌بایست به تثبیت موقعیت خود می‌پرداخت، وارد معرکه‌ای بزرگ شد و به روسیه حمله کرد.

نخست انگلیس در برابر این حمله سکوت کرد و ترجیح داد آلمان و روسیه به تنهایی وارد جنگ شوند. آن وقت که به جان هم افتادند و هم‌دیگر را قطعه قطعه کردند، در زمان مناسب به کمک روسیه برود. دقیقاً همین تعامل را امریکا با انگلیس انجام داد. در جنگ انگلیس با آلمان، امریکا صبر کرد تا انگلیس همهٔ انرژی و نیرویش را مصرف و در نقاط مختلف دنیا پخش کند. آن وقت خود را درگیر جنگ کرد. آن چنان که چرچیل، نخست‌وزیر انگلیس، بیش از یک سال و نیم فریاد زد که امریکا باید به نفع انگلیس وارد نبرد شود و نیروهایش را در بندر دانکرک پیاده کند. اما امریکا پس از سیطرهٔ انگلیس بر بخش‌های وسیعی، وارد جنگ و وارث متصرفات انگلیس شد.

بعضی از نویسندگان به این نکته اشاره می‌کنند که بعد از جنگ جهانی دوم، از امپراتوری انگلستان شیر کهن‌سالی باقی مانده بود، که در هندوستان یال و کوپالش ریخت، در جریان نهضت ملی شدن صنعت نفت ایران چنگال‌ها و دندان‌هایش را از دست داد، و در ماجرای ملی شدن کانال سوئز مصر دم‌های آن بریده شد.[1] جالب اینکه خود امریکا برای بریدن اعضای بدن این شیر به ایران، هند، و مصر کمک زیادی کرد. ما بر اساس این مدل می‌توانیم مسائل مختلف بین‌المللی را تحلیل کنیم. همچنان که ژاپنی‌ها نیز چنین نقشی را ایفا کردند. آن‌ها به محض اینکه توانستند نیروی قدرتمندی را تشکیل بدهند، به کشورهای اطراف تجاوز کرده و کرهٔ جنوبی و شمالی را تحت اشغال خودشان درآوردند. وارد مغولستان و چین شدند و به کشورها و مناطق پیرامونشان تجاوز کردند. امریکایی‌ها نیز بعد از جنگ و به سیطره درآوردن مناطق تحت نفوذ انگلستان، دقیقاً همین نقش اختاپوسی را ایفا کردند؛ همچنان که

---

۱. هیکل، محمدحسنین، بریدن دم شیر، ترجمهٔ محمدکاظم موسایی، تهران، اطلاعات، ۱۳۶۵.

روس‌ها هم همین کار را کردند. بعد از پیروزی در جنگ، بر بخش‌های وسیعی از اروپا سیطره پیدا کردند و کوشیدند در افریقا و امریکای لاتین برای خودشان پایگاه‌های جدیدی تصاحب کنند؛ درست مثل امریکایی‌ها. جالب اینکه در مقابل تلاش‌های اختاپوسی در مناطق هم‌دیگر، پیمان‌های مختلفی به وجود آمد که هر یک هزینه و مشکلات مربوط به خودش را داشت. این مشکلات سبب شد قدرت اصلی و کانونی به نوعی دچار مشکل شود؛ مثل وقتی که امریکا گرفتار جنگ کره و بعد ویتنام شد. بعد از سال‌ها کشمکش و قتل عام وحشیانهٔ انسان‌ها در کشور ویتنام، امریکا ناچار شد از آن منطقه خارج شود. آن‌ها پایگاه‌های جدیدی را در دنیا به دست می‌آورند و پایگاه‌های جدیدی را هم از دست می‌دهند.

بعد از جنگ جهانی دوم، در منطقهٔ خاورمیانه، امریکای لاتین، و اروپا این جابه‌جایی در عرصهٔ قدرت و تصرف مناطق هم‌دیگر بسیار دیده می‌شود. جالب اینکه این نفوذ اختاپوسی، که شوروی‌ها در اروپا و امریکای لاتین و خاورمیانه به هم زده بودند، به شکست از ملتی فقیر و محروم مانند افغانستان انجامید. وقتی یکی از پاهای اختاپوس ضربهٔ شدیدی دید، اختاپوس بزرگ ناچار شد خودش را جمع کند؛ تا جایی که حتی اجزای اصلی بدن او نیز دچار تجزیه شد؛ حتی قدرت‌هایی که داخل حوزهٔ حمایتی اتحاد جماهیر شوروی بودند هم بعد از چندین دهه تجزیه شدند. بنابراین، ما با ابرقدرتی سروکار داریم که به لحاظ نوع قدرت، دارای قدرت اختاپوسی است.

شکست‌پذیری مدل قدرت اختاپوسی سلطه

قدرت اختاپوسی را می‌توان از نقاط مختلف هدف قرار داد. دولت‌های

کوچک‌تر اگر بتوانند نیروهای خود را برای از میان بردن یکی از پاهای اختاپوس متمرکز کنند، و این تمرکز نیرو کفایت کند، قطعاً این اختاپوس شکست خواهد خورد. این تجربه در بسیاری از نقاط دنیا و در خصوص بسیاری از ابرقدرت‌ها روی داده است.همان طور که می‌بینیم در جریان ملی شدن نفت در ایران، نفوذ انگلستان با ترور رزم‌آرا دچار خدشهٔ اساسی شد. یا اینکه شاهدیم نیروهای انگلیسی، به فرماندهی ژنرال دنسترویل، در جریان کمک به روسیه در حمله به مرزهای شمالی ایران، با یک نیروی محدود مردمی و انقلابی مثل نیروی میرزاکوچک خان جنگلی روبه‌رو، و دچار مشکلات اساسی شد. در فارس هم شاهد بودیم که در برابر نیروهای با سلاح‌های بسیار ابتدایی، مثل عشایر تنگستان و دشتستان، شکست اساسی خورد.

بنابراین، تصور اینکه قدرت اختاپوسی در آنِ واحد بتواند همهٔ قدرتش را در یک جا بسیج کند، باطل است. همیشه این قدرت‌ها در تلاش‌اند تا ثابت کنند که قدرت آن‌ها قدرت اختاپوسی نیست؛ بلکه قدرت فیلی و متمرکز است. بنابراین، این شکل قدرت جهانی و حضور امپریالیسم و قدرت‌های برتر در جهان و نقطه‌ضعفی اساسی است در برابر جنبش‌ها و نهضت‌ها و قیام‌های مردمی. اگر ملت‌ها این واقعیت را بپذیرند که می‌توانند با یکی از پاهای این اختاپوس مقابله و آن را قطع کنند، قطعاً می‌توانند به پیروزی‌های اساسی برسند.

محدودیت‌های امریکا در حمله به ایران

در صورت حملهٔ امریکا به ایران، باید به چند مقوله توجه کرد. مقولهٔ اول امکانات و منابعی است که ایالات متحده در حمله به ایران در اختیار دارد. البته قبل از هر چیز بهتر است به امکانات ایران در دفاع از خود در برابر امریکا، و چند نقطه‌ضعف اساسی دربارهٔ حملهٔ امریکا به ایران اشاره کنیم. این نقاط ضعف فرصت‌هایی است که ایران می‌تواند آن‌ها را در مسیر دفاع در برابر تجاوز نظامی امریکا در نظر بگیرد.

ابهام در نتیجهٔ جنگ

واقعیت این است که جامعهٔ امریکا طی سال‌های اخیر، تقریباً بعد از جنگ ویتنام، در هیچ کجای دنیا وارد جنگ واقعی نشد. بیشتر

جنگ‌هایی که امریکایی‌ها با آن درگیر بوده است، به نوعی پیشاپیش پیروز بود؛ پیروزی‌هایی که با کمک عوامل داخلی و عناصر دیپلماسی، هژمونی امپریالیسمی، یا ترس قدرت‌های شکست‌خورده از همان قدرت اختاپوسی بود، که از پیش حاصل شده بود. همهٔ این عوامل موجب می‌شد ورود سرباز امریکایی، به خودی خود، برای آنان پیروزی به ارمغان آورد. در واقع حضور ارتش امریکا و قدرت دفاعی و جنگاوری سرباز امریکایی نبود که آن‌ها را پیروز میدان می‌کرد؛ بلکه قدرتِ ناشی از هژمونی امریکا و برتری تکنولوژیک در سراسر نقاط جهان بود که سرباز امریکایی را در جایگاه پیروز می‌نشاند.

سال ۱۹۸۲، وقتی امریکا لبنان را به عنوان دروازهٔ بسیار مهم خاورمیانه تصرف، و نیروهای فلسطینی را از لبنان اخراج و امنیت را برای اسرائیل تأمین کرد، دولت جمهوری‌خواه امریکا با شعار ایجاد «اقتدار و برتری جهانی» به قدرت رسید، و رونالد ریگان رسماً در اولین سخنرانی‌اش با توجه به گروگان‌گیری امریکایی‌ها در ایران اعلام کرد: «ما از این به بعد اجازه نخواهیم داد هیچ یک از اتباع امریکا در دنیا به گروگان گرفته شود»، دیدیم که به فاصلهٔ کوتاهی پس از انفجار مقرّ نظامیان امریکایی در لبنان، از این کشور خارج شدند. به دنبال آن‌ها، ایتالیایی‌ها و فرانسوی‌ها نیز از لبنان رفتند و از ملت لبنان عذرخواهی کردند. حتی هیئت ۱۹۶ نفرهٔ امریکایی در لبنان نیز به هیئتی پنج شش‌نفره، محدود در ساختمان سفارت، تبدیل شد.[1]

در واقع، جامعهٔ امریکا هیچ‌گاه در زندگی اجتماعی‌اش، جز در ویتنام و نیز بخشی از کره، گرفتار جنگ نشد و بار جنگ را تحمل نکرد. بخش اعظم پیروزی‌های آن‌ها مرهون بستری است که تبلیغات

---

۱. استروپ، ران، حزب‌الله لبنان، تهران، مؤسسهٔ اندیشه‌سازان نور، ۱۳۸۸، ص۱۲۶.

هالیوودی و رسانه‌ای گسترده است، و مشخص نیست اگر این نیروها با یک نیروی جنگنده و رزمندهٔ واقعی روبه‌رو شوند، چگونه عمل می‌کنند. جنگ‌های امریکا در حدّ پروژه‌های کوچکی چون حمله به پاناما و گرانادا، و همچنین شرکت در جنگ یوگسلاوی و جنگ بالکان بوده است. بعد از مدت‌ها جنگ مسلمانان مقابل ارتش یوگسلاوی همراه با بمباران گستردهٔ هوایی ناتو به نتیجه رسید. این یعنی بهره‌برداری از جنگ در جای دیگر و با نیروهای دیگران.

مدتی پیش صفی‌الدین، از شخصیت‌های حزب‌الله لبنان، در پاسخ به این سؤال که چرا اسرائیل در جنگ‌های مختلف پیروز شده است و اعراب در جنگ‌هایشان با اسرائیل شکست خورده‌اند، گفت: «شما به من بگویید چه کسانی از اعراب، در کجا، و در چه زمانی با اسرائیل جنگیدند؟!». با توجه به این پرسش می‌توانیم بپرسیم که چه کسی و در کجا با امریکا جنگیده است؟ امریکا حتی در جنگ جهانی اول و دوم نیروهای دیگر را به جلو فرستاد و از آن‌ها برای حفظ خود و منافعش قربانی گرفت؛ در حالی که خود در پشت جبهه ماند و پشتیبانی مالی و تدارکاتی را بر عهده گرفت.

علاوه بر این، حملهٔ نظامی برای نیروهای نظامی امریکا مشکلات اساسی به دنبال خواهد داشت. اینکه به لحاظ پیاده‌سازی نیرو، قدرت جنگیدن با نیرویی را که واقعاً ارادهٔ جنگیدن با او را داشته باشند، ندارند؛ نیرویی آموزش‌دیده که از مرگ نترسد. به اصطلاح، امریکا نمی‌تواند انگیزهٔ لازم را برای جنگ فراهم بیاورد.

جنگ در سرزمین بیگانه با اهدافی تجاوزکارانه

در صورت حملهٔ نظامی به ایران، مشکل دیگر امریکا این است که

می‌بایست در مرزها و سرزمین‌هایی بجنگد که مردم و حکومتش دارای روح همانندی هستند. صرف نظر از تعدّد جناح‌ها و جریانات، ایرانیان برای کشورشان و آنچه به دست آورده‌اند مقاومت بسیار خواهند کرد. اگر بخواهیم این نیروی مقاوم در ایران را با حداقل نفرات مقایسه کنیم ـ یعنی چیزی در حدود پنج‌میلیون نفر در ایران این اراده را داشته باشند که در برابر امریکایی‌ها مقاومت کنند ـ منطقی است که تعداد نفرات نیروی مهاجم می‌بایست دو برابر نیروی مدافع باشد تا در سنگر دفاعی او نفوذ کرده و بتواند او را شکست بدهد. آیا امریکا این توان را دارد که ده‌میلیون نیرو بسیج کند؟ حال آنکه آن‌ها برای تأمین صدهزار نفر در کویت و عراق دچار مشکلات فراوانی شدند و مجبور شدند از هر کشور پنجاه، صد، یا پانصد نفر سرباز یا مزدور استخدام کنند، تا بتوانند ارتش بیست‌هزار نفری را برای حمله به عراق تشکیل دهند؛ آن چنان که اولین سرباز کشته‌شدهٔ جنگ عراق یک سرباز کلمبیایی مزدور بود. حال آنکه در ایران ظرفیت نیروی جنگنده و رزم‌دیده بسیار است. هنوز فرماندهانی که جنگ با عراق را رهبری کردند و بسیجیان و سربازانی که در طول هشت سال دفاع مقدس در بخش‌های مختلف دفاع جنگیدند، بازنشسته و از لحاظ نظامی ناکارآمد نشده‌اند.

افزون بر این‌ها، جامعهٔ ایران دارای پتانسیل بسیار بالا و گسترده‌ای از نیروی جوان است؛ جوانانی که در بخش‌های متعدد توانمندی‌های متعددی دارند و اگر هوشمندانه و آموزش‌دیده جذب بخش دفاع کشور شوند، می‌توانند فشار فراوانی را بر ارتش امریکا وارد کنند. هر استراتژیست نظامی یا تحلیل‌گر سیاسی به‌راحتی به این موضوع پی می‌برد.

مشکل اساسی امریکایی‌ها این است که در تحلیل این دسته از

مسائل و مواضع، بیشتر به کسانی اعتماد می‌کنند که در میان جامعه و مردم ایران هیچ نفوذ و حضور، و درک درستی ندارند و این عدم درک منطقی و بروز آن در تحلیل‌هایشان موجب فریب امریکایی‌ها و دریافت بسیار اشتباه‌آمیز از قضایای ایران می‌شود. علاوه بر حضور نیروهای نظامی در ایران، ده‌ها و صدها تشکل غیر نظامی در جامعهٔ ما وجود دارد که امکان تبدیل شدن به تشکل‌های نظامی را دارند؛ مثل هیئت‌های مذهبی، هیئت‌های قرآنی، و انجمن‌های اسلامی اصناف و بازار و گروه‌ها. ممکن است هیچ یک از آن‌ها جزء مجموعهٔ نیروهای بسیج، سپاهیان رزمنده، یا تشکل‌های سیاسی به شمار نیایند؛ اما با توجه به ظرفیت فعلی آن‌ها، به سرعت می‌توانند به شکل نیروی نظامی درآیند؛ به ویژه آنکه ایرانی‌ها به دلیل هشت سال جنگ فرصت زیادی برای آموزش نظامی داشتند و اکنون می‌توانند از این امکانات و منابع و نیروهای آموزش‌دهنده استفاده کنند. با این وصف، ظرفیت دفاعی ایران در برابر ارتشی که فقط قادر است نیروی محدودی را برای مقابله با آن بسیج کند، افزایش می‌یابد.

محدودیت نیروی نظامی امریکا

همان طور که گفته شد، امریکا نمی‌تواند حتی در خوش‌بینانه‌ترین حالت، بیش از پانصدهزار نفر نیروی پیاده در میدان عمل وارد کند. این پانصدهزار نفر نیز چون امکان تعویض و جابه‌جایی را ندارند، دچار مشکل اساسی خواهند شد. بی‌تردید این پانصدهزار نفر همیشه نمی‌توانند در حال نبرد باشند و این نقطه‌ضعف بزرگی برای یک ارتش در خارج از سرزمین‌های خود است، که نتواند با نیروهای دیگر در طول زمان تعویض شود. افزون بر این، آن‌ها در مقابله با جمعیت

هفتادمیلیونی، که اگر حداقل ده درصد آن مسلح بشوند (که بیشتر آن‌ها سابقهٔ آموزش‌های نظامی و بقیه هم توان آموزش را دارند)، به لحاظ عملیات نیروی زمینی ـ حتی با فرض برتری آموزش‌های نظامی و فیزیکی ـ باز هم حرفی برای گفتن نخواهند داشت.

در واقع، برخورد یک ارتش با ملتی جنگ‌دیده؛ ملتی که همهٔ سختی‌های جنگ را تحمل کرده و برای حفظ موجودیت خانواده و مرزهای خود، و آنچه با مشقت زیاد به دست آورده نهایت تلاش را در دفاع از خود خواهد کرد، برخورد آسانی نیست. شاید گفته شود که همهٔ این تصورات در زمان اشغال عراق نیز وجود داشته است؛ اما اصلاً این طور نیست. ما معتقدیم که ایران با عراق تفاوت‌های اساسی دارد.

وجود دشمنان زیاد امریکا در جهان

از نقطه‌ضعف‌های دیگر امریکا در برخورد با ایران این است که امریکا دشمنان زیادی در جهان دارد. این دشمنان شامل طیف‌های مختلف اجتماعی، سیاسی، عقیدتی و ایدئولوژیکی هستند، که بسیاری از آن‌ها هیچ ربطی به ایران ندارند و ایران هم ممکن است هیچ ارتباطی با آن‌ها نداشته باشد. هرچند با این گروه‌های مذهبی مسلمان، از لحاظ فرهنگی، ارتباط‌های وسیعی دارد؛ این ارتباط‌ها به‌هیچ‌روی، ارتباط تشکیلاتی یا نظامی نیست؛ بلکه بیشتر می‌توان آن‌ها را به «ارتباط‌های دارالتقریبی» ـ یا به عبارتی ارتباط‌های مذهبی و فرهنگی که معمولاً در محافل روحانی شکل می‌گیرد ـ تعبیر کرد، که در عمل کاربرد نظامی یا سیاسی چندانی در جهان ندارند.

دشمنان امریکا ممکن است فرزندان یا نوادگان کسانی باشند که در دخالت‌ها و جنگ‌های بولیوی، آرژانتین، نیکاراگوئه، شیلی، فلسطین،

ویتنام، افغانستان، لبنان، و دیگر کشورها کشته شدند، یا کسانی که در جنگ‌ها و حملات نظامی امریکا دچار آسیب شدند. افرادی که در ژاپن از امریکا بغض دیرینه‌ای دارند، یا در ویتنام که لطمه‌های تاریخی و نسلی از امریکا خورده‌اند. حتی ممکن است ناراضیان داخلی امریکا و نیروهای نظامی که در جنگ‌ها از آن‌ها سوءاستفاده‌های بی‌رحمانه شده است، به دشمنان جدی امریکا تبدیل شوند، و به دنبال فرصت‌های لازم برای ضربه زدن به امریکا باشند؛ همچنان که در جریان جنگ‌های عراق، وقتی نیروهای اسپانیا در عراق حضور داشتند، گروه اتا[1] و مخالفان دولت اسپانیا با بمب‌گذاری در متروی مادرید توانستند دولت ازنار در اسپانیا را سرنگون کنند. اما همهٔ این عملیات را از چشم «القاعده» دیدند و همه را به نام او ثبت کردند. در نتیجه دولت ازنار سقوط کرد و دولتی بر سر کار آمد که اولین دستور آن خروج نیروهای اسپانیایی از عراق بود.

امریکا باید بداند که افراد زیادی در جهان با او دشمنی دارند و برای ابراز خشونت به دنبال فرصت، بهانه، و شاید شریک می‌گردند؛ کسانی که بتوانند به نوعی ردّپای حقوقی مناسبی از خود بر جای نگذارند. به همین دلیل، به نظر می‌رسد برخورد امریکا با ایران، به عنوان یک دولت ایدئولوژیک، خواه‌ناخواه، زمینه‌های متعددی از هجوم به منافع این کشور را به همراه خواهد داشت. ضمن اینکه معتقدیم عملیات تروریستی بسیار ناشایست و نادرست است، چه کسی باور می‌کرد که عملیات اوکلاهاماسیتی را یک سرباز ناراضی ارتش امریکا انجام داده باشد؛ در حالی که تا سالیان دراز امریکایی‌ها این مسئله را علیه

---

۱. مخفّف اسم یک گروه مارکسیستی مسلّح باسکی است، که هدف آن جدایی منطقهٔ باسک از اسپانیا و فرانسه، و تأسیس کشوری مستقل دَر همهٔ مناطق باسک مانند استان اسپانیا، ناوارا، است. در رسانه‌ها این گروه با نام «جدایی‌طلبان باسک» نیز شناخته می‌شود.

مسلمانان تبلیغ می‌کردند. بنابراین، می‌بینیم که امریکایی‌ها در بین مردم جهان و گروه‌های سیاسی جهان دشمنان زیادی دارند، که هر یک به دنبال فرصت برای ضربه زدن به این اختاپوس بزرگ جهانی هستند.

فرصت‌طلبی قدرت‌های اروپایی و معارض امریکا در عرصهٔ بین‌الملل

آنچه می‌تواند بیش از همه نقش امریکا را در جهان تضعیف کند و این جنگ به زیان امریکا تمام شود، دولت‌های بزرگ اروپایی هستند؛ روس‌ها، چینی‌ها، هندی‌ها، فرانسوی‌ها، ایتالیایی‌ها و همچنین آلمانی‌ها. همهٔ این‌ها به نوعی علاقه‌مندند که از قدرت امریکا در جهان کاسته شود.

تاریخ ثابت کرده است که برای روس‌ها، چینی‌ها، و آلمانی‌ها وجود ایرانی متوسط، یا ایرانی تضعیف‌شده در اثر جنگ بی‌ضررتر از سیطره یافتن کامل امریکا بر همه جای جهان است. ضمن اینکه ترجیح می‌دهند امریکا در جنگ تضعیف بشود؛ اما پیروز از میدان بیرون نیاید. چون در این صورت، امریکا هژمونی‌اش را بر همهٔ جهان و مهم‌تر از همه بر بخش اعظم انرژی فسیلی جهان گسترش می‌دهد. این مسئله موجب می‌شود فرصت دسترسی به سوخت‌های فسیلی ارزان‌تر ناشی از رقابت در بازار نفت و گاز از آن‌ها سلب شود ــ که این به لحاظ استراتژیک برای اروپا و کشورهایی مثل فرانسه، آلمان، ژاپن، روسیه و چین پذیرفتنی نیست. بنابراین، ممکن است خود این دولت‌ها به بهانهٔ جنگ ایران، بتوانند ــ در مواردی که می‌شود اتهاماتی را متوجه ایران کنند و خود رهایی یابند ــ ضرباتی به امریکا وارد کنند. در واقع با تعبیر مشهور ایرانی‌ها: «کی بود؟ کی بود؟ من نبودم!» بخواهند ضرباتی

را به امریکا وارد، و خود نیز از کنار این ضربات به‌آسانی عبور کنند؛ چنانچه عاملان عملیات مارینز در لبنان هیچ‌گاه شناخته نشدند. در نهایت با دولتی تضعیف‌شده که هژمونی‌اش را در بخش‌های وسیعی از جهان از دست داده، روبه‌رو شده و خود به شرکای اصلی نظام بین‌المللی چندقطبی بدل شوند. این دستاورد کمی برای آن‌ها نخواهد بود. بنابراین، تصویری که در جهان بعد از شروع جنگ در خاورمیانه و در مرزهای ایران به وجود خواهد آمد، برای امریکا روشن نیست.

باج‌خواهی اروپاییان و روسیه

نکتهٔ دیگری که وجود دارد، باج‌خواهی تاریخی دولت‌های اروپایی و روسیه است. بعضی از دولت‌ها در طول تاریخ ثابت کرده‌اند که مهارت بسیاری در باج‌خواهی بین‌المللی دارند. روسیه از باج‌خواهان مشهور بین‌المللی در جهان به شمار می‌رود، که در صورت وقوع جنگ، خواه ناخواه، قیمت نفت و گاز را افزایش می‌دهند. حتی ممکن است خود به تخریب خطوط لولهٔ نفت و گاز دست بزنند، و به این بهانه که موشک‌های سرگردان امریکا یا ایران به خطوط گاز برخورد کرده، اروپا را در سرما فروببرند، و به این طریق بتوانند با افزایش قیمت نفت و گاز منافع جدیدی برای خود به دست بیاورند. با این وصف، ممکن است در جریان جنگ، تا حدود زیادی وضعیت به زیان امریکا تمام شود.

دیدیم که در جریان جنگ جهانی دوم، امریکا آن‌قدر صبر کرد تا آلمان بر بخش اعظم اروپا مسلط شود. همچنین، انگلیس نیز منتظر ماند تا آلمان خودش را درگیر جنگ با اتحاد جماهیر شوروی کند. وقتی این دو ابرقدرت تازه به دوران رسیده سر شاخ‌های هم‌دیگر را شکستند و هر دو به شدت تضعیف شدند، انگلیسی‌ها به کمک شوروی‌ها آمدند.

جالب‌تر از همه اینکه این امریکا بود که انگلیس را در این جنگ جلو انداخت و با استفاده از ظرفیت و تدارکات نظامی و حداقل درگیری نفرات نظامی توانست بر جهان مسلط شود.

چرچیل بارها درخواست کرده بود: «امریکایی‌ها باید نیروهای خود را در سواحل دانکرک پیاده کنند»؛ اما آن‌ها با تأخیر بسیار طولانی (یک سال و نیم) منتظر ماندند تا هر دو طرف آلمان و انگلیس، و همچنین شوروی تضعیف شوند. در روزهای آخر جنگ، وقتی آلمان‌ها تضعیف شدند و ارتش این کشور در افریقا شکست خورد، و انگلیسی‌ها شمار بسیاری از نیروهای خود را از دست دادند، نیروهای خود را در سواحل دانکرک پیاده کرده، در صفوف مقدم به غرب برلین رفته، و خود را فاتح جنگ معرفی کردند.

وجود ظرفیت ایدئولوژیک بین‌المللی مخالفت با امریکا

قبل از مقایسهٔ ایران و عراق، می‌بایست به فعالیت‌های احتمالی کشورهای مختلف علیه امریکا، در صورت شروع جنگ با ایران اشاره کنیم؛ مثل انفجار اوکلاهماسیتی، که در داخل خاک امریکا صورت گرفت. علاوه بر این مورد، در کشورهایی مثل روسیه، ژاپن، چین، عربستان، فیلیپین، تایوان، کانادا، آرژانتین، ونزوئلا، افغانستان، عراق، اردن، ترکیه، و غیره ممکن است اتفاقاتی علیه منافع امریکا و نیروهای امریکایی صورت بگیرد. از باب مثال، با توجه به اوضاع و احوال کنونی در عراق، گروه‌های منسوب به القاعده توانستند منافع امریکایی‌ها را در نقاط مختلف جهان هدف قرار بدهند. چه بسا ممکن است دولت‌ها یا گروه‌هایی که با امریکایی‌ها در تعارض هستند، انفجارهای بزرگی در مراکز امریکایی در جهان صورت بدهند؛

همچنان که القاعده در کشورهای تانزانیا و کنیا این کار را انجام داد و تا مدت‌ها این گونه تصور می‌شد که ممکن است گروه‌های حامی ایران آن را انجام داده باشند. یا انفجار ظهران و همچنین پایگاه الخبر در عربستان، که گروه‌های سنی متعصب این کشور انجام داده بودند و تا مدت‌ها امریکا در دنیا ایران را به این کار متهم می‌کرد. در هر دوره امریکایی‌ها از شگرد تازه‌ای استفاده می‌کردند. گاهی مسئولیت عملیات را می‌پذیرفتند، گاهی هم رد می‌کردند.

در واقع، در صورت حملهٔ نظامی امریکا در وضعیت حاضر، ما برای امریکا مخاطرات فراوانی را پیش‌بینی می‌کنیم. ضمن اینکه اگر امریکا بخواهد با کشور ایران درافتد، کسانی هستند که جانشان را در دفاع از کیان و اسلام و تشیع فدا کنند. همان طور که دیدیم در مسیر اجرای فتوای حضرت امام خمینی(ره) دربارهٔ ارتداد سلمان رشدی، افراد بسیاری حاضر بودند جان خود را فدا کنند. یا اینکه مثلاً شخصیتی مانند فرج فوده[1] را، که به پیامبر(ص) توهین کرده بود، یا طه حمد رمضان را از میان بردارند، چوبهٔ دار را ببوسند، و اصلاً در برابر شهادت خم به ابرو نیاورند و ترسی به دل راه ندهند.

در واقع، ایران نه تنها دارای ظرفیت ایدئولوژیک در جهان است؛ بلکه با استفاده از این ظرفیت می‌تواند انسان‌های بی‌شماری را به سوی خود جلب، آن‌ها را در مسیر ضربه زدن به منافع امریکا بسیج، و این گونه امریکا را در جهان دچار مشکل اساسی کند. در هیچ کشوری مشاهده نشده است که رؤسای جمهور امریکا با استقبال مردمی مواجه

---

۱. فرج فوده نویسنده، فعال حقوق بشر، طرفدار غرب، و اهل مصر بود. او در هشتم ژوئن ۱۹۹۲م هدف گلولهٔ اعضای جماعت اسلامی مصر قرار گرفت و کشته شد. عاملان این ترور دستگیر، محاکمه، و اعدام شدند. پیش از انجام این ترور، یکی از مشایخ الازهر او را به دلیل نوشته‌ای علیه پیامبر گرامی اسلام(ص) مرتد معرفی کرده بود.

شوند ـ در صورتی که این مسئله دربارهٔ رؤسای جمهور ایران عکس این قضیه است.

ما معتقدیم که ظرفیت مخالفت با امریکا در جهان آن‌قدر زیاد است که حتی در کشورهایی که به طور رسمی مخالف منافع امریکا نیستند، نیز ممکن است اتفاقات بزرگی علیه امریکا رقم زده شود. از باب مثال، با توجه به منافع گستردهٔ امریکا در کرهٔ جنوبی، مخالفان بسیاری نیز در این کشور وجود دارد؛ در ژاپن هم همین طور. اینکه دولت ژاپن طی سالیان طولانی قانون جدیدی وضع کرده تا بتواند در حوزهٔ اقیانوس آرام دوباره وارد عرصهٔ فعالیت نظامی بشود، به این معنا است که می‌خواهد به هژمونی امریکا در منطقه خاتمه بدهد. به لحاظ نظامی و از منظر عقل، این اقتضا وجود دارد که ژاپنی‌ها هم علاقه‌مند باشند به قدرت اختاپوسی امریکا در جهان و در منطقهٔ خود خاتمه بدهند.

وجود انباشتگی ظرفیت مخالفت ایدئولوژیک با امریکا در ایران

از آنجا که جنگ در ایران ماهیت ایدئولوژیک دارد و نیز چون دولت ایران دولتی دموکراتیک بوده و از پشتوانهٔ انقلابی برخوردار است، امریکایی‌ها باید بار دیگر آن توصیهٔ مشهور آلکسی دو توکویل، جامعه‌شناس مشهور امریکایی، را در نظر بگیرند، که دولت‌ها بعد از انقلاب و همچنین بعد از جنگ‌های تحمیلی به‌هیچ‌وجه تضعیف نشده؛ بلکه نیرومندتر از دولت‌های پیش از خود خواهند شد.

احتمال ظهور ابرقدرتی جدید

انقلاب ایران، مانند روسیه، ممکن است دو دوره جنگ را پشت سر

بگذارد. در دورهٔ اول جنگ، این دولت با نیروهای مخالف انقلاب و همسایگانش جنگید؛ اما توانست نظام خود را تثبیت کند. در دورهٔ دوم، با آنکه بخش‌های وسیعی از خاک کشورش اشغال، و متحمل تلفات سنگینی شد، به یک ابرقدرت در جهان تبدیل شد؛ آن چنان که نه انگلیس، نه امریکا، و نه دیگر کشورهای اروپایی تصور نمی‌کردند. انگلستانی که سعی کرده بود روسیه را تضعیف کند، تا در برابر آلمان دچار اضمحلال شود، بعد از جنگ هژمونی مطلق و برتر خود را از دست داد، و منافع بین‌المللی بین دو قدرت جدید یعنی ایالات متحده امریکا و اتحاد جماهیر شوروی تقسیم شد. در واقع، این پیش‌فرض را باید در جهان به نوعی جدی گرفت که قدرت‌های جهانی به‌هیچ‌وجه حاضر نیستند منافعشان را قربة‌الی‌الله برای یک کشور یا یک سیاستمدار به خطر بیندازند؛ چنانچه هیچ گربه‌ای قربة الی‌الله موش نمی‌گیرد. هیچ سیاستمداری هم در جهان قربة الی‌الله به بوش یا هر سیاستمدار دیگری دست کمک نخواهد داد.

طبق گفتهٔ آلکسی دو توکویل، همچنان که دولت امریکا پس از انقلاب دولت نیرومندتری شد. دولت روسیه و ایران نیز وقتی به قدرت رسیدند، قدرتمندتر شدند. این فرایند قدرتمندی رو به تکامل است؛ بنابراین امریکا باید به این بخش از مخاطرات، که در پیش دارد، کاملاً توجه کند. به نظر ما، اگر این تجربهٔ تاریخی و توجه استراتژیکی صورت بگیرد، اولین نتیجه‌اش این خواهد بود که امریکایی‌ها شمشیرها را غلاف کنند و تفنگ‌ها را دوباره در گریس فروببرند.

مقایسهٔ تهاجم امریکا به عراق و افغانستان، و حملهٔ احتمالی به ایران

در جریان تهاجم احتمالی امریکا به ایران، ما شاهد برخوردهای مختلفی خواهیم بود که به اعتقاد ما، از موارد ضعف سیاست نظامی امریکا در جریان جنگ با ایران برشمرده خواهد شد. همان طور که قبلاً ذکر شد، شاید بسیاری از افراد این تحلیل را مطرح کنند که همهٔ این تصورات ممکن بود دربارهٔ حملهٔ امریکا به عراق اتفاق بیفتد؛ اما در ابتدای جنگ و اشغال عراق، مقاومتی صورت نگرفت و امریکایی‌ها با چنین مشکلاتی روبه‌رو نشدند. واقعیت امر این است که کشور عراق با دولت خودکامه‌ای مواجه بود، که ظرفیت ایدئولوژیک و دینی در جهان نداشت.

تفاوت‌های اشغال عراق و اشغال احتمالی ایران

دولت عراق دیکتاتور و سفاک بود؛ دیکتاتوری با بیش از پانصد اتهام، که فقط در همان اتهام اول، یعنی کشتار بیش از ۴۵۰ نفر مردم بی‌گناه روستای شیعه‌نشین دوجلیه، به اعدام محکوم شد. صدام حسین دیکتاتوری بود که هیچ ظرفیت ایدئولوژیک مبتنی بر ارزش‌های الهی و انسانی را در کشور خود به وجود نیاورد، و جز تفاخرطلبی ناسیونالیسم عربی مبتنی بر کیش شخصیت و خودبرتربینی چیز دیگری نداشت؛ ناسیونالیسمی که در طول زمان اعتبار خود را از دست داده بود.

اگر این ناسیونالیسم عربی در مواجهه با اسرائیل و با کمک شخصیت‌هایی نظیر جمال عبدالناصر در جهان عرب دارای اعتبار و پرستیژ یا روحیهٔ فداکارانه بود، با وجود صدام به‌شدت آلوده شد؛ صدامی که از این ناسیونالیسم برای اقتدار و گسترش نفوذ و قتل عام مردمش استفاده کرده بود. اگرچه ناصر در کشور خود کمتر مرتکب برخورد با مردم، نظیر اعدام رهبران اخوان‌المسلمین و اسلام‌گرایان شده بود؛ صدام این برخورد را در کشورش با حداکثر قدرت انجام داد. او برای کشور خود دو جنگ تجاوزکارانهٔ بی‌نتیجه به ارمغان آورد؛ دو جنگی که جز ذلت برای عراقی‌ها فایده‌ای به دنبال نداشت.

در سال‌های ۱۹۷۳ به بعد، دیدیم که صدام علاوه بر دو جنگ علیه ایران و کویت، مخاصمات بسیاری را در سطح منطقه سازماندهی کرده، و قتل‌های بسیار گسترده و جنایت‌های بسیار پلیدی انجام داده است. بنابراین، صدام نقاط ضعف بسیاری داشت، که مهم‌ترین آن‌ها در روزهای حملهٔ امریکا آشکار شد. او در میان مردم و ارتش کسی را برای فداکاری نداشت؛ کسانی که حاضر باشند برای حفظ کشور عراق و جلوگیری از نفوذ ارتش امریکا در کشور خود جان‌فشانی کنند.

جنگ‌های بی‌حاصل صدام هیچ فایدهٔ استراتژیک، مادی، معنوی، و اعتباری برای کشور عراق نداشت. جامعهٔ عراق همچنان به صورت جامعهٔ خشن پلیسی و به‌شدت عقب‌مانده بر جای ماند. هر مسافر اگر قبل از جنگ دوم امریکا با عراق، به عراق سفر می‌کرد ـ کما اینکه برای نگارنده حاصل شد ـ به‌خوبی مشاهده می‌کرد که همهٔ بناها در عراق کمتر از چهل سال عمر نداشتند. این نشان می‌دهد که وقتی صدام قدرت را به دست گرفت، اقتصاد کشور چنان بسته شد که هیچ تغییر و تحولی در ساختمان‌های اداری و منازل مسکونی در سطح عراق به وجود نیامد؛ یا اگر بود، این تحول بسیار محدود اتفاق می‌افتاد.

جامعهٔ عراق در فقر و تنگدستی و محرومیت بسیار شدیدی دست و پا می‌زد. خانه‌هایی که در بغداد یا کربلا و نجف و سایر جاها مشاهده می‌شد، بسیار کوچک و سست بودند. در حال حاضر هم با مشاهدهٔ تیر برق و سیم‌کشی‌هایی که در تصاویر تلویزیونی دیده می‌شود، می‌توان وضعیت اسفبار گذشته را دید، که تاکنون ادامه دارد و می‌تواند به‌خوبی وضعیت آشفتهٔ مردم عراق را به لحاظ مالی و معیشتی نشان دهد. هیچ گونه شور و نشاطی در زمان صدام در این کشور وجود نداشت. بنابراین، مقایسهٔ جامعهٔ عراق با ایران مقایسه‌ای کاملاً نادرست است.

ارتش عراق در زمان حملهٔ امریکا، از آن رو که خود را در برابر یک امپراتوری پیروز می‌دید، به این دلیل که هم نمی‌خواست برای «هیچ» بجنگد و خود را فدای هیچ بکند، و هم از شرّ صدام خلاص شود، فقط با نجنگیدن و مقابله نکردن اجازه داد صدام سرنگون شود.

مقایسهٔ وضعیت عراق در زمان صدام با ایران را می‌توان به مقایسهٔ وضعیت کنونی عراق با ایرانِ زمان جنگ جهانی دوم در زمان حضور رضاشاه پهلوی و زمان اشغال از طرف متفقین شبیه دانست ـ که

مقایسه‌ای درست است. واقعیت این است که در حال حاضر، ایران از امکانات گسترده‌ای برخوردار است. این امکانات از نوع متفاوتی است که باید به آن توجه جدی نشان داد. اتفاقاً این امکانات قدرت بازدارندگی ایران را به مراتب افزایش خواهد داد.

تفاوت ایران با جنگ و اشغال افغانستان

نکتهٔ دیگری که باید به آن توجه کرد این است که جورج بوش در مراحل اولیهٔ جنگ با افغانستان دچار مشکلات جدی نشد. به این جهت ممکن است برخی این مسئله را مطرح کنند که چون نظام سیاسی ایران، ایدئولوژیک است و دولت طالبان هم از مبانی و فرصت‌های ایدئولوژیک و مذهبی برخوردار بود، مسئله اشغال نظامی در افغانستان به‌آسانی حل شد، و ظرفیت ایدئولوژیک آن نتوانست از شکست و سقوط آن جلوگیری کند. حال چطور ممکن است این ظرفیت ایدئولوژیک در ایران مانع از اشغال شود.

واقعیت این است که حاکمیت طالبان در افغانستان از ابتدا با بحران مشروعیت مواجه بود. به عبارتی، نیروهایی که امریکا خود به آن‌ها کمک کرده و قدرت داده بود، بعدها به مزاحم یا حتی دشمن آن‌ها تبدیل شدند. از سویی امریکا، بر اساس تئوری مشهور ماهان مکیندر، می‌خواست با حذف آن‌ها، خود را به اوراسیا و قلب جهان نزدیک کند. این نشان می‌دهد که اگر امریکا بر این باور است که وضعیت ایران شبیه افغانستان نیست، یا اینکه نیروهای ایدئولوژیکی ایران به‌هیچ‌روی شبیه نیروهای ایدئولوژیک طالبان نیستند، این مقایسه نادرست است. در افغانستان حدود پانزده تا بیست گروه مسلّح وجود داشت، که هر یک را یکی از قدرت‌های دنیا حمایت می‌کرد. یکی از این گروه‌ها نیز

طالبان بود، که در اثر درگیری‌های بین گروه‌ها، توانست با دسترسی به وزن سیاسی ناشی از حمایت امریکا و پاکستان بر کشور افغانستان مسلط شود، دیکتاتوری وحشتناکی در افغانستان ایجاد کند، و عادات و آداب و سنت نادرستی را، که در اسلام وجود نداشت و جزء عرف رایج و سنتی افغانستان بود، در قالب دین بر مردم تحمیل کند. این گروه فضای زندگی را بر جامعهٔ افغانستان بسیار تنگ کرد و تنگ‌نظرانه‌ترین دیدگاه‌های ابن تیمیّه[1] و محمد بن عبدالوهاب وهابیت را، که عموم مسلمانان سنی و شیعی آن را نفی می‌کنند، بر مسلمانان افغانستان تحمیل کرد.

امریکا در دوره‌ای مایل بود از افغان‌ها به عنوان ابزاری برای کریه نشان دادن و ملوث کردن چهرهٔ اسلام استفاده کنند؛ اما خود این مسئله بعدها برای امریکا مشکل ایجاد کرد؛ چون سازمان القاعده، که اتفاقاً خود امریکا در گسترش و نیرومندسازی آن مؤثر بود، در افغانستان رشد کرد. در واقع، امریکا در افغانستان با یک گروه سیاسی تنهاشده‌ای طرف بود، که خود آن را به وجود آورده بود.

مهم‌تر اینکه همسایگان افغانستان نیز به امریکا کمک کردند و حتی این شائبه، که امریکا بدون حمایت ایران (که به حذف طالبان در افغانستان مایل بودند) هیچ گونه امکانی برای نابودی طالبان نداشت، تبدیل به ظنی قوی شد. تا جایی که در حال حاضر، بسیاری از تحلیل‌گران معتقدند این ایران بود که به امریکا فرصت و امکان داد، تا بر طالبان مسلط شود. چون در اینجا وحدت منافع و اشتراک منافع ایجاد شده بود.

مهم‌تر از همه اینکه در حال حاضر، امریکا چقدر از مساحت

---

۱. ابن تیمیه، ملقب به شیخ‌الاسلام، فقیه و متکلم حنبلی دورهٔ مغول بود، که اندیشه‌هایش مبنای نظری مکتب سلفیه قرار گرفت.

افغانستان را در اختیار دارد و چه تعداد از آن‌ها در افغانستان حضور دارند. می‌دانیم که امریکا برای همین تعداد هم دچار مشکلات اساسی است، و توان نگهداری نیروهایش را ندارد.

امریکا در افغانستانی جنگید که یک گروه با حاکمیت بر بخش‌هایی از افغانستان با گروه‌های متعدد مسلّحی که طالبان را در محاصره گرفته بودند، می‌جنگیدند. یعنی سربازان دیگری برای امریکایی‌ها جنگیدند. به عبارتی، خود امریکا در افغانستان نجنگید؛ بلکه جنگ را نیروهای ائتلاف پیش بردند و امریکا از آن بهره‌برداری کرد.

در مقایسهٔ افغانستان با ایران، باید به این نکته توجه کرد که امریکا سرباز فداکار و کسی که حاضر باشد برای منافع امریکا در ایران بمیرد، ندارد. اما در افغانستان افرادی بودند که برای رفع شرّ طالبان، دست به فداکاری می‌زدند. در واقع، در افغانستان نیروهایی وجود داشت که نقش نیروی اصلی را برای ارتش امریکا ایفا کرد و جنگ را پیش برد؛ منتها به نام امریکا تمام شد. بنابراین، بنده معتقدم مقایسهٔ این وضعیت با ایران مقایسه‌ای ساده‌لوحانه و در عین حال برای همگان، به‌خصوص امریکایی‌ها، بسیار فریبنده و خطرناک خواهد بود.

هر دولت و رژیمی برای ماندن و حفظ خود در برابر مخاطرات، یا برای رسیدن به اهدافش نیازمند نیروی فداکار است. اگر در گذشته، دولت‌ها توانستند مردم را مجبور کنند که برای رسیدن به اهداف خویش دست به فداکاری بزنند، یا اینکه عضو نیروی مسلح شوند، در حال خاضر این کار به‌آسانی امکان‌پذیر نیست. یک پدر، مادر، همسر، و یک جوان از خود خواهد پرسید که فرزند یا همسرش برای چه و که باید بجنگد و بمیرد؟ مرگ او به نفع چه کسی تمام خواهد شد؟ چه هدفی را تأمین خواهد کرد؟ چه انگیزه‌ای او را متقاعد می‌کند که برای دفاع از

آن بمیرد؟ چگونه امریکا می‌تواند جوانانش را به جنگ با ایران متقاعد کند؟ جنگ در ایران و خاورمیانه برای امریکا باتلاقی جهنمی است؛ چون با جمعیتی بسیار گسترده از نیروی مسلح روبه‌رو خواهند بود.

پیش‌بینی جنگ‌های داخلی هم در ایران برای امریکا امکان‌پذیر نیست. به این دلیل که بسیاری از نیروهایی مخالف جمهوری اسلامی در ایران مضمحل شدند. حتی اگر هم باشند، حاضر نیستند برای اینکه امریکا به منافع خود برسد، به آن کمک کنند. بنابراین، اصلی‌ترین مشکل امریکا فقدان نیروی فداکار است.

از طرفی، آیا در ایران سربازان امریکایی زنده خواهند ماند؟ واقعیت این است که ایرانی‌ها مانند عراقی‌ها یا مانند جنگ جهانی دوم دست روی دست نخواهند گذاشت. در وضعیت کنونی جهان امریکا دیگر نمی‌تواند دیگران را جلو بیندازند و بعد از اینکه از روی جنازهٔ سربازان انگلیسی و آلمانی و روسی گذشت، قله‌های پیروزی را فتح کند.

در صورت ورود امریکا به ایران، بدیهی است که اولین هدف برای ایرانیان فرماندهان و سربازان امریکایی است. اما هدف یک فرمانده نظامی امریکایی برای جنگیدن و مردن چیست؟ برای شرکت‌های چندملیتی می‌جنگد؟ برای فروش سلاح؟ افزایش بودجهٔ نظامی؟ فروش بیشتر تجهیزات نظامی؟ منافع ملی امریکا؟ یا برای منافع شرکت‌های نفتی؟ کدام یک؟ یک امریکایی در ایران هیچ پاسخ درستی برای فداکاری و جنگیدن ندارد.

کشوری که سابقهٔ هشت سال دفاع جانانه را داشته است، روحیهٔ سلحشوری و دلاوری‌اش را در نبردی دیگر می‌آزماید و جوانان آن به دنبال آن حماسه‌های ماندگار شهدا و فرماندهان جوان سابق هستند. او علاوه بر اینکه باید بداند برای چه کشته می‌شود، این سؤال برای

او ایجاد خواهد شد که برای چه باید بکشد؟ می‌دانیم که سؤال دوم برای امریکایی‌ها مطرح نمی‌شود؛ چون بستر جامعهٔ امریکا و تبلیغات رسانه‌ای و خشونت حاکم بر امریکا به آن‌ها تفهیم کرده است که حق دارند دیگران را بکشند و ملت‌ها را سرکوب کنند. آن‌ها حق دارند برای گسترش دموکراسی(!) و البته برای تأمین منافع خود، مردم و ملت‌های مستقل را به قتل برسانند.

نکته‌ای که بسیار مهم است، این است که ایران عراق نیست، که از صدهزار سرباز امریکایی، فقط سه‌هزار نفر آن بمیرند. امریکا باید بداند در ایران با مشکلی به مراتب سخت‌تر از عراق، ویتنام، و افغانستان مواجه خواهد شد، که سرانجام به فروپاشی هژمونی امریکا و در نهایت نوعی گسست اجتماعی و معنوی، و حتی آغاز بحران فروپاشی در جامعهٔ امریکا منتهی خواهد شد. قطعاً کسانی که حاضر نبودند برای جنگیدن در ویتنام خود را به خطر بیندازند، برای جنگیدن با ایران نیز پاسخی نخواهند داشت. اگر زمانی غول کمونیسم را توانسته بودند به تابویی وحشتناک در جهان تعبیر کنند، اگر زمانی در امریکا مک کارتیزم توانسته بود ادبیات ضدکمونیستی را آن‌قدر گسترش دهد که بعضی از جوانان امریکا برای مبارزه با مارکسیسم خود را موظف بدانند، امروزه مسئله این است که در جهان و حتی در خود امریکا، اسلام پناهگاه همهٔ نیروهایی است که به نوعی از فرهنگ، ادبیات، فلسفه، و نوع زندگی و جهان‌بینی غربی به ستوه آمده‌اند.

بنابراین، مشکل امریکا در ایران، در این مرحله و در گام اول، پیدا کردن کسانی خواهد بود که حاضر باشند برای جنگیدن با ایران دست به فداکاری بزنند. بنابراین، نبرد زمینی از حیث دارا بودن نیروی انسانی فداکار برای امریکایی‌ها دارای مشکلات بسیار زیادی است

که اصلی‌ترین مشکل آن، اقناع سربازان برای کشته شدن است ــ که به نظر ما این اقناع به‌آسانی صورت نمی‌پذیرد.

مشهور است که در جریان جنگ جهانی اول، وقتی ارتش عثمانی درصدد ورود به خاک ایران بود، در استانبول از شهید سید حسن مدرس پرسیدند: «اگر سربازان خارجی، که مسلمان هستند، وارد خاک ایران شوند، چه خواهید کرد؟» ملای پیرمرد پاسخ سنگینی داد. او گفت: «ما ایرانی‌ها اول سرباز خارجی متجاوز و واردشده در سرزمین خود را می‌کشیم. بعد به عورتشان نگاه می‌کنیم. اگر مختون بود، به سبک مسلمان‌ها، و در غیر این صورت مثل کفّار درون چاله او را دفن خواهیم کرد.»

الزامات امریکا برای حمله به ایران

در حال حاضر، پرداختن به موانع احتمالی حملهٔ امریکا به ایران از مباحث ضروری است. شاید تحلیل اوضاع از موضع کشوری چون ایران، به عنوان طرف تخاصم، تحلیل درستی نباشد. بنابراین، لازم است از منظر خود امریکا آن را بررسی کنیم و خودمان را در جای شخصیت‌هایی که برای این عملیات تصمیم می‌گیرند، قرار بدهیم.

به چالش کشیدن هژمونی امریکا در جهان

این نکته که ایران کشوری است که حدود سی سال هژمونی و برتری امریکا را حداقل در عرصهٔ سیاسی- ایدئولوژیک در جهان به چالشی نامحدود کشانده، برای دولت امریکا بسیار مهم است. امریکا برای

ضرورت حفظ برتری خود در جهان و تثبیت نظام نوین جهانی مبتنی بر هژمونی مسلط امریکا، ناچار است با توسل به زور و اعمال قوهٔ قهریه، که تاکنون از آن به اندازهٔ کافی و لازم بهره نگرفته است، دولت ایران و نظام آن را تنبیه، تضعیف، یا حذف کند. بنابراین، مخاطرهٔ ایدئولوژیک ایران مخاطره‌ای اساسی است، و بر اساس سوابقی که بین ایران و امریکا وجود دارد، این ضرورت برای امریکا ایجاد شده است که برای اثبات برتری خود آن هژمونی ایدئولوژیک را به نوعی درهم بشکند.

امروزه اعتراض‌طلبی و امتناع از پذیرش نظم نوین جهانی و هژمونی و استیلای امریکا بر نقاط مختلف جهان به امری پذیرفته‌شده تبدیل شده است. این مسئله چیزی نیست جز اینکه بخش زیادی از این هژمونی به لحاظ مبانی و ایدئولوژی به چالش کشانده شود.[1] به نظر نمی‌رسد که امریکا اجازه دهد این هژمونی بیش از این در جهان دچار مسئله و چالش شود؛ بنابراین برای جلوگیری از گسترش این ایدئولوژی و برخوردهای تحقیرآمیز با سیاست‌هایش، می‌بایست منشاء آن را هدف قرار دهد ـ که به نظر امریکا، در اوضاع فعلی منشاء این چالش جمهوری اسلامی ایران و اندیشهٔ انقلاب اسلامی است.

مناسبات جدید خاورمیانه و قدرت روزافزون ایران

مشکل دیگری که ایران در راه سیاست‌های امریکا ایجاد کرده است، بحث نوع مناسبات در خاورمیانه است. امریکا سال‌های طولانی توانسته بود به نوعی تسلط خود را در مناطق مختلف خاورمیانه و دولت‌های عربی تداوم بخشد. به‌خصوص با ساختاری که پس از جنگ جهانی دوم در نقاط مختلف جهان طراحی شده و با تغییرات کوچکی

۱. پیترز، جان، همان، ص۸۵.

که در بعضی از این کشورها ایجاد کرده بود، توانسته بود آن تغییرات را هم با خود همراه کند؛ مانند تغییر در دولت مصر با کمک خانوادهٔ ملک فؤاد. این دولت را بعد از مدتی افسران آزاد ساقط کردند، و دولت افسران آزاد به رهبری جمال عبدالناصر با اسرائیل و امریکا دچار چالش و مبارزه‌جویی شد. ولی با مرگ عبدالناصر و روی کار آمدن انورسادات، دولت مصر ابتدا در مسیر معارضه با امریکا قرار گرفت؛ ولی پس از مدتی تلاش امریکا برای همکاری با دولت انور سادات و تغییر رفتار دولت مصر به نتیجه رسید، و از آن پس این دولت در جرگهٔ دوستان خاص ایالات متحده قرار گرفت. این بازگشت آن‌قدر جدی بود که حتی دولت‌های عربی نیز ناچار شدند مصر را از جرگهٔ دولت‌های عربی و اتحادیهٔ عرب اخراج کنند.

در عراق هم در دوره‌هایی از سیاست‌های غرب فاصله گرفته شد؛ ولی بعدها شاهد بازگشت عراق به این سیاست‌ها در اثر تعامل و همراهی با امریکا و غرب هستیم. اما تاکنون این تغییر رفتار در انقلاب اسلامی و دولت جمهوری اسلامی حاکم بر ایران به وقوع نپیوسته است.

واقعیت این است که در طول سی سالی که از وقوع انقلاب در ایران گذشته است، ایرانی‌ها و امریکایی‌ها در هر سال شکاف‌های عمیق‌تری را در روابط دو طرف شاهد بودند. تلاش‌های گوناگون برای پر کردن این شکاف و کوشش برای رفع چالش‌های موجود به نتیجه نرسید، و به نظر نمی‌رسد تلاش‌های دیپلماتیک در امریکا و ایران بتواند ایران را به دامان غرب و جامعهٔ جهانی مورد نظر آن برگرداند؛ طوری که با مجموعه منافع غرب دچار چالش نباشد؛ هرچند غرب این مسئله را در مقابله با اتحاد جماهیر شوروی تجربه کرد و از شیوه‌های مختلف سیاسی و اقتصادی و با استفاده از رقابت گستردهٔ تسلیحاتی

و نظامی، و جنگی سرد و تنش‌افزا در حوزه‌های نفوذ شوروی استفاده کرد؛ به طوری که با استفاده از آن توانست شوروی را دچار فروپاشی و در نهایت آن را از میدان به در کرده و به این ترتیب رقیبی بزرگ را حذف کند و به دنبال آن در پی اجرای طرح نظم نوین بین‌المللی با برتری قدرت ایالات متحده و نظام تک‌قطبی باشد ـ که با مقاومت جهانی روبه‌رو شد.

اما به نظر نمی‌رسد که بتوانند همان کاری را با ایران بکنند که با حکومت شوروی، دولت مصر، دولت انقلابی نیکاراگوئه، یا دولت مصدق انجام دادند. ایرانی‌ها تجربهٔ چگونگی اجرای عملیات فروپاشی را در کشورهای مختلف به دست آورده‌اند. استراتژی جنگ کم‌شدت در زمان رونالد ریگان در نیکاراگوئه توانست دولت انقلابی ساندنیست‌ها را به ضعف کشاند، و از میان بردارد. اما همین استراتژی با شدت بسیار زیاد در مرزهای ایران اتفاق افتاد؛ و اتفاقاً نه استراتژی جنگ کم‌شدت گروه‌های سیاسی و تروریستی و نه استراتژی جنگ پرشدت ارتش پرتعداد عراق با حمایت غرب و کشورهای عربی، ایران را از قدرت نینداخت؛ بلکه بر توانایی‌های آن افزود؛ اگرچه در مواقعی مخاطراتی جدی نیز برای ایران به دنبال داشته است. با وجود این، جان پیترز در کتاب معماری نظامی امریکا می‌نویسد: «در حالی که عراق به طور موقت با مشکلات داخلی خود دست به گریبان است، ایران به عنوان قدرتی بزرگ (هژمونی) در منطقه ظاهر شده، از آثار جنگ فرسایشی با عراق رهایی یافته، و به شدت سرگرم بازسازی نظامی و خرید جنگ‌افزارهای روسی مانند تانک T-72 است. تهران همچنین در تدارک خرید زیردریایی روسی برای کنترل تنگهٔ هرمز است.»

سابقهٔ تاریخی به ما حکم می‌کند که ما چالهٔ موجود بین روابط

امریکا و ایران، و جدایی مسیر سیاست خارجی ایران از امریکا را با موشک و بمباران پر نکنیم. البته به نظر هم نمی‌رسد که گفت‌وگو و تعامل‌های سیاسی یا ایدئولوژیک هم بتواند در کوتاه‌مدت این دو راه را به هم نزدیک کند.

ایجاد پایگاه فکری و ایدئولوژیک در منطقه

نقطهٔ استراتژیکی مهمی که در روابط بین ایران و امریکا و غرب وجود دارد، این است که ایرانی‌ها به‌خوبی دریافته و توانسته‌اند در خاورمیانه و در کشورهای عربی پایگاه‌های فکری خوبی را راه‌اندازی کنند. برپایی حوزه‌های علمیه، مراکز نظامی، و همچنین تشکیل هسته‌های مشهور به هسته‌های حزب‌الله در نقاط مختلف کشورهای عربی و گروه‌های سیاسی مختلف از دیگر راهکارهای آن‌ها است.

جان پیترز در این خصوص می‌نویسد: «ایران با بهره‌گیری از تمایلات بنیادگرایی اسلامی در منطقه مشغول گسترش قلمرو و نفوذ خود از جمهوری مسلمانی شوروی سابق تا کشورهای عربی خلیج فارس است. بی‌شک توسعه‌گرایی ایرانیان، آن هم با این گسترهٔ وسیع، معادلات منطقه‌ای را بر هم خواهد زد.»[1]

گام مهم دوم تأثیرگذاری آن‌ها را در سیاست‌های امریکا در برخی زمینه‌ها تضعیف، و حتی خنثی کرده است. تروریسم سنی، بمب‌گذاری‌ها، و برجسته‌سازی مهره‌های مختلف سنی وهابی وابسته به عربستان سعودی در مسیر سیاست‌های امریکا مطرح شد؛ اما بعدها این تروریسم توانست مشکلات عدیده‌ای برای منافع امریکا ایجاد کند؛ امریکایی که قبل از آن مارکسیست‌ها تصورشان بر آن بود که

---

۱. همان، ص۸۶.

به‌هیچ‌وجه نمی‌توان امپریالیسم را به عنوان شاکلهٔ کلی محدود کرد و به آن لطمه زد؛ بلکه تنهاکاری که می‌توان انجام داد این است که با انداختن سنگ در داخل دژ بزرگ امپریالیسم، فقط خواب آن را آشفته کرد.

مسئلهٔ مهم این است که مقاومت ناشی از انقلاب اسلامی توانست دشمنان نیرومندی را علیه امریکا سازماندهی کند، تا هم امریکا و هم اسرائیل را به شکست بکشاند، و در مقام نقطهٔ تعارض و رقابت بسیار مهم ایدئولوژیک میان معتقدان اهل تسنن، موجب آن شود که در منازعه با غرب، برای پیشتازی از شیعیان ـ که از آن‌ها احساس عقب‌ماندگی می‌کردند ـ به عملیات‌های قهرآمیز بسیار متفاوت نظیر یازده سپتامبر دست بزنند، و سفارتخانه‌های امریکا را در مراکز مختلف جهان به تلی از خاک بدل کنند.

اگر جوانان شیعی حزب‌الله لبنان مقرّ نظامی نیروهای اسرائیلی در لبنان را نابود کنند، نیروهای مخالف امریکا در میان اهل تسنن عربستان پایگاه الخبر را منفجر کردند، و اگر آنان (حزب‌الله لبنان) برای اخراج امریکا و اسرائیل دست به عملیات‌های شهادت‌طلبانه زدند، سنی‌های عرب با انفجار مرکز جهانی و پایگاه وزارت دفاع امریکا برای اولین بار سرزمین امریکا را به طور جدی هدف قرار دادند؛ پروژه‌ای که به‌هیچ‌روی نه ژاپنی‌ها، نه آلمان‌ها، و نه روس‌ها نتوانستند به مرحلهٔ اجرا بگذارند.

بنابراین، باید توجه داشت هر دو سوی دشمنی با ایالات متحده به زیان هژمونی امریکا است و کانون این معارضه ایران است. این در زمانی است که امریکا به عنوان قدرت برتر جهانی توانسته است ایران را در محاصرهٔ استراتژیک و نظامی بسیار مهم و تاریخی قرار دهد؛ فرصتی که شاید در هیچ دورهٔ تاریخی دیگر تکرار نمی‌شود. بنابراین،

کوتاهی در اقدام علیه ایران می‌تواند منافع درازمدت غرب و حیات اسرائیل را به چالش افکَنَد. به همین دلیل، امریکا و غرب راهی جز تحت فشار قرار دادن مستقیم نظامی و حمله به ایران ندارند، و اگر این اتفاق در حال حاضر صورت نگیرد، معلوم نیست چه وقت با ایران برخورد جدی کنند و از سویی با فناوری هسته‌ای ایران چه باید بکنند؟

از طرف دیگر، مشکل قدرت ایران فقط موضوع فناوری هسته‌ای نیست. ایران، به‌رغم مشکلات بسیار حاصل از سیاست‌های تحریمی امریکا و شورای امنیت، توانسته است تحولات عظیمی را در دانش تسلیحاتی متعارف نظامی به نتیجه برساند. این پیشرفت فرصت‌های بسیار زیادی را برای ایران در تغییر موازنهٔ قوای منطقه ایجاد می‌کند ـ که قطعاً به زیان امریکا و اسرائیل خواهد بود.

برتری‌های امریکا بر ایران

تردیدی وجود ندارد که امریکا به لحاظ منابع فیزیکی دارای برتری‌های مهمی در مقایسه با ایران است. این برتری‌ها را می‌توان به چهار دسته تقسیم، و سپس آن‌ها را بررسی کرد:

الف) امتیاز سیاسی

ب) امتیاز اقتصادی

ج) امتیاز ژئوپولیتکی

د) امتیاز نظامی

در خصوص امتیازات امریکا و امکاناتی که در حملهٔ احتمالی به ایران خواهد داشت، باید به برتری‌های دولت امریکا توجه کنیم. ما مکلّفیم قدرت طرف مقابل خود را به شکل واقعی و فارغ از خودبزرگ‌بینی یا توهم و خودفریبی تحلیل و بررسی کنیم، و بر اساس

تحلیل قدرت‌های مقابل به مرحلهٔ تصمیم و برنامه‌ریزی بر اساس واقعیات موجود بپردازیم، تا به تصمیم‌های مناسب و رویکرد مؤثر و پیروزی‌آفرین بینجامد. باید استراتژی مفیدی اتخاذ، و با بازبینی، فرایند تغییر استراتژی‌های متفاوت را طراحی کرد:

الف) امتیاز سیاسی

۱. پرستیژ ابرقدرتی

به اعتقاد ما از اساسی‌ترین امتیازاتی که امریکا در جنگ احتمالی با ایران خواهد داشت، امتیاز سیاسی است. این امتیاز بدان جهت نیست که ایران امتیاز سیاسی ندارد؛ بلکه از آن جهت است که امریکا در فضای روانی محیط بین‌الملل، دارای ویژگی خاصی است، که آن ویژگی پرستیژ ابرقدرتی او است. به اعتقاد ما، امریکا با امتیاز پرستیژ ابرقدرتی توانسته است بخش بزرگی از منافعش را در جهان تأمین کند.

اگر در محله‌ای گنده‌لاتی باشد، که به شش‌لول‌بندی، چاقوکشی، و آلوده بودن به پول‌های کثیف اشتهار دارد، بسیاری از مردم ممکن است برای در امان ماندن از خطر، از او دوری کنند؛ چنانچه امریکا در جهان چنین وضعیتی را یافته است.[1] این احتراز به خودی خود می‌تواند در بین بعضی از دولت‌ها و افراد، امتیاز ایجاد رعب و ابهت را برای امریکا به همراه داشته باشد. حضرت امام خمینی(ره) در این خصوص این تعبیر را دارند: «امریکا مثل یک گاو وحشی است، و گاو وحشی چون شاخ دارد و عقل ندارد، انسان باید از درگیر شدن با آن احتراز کند، و خودش را درگیر با این گاو وحشی نکند.»

بنابراین بر اساس منطق و عقل، چه در کسانی که با امریکا مخالف

---

۱. بیل، جیمز، شیر و عقاب، ترجمهٔ مهوش غلامی، ص۲۶۳.

هستند، و چه در افرادی که مرعوب امریکا شدند، به طور طبیعی شاهد نوعی توازن و برتری رعب در جهان دربارهٔ امریکا هستیم.

کمتر کسی در جهان حاضر است به‌آسانی و بدون دلیلی بسیار متقن خود را با آن درگیر کند. از این حیث، امریکا این امتیاز سیاسی را دارد که برای مقابله بتواند با ایجاد رعب از این مسئله بهره ببرد. بی‌تردید این برتری امریکا در ایجاد رعب حتماً به معنای برتری قدرت و قدرت برتر او نیست. گاهی ممکن است انسان بتواند استراتژی خود را بر اساس همین امتیاز دشمن در ایجاد رعب در نظر بگیرد. پس، ما وظیفه داریم به این امتیاز به طور جدی توجه کنیم. ممکن است بخشی از جامعه و مردم ما به سبب این پرستیژ ابرقدرتی، ترجیح بدهند از ابتدا درگیر این پدیده نشوند، و در صورت تهاجم پیشاپیش تسلیم شوند؛ همچنان که در بسیاری از نقاط جهان ممکن است این مقوله امری کاملاً پذیرفته‌شده باشد. بنابراین، ضمن توجه به این برتری، می‌بایست آگاه باشیم که از ترس مرگ نباید خودکشی کرد.

۲. حمایت اروپا

نکتهٔ دیگری که در بحث امتیاز سیاسی باید به آن توجه کنیم، بحث حمایت دولت‌های اروپایی است. واقعیت این است که غرب شاکله‌ای واحد است، و در مواردی ممکن است این شاکلهٔ واحد دچار تعارضات درونی اندکی نیز بشود؛ اما نکته اینجا است که اروپا در شرایط متفاوت آن تعارضات اندک را در درون خود حل می‌کند و وقتی با یک دشمن مشترک بیرونی مواجه می‌شود، به صورت یک توان مشترک بیرونی خود را می‌نمایاند.

در مرحلهٔ اول، می‌بینیم که در اروپا هم تعامل وجود دارد و هم

تقابل. در نهایت بعد از دستیابی به طعمه، بر سر تقسیم آن متحد و هماهنگ می‌شوند ـ هرچند ممکن است نوعی تخاصم و کشمکش هم میان آن‌ها ایجاد بشود.

این مسئله که حضرت امام(ره) می‌فرماید: «جهان دارای قانون جنگل است، و قانون وتوی ابرقدرت‌ها قانون جنگل است»، واقعیتی است که در فضای بین‌الملل و درگیری‌های سطح جهان در تاریخ روابط بین‌الملل اتفاق افتاده و ما اکنون می‌توانیم آن را به صورت نمادین بازسازی کنیم. اما اکنون، شاهد نوعی هماهنگی برای شکار و تصرف و سپس اختلاف برای تقسیم طعمه هستیم. جنگ جهانی اول و دوم نمونهٔ بارز چنین وضعیتی است.

در خصوص وحدت رویهٔ اروپا و امریکا، باید به این نکته توجه کنیم که امریکا و اروپا تلاش می‌کنند خودشان را همهٔ جهان معرفی کنند. آن‌ها در برابر قدرت جمهوری اسلامی ترجیح می‌دهند با یک کشور تضعیف‌شده و حتی جمهوری اسلامی ساقط‌شده روبه‌رو باشند، تا بتوانند دولتی دست‌نشانده را در ایران بر سر کار آورند.

ما نمی‌توانیم از این امتیاز بهره‌مند باشیم، که دولت‌های اروپایی در جریان تهاجم امریکا با ایران از ما حمایت کنند. حتی اگر هم این ادعا مطرح شود که دولت‌های اروپایی در جریان جنگ احتمالی بین امریکا و ایران ممکن است بی‌طرف بمانند، خیالی باطل است. نکتهٔ مهم این است که بی‌طرفی آن‌ها برای ما امتیاز نیست. حتی ممکن است برای ما مخاطره‌آمیز نیز باشد؛ چون در واقع ضربات ما را به مناطق دورتر منتقل کرده، و حوزهٔ عملیاتی ما را دور از دسترس قرار می‌دهند. بنابراین، ما این مشکل را خواهیم داشت که هم‌زمان با هجوم امریکا، با چند قدرت اروپایی نیز در وضعیت جنگ احتمالی قرار بگیریم و

آن‌ها نیز از همهٔ قدرت خود علیه ایران استفاده کنند. شاید تصور این مسئله بسیار وحشتناک باشد؛ اما واقعیت جنگ عراق نیز ثابت کرد که دولت‌های اروپایی برای مشارکت در امتیازات بعد از پیروزی احتمالی در جنگ، با امریکا همراهی خواهند کرد؛ همچنان که در جنگ عراق علیه ایران، با عراق همراهی و مشارکت کردند.

۳. برتری قدرت رسانه‌ای و تبلیغاتی

امتیاز رسانه‌ای و فضاسازی بین‌المللی امتیاز دیگری است که امریکا در حوزهٔ سیاست دارد. در این خصوص باید به این واقعیت اذعان داشت که امکان دسترسی امریکایی‌ها به اطلاعات و اخبار رسمی و غیر رسمی جهان بسیار زیاد است؛ بنابراین منابع گسترده‌ای از خبرگزاری‌ها و مطبوعات بزرگ بین‌المللی را در اختیار دارند.

همچنان که امریکا در خصوص کمونیسم یا تروریسم در عراق و افغانستان از امتیاز ایجاد پروپاگاند (تبلیغات) استفاده، و بدین صورت فضای مشمئزکننده‌ای را برای دشمن و نیروی مخالف خود ایجاد کرد و آن‌ها را مستحق مجازات تصویری دانست. اکنون نیز این امتیاز را در حوزهٔ سیاست خواهد داشت.

۴) برتری قدرت اطلاعاتی و جاسوسی

نکتهٔ دیگری که در امتیازات سیاسی امریکا به آن توجه می‌شود، بحث برتری قدرت اطلاعاتی و جاسوسی این کشور است؛ یعنی امریکا توان گردهمایی اطلاعات در حوزه‌های پیرامون ایران را دارد. شاید جاسوسانی را هم طی سال‌های اخیر در نقاط مختلف حکومتی یا اجزای جامعه جاسازی کرده باشد؛ همچنان که تاکنون بحران‌هایی

مانند بحران ۱۸ تیر، یا حوادث تروریستی در مناطق مرزی ایران ایجاد کرده است.

با اینکه امریکا هرازگاهی جاسوسانش را در ایران از دست می‌دهد یا جاسوسانی از آن‌ها شناسایی می‌شوند، ما فاقد چنین توانایی به‌خصوص در داخل امریکا هستیم؛ بنابراین این امر به نوعی می‌تواند برای امریکا امتیاز محسوب شود ـ البته باید در این ارزیابی به این نکتهٔ مهم نیز توجه داشته باشیم که در این مسیر، فقط با قدرت و توان اطلاعاتی امریکا در برابر ایران مواجه نیستیم؛ بلکه همراهی سازمان‌هایی چون موساد، اسرائیل، MI6 انگلستان، و سایر قدرت‌های غربی نظیر فرانسه را نیز، که ممکن است نفوذهایی را در ایران ایجاد کرده باشند، می‌بایست بر امتیازات اطلاعاتی امریکا افزود. افزون بر این، امریکا در عملیات جاسوسی علیه ایران از ظرفیت‌های تکنولوژیکی و فناوری ماهواره‌ای، و از فرصت دسترسی به گروه‌های سیاسی مخالف جمهوری اسلامی و ایجاد وعدهٔ زمینه‌سازی قدرت برای آنان نیز برخوردار است.

۵. حمایت سازمان‌های بین‌المللی مشروعیت‌دهندهٔ فعالیت‌های امریکا

امتیاز مهم امریکا، که باید به آن بیشتر و دقیق‌تر توجه کنیم، حوزهٔ حقوق بین‌الملل است. واقعیت این است که در جهان مجموعه‌ای از سازمان‌های بین‌المللی وجود دارند که به طور جدی تابعی از تعاملات قدرت، و دارای کارکرد و وظیفهٔ ایجاد توازن قدرت در نظام بین‌الملل هستند. آن‌ها به‌هیچ‌وجه حاضر نیستند برای دولت ضعیف‌تر یا دولتی که شاید در طول زمان به نوعی مورد تعارض و تخاصم، یا ردّ و ایراد و نقد سازمان‌های بین‌المللی قرار گرفته است، در برابر ابرقدرتی چون

امریکا، دست به فداکاری بزنند، و شاید قطعنامه‌ای را علیه امریکا به تصویب برسانند! البته تاریخ سازمان‌ها و قطعنامه‌های مختلف آن‌ها نیز از فقدان اقدام مؤثر آنان علیه قدرت‌های برتر بین‌المللی حکایت دارد.

نکتهٔ دیگری که در این خصوص وجود دارد، این است که اگر این سازمان‌های بین‌المللی در حدّ شورای امنیت بتوانند قطعنامه‌ای را علیه امریکا به تصویب برسانند، خود امریکایی‌ها و انگلیسی‌ها آن را وتو خواهند کرد، و در عمل حتی قطعنامه‌های مفروض نیز فاقد تأثیرگذاری خواهد شد. به علاوه، هیچ یک از بخش‌های سازمان‌های بین‌المللی نیز در ایجاد امنیت بین‌المللی، یا شاید الزام یک دولت یا دولت امریکا به پذیرش امتناع از هجوم به ایران و تکلیف او به خروج از ایران مؤثر نخواهند بود.

ما باید توجه داشته باشیم که به‌هیچ‌وجه نمی‌توانیم بر روی سازمان‌های بین‌المللی برای جلوگیری از تجاوز یا توقف تجاوز به طور جدی حساب کنیم. اما این به این معنا نیست که از مبانی و راهکارهای مندرج از اصول مختلف قوانین بین‌المللی استفاده نکنیم و دولت متجاوز را در زمان لازم و مناسب «متجاوز» معرفی نکنیم. این سبب می‌شود ما در مذاکرات یا منازعات بین‌المللی برای حلّ و فصل مشکل، دچار نقطه‌ضعف یا کمبود استدلال در حوزهٔ حقوق بین‌الملل شویم. بنابراین، امریکایی‌ها این امتیاز را دارند، که به ما اجازه ندهند بتوانیم مصوّبه‌ای در شورای امنیت یا سایر بخش‌های سازمان ملل پیدا کنیم، که بتواند الزامی را علیه امریکا ایجاد کند.

افزون بر همهٔ این موارد، به این نکته هم باید توجه کرد که مقر و دفتر اصلی اکثر این سازمان‌های بین‌المللی در خاک امریکا است؛ بنابراین از آن‌ها نمی‌توان توقع داشت که دست به اقدامی علیه میزبان خود بزنند.

ب) امتیاز اقتصادی

۱. برتری تولید ملی اقتصاد امریکا

واقعیت این است که امریکا برترین قدرت اقتصادی جهان است و انکار این برتری به شناخت نادرست اوضاع و درک ناقص از واقعیت دشمن منتهی خواهد شد. قدرت تولید، انباشت سرمایه، صدور سرمایه، توان مصادرهٔ اموال و سرمایهٔ دیگران به بهانه‌های حقوقی مختلف، و در عین حال قدرت فناوری مجموعه‌ای از امتیازاتی هستند که امریکا در حوزهٔ اقتصاد دارد. ضمن اینکه امریکایی‌ها به واسطهٔ ابرقدرت بودن و تأثیرگذاری و نفوذی که در دولت‌های مختلف دارند، می‌توانند از امکانات کافی برای محدودسازی ایران و ایجاد محاصرهٔ اقتصادی بهره ببرند. این محاصرهٔ اقتصادی ممکن است با ایجاد اختلال در اوضاع اقتصادی ایران، عدم پذیرش هواپیماهای مربوط به ایران، منع پروازهای هوایی، عدم پذیرش حواله‌های بانکی مرتبط با ایران، یا عدم پذیرش کالاهای ایرانی و تحریم مؤسسات مالی و بانکی علیه ایران در حوزهٔ اقتصاد بین‌الملل اتفاق بیفتد. بنابراین، باید به این نکتهٔ اساسی توجه کنیم که به لحاظ تولید و تنوع کالاها و دسترسی به آن‌ها در برابر امریکا ضربه‌پذیر هستیم؛ اما این به معنای «فناپذیری» نیست.

۲) تأثیرگذاری شدید امریکا در اقتصاد بین‌المللی

گرچه ایران در سال‌های گذشته توانسته است تا حدودی خود را از حوزهٔ تعلق به اقتصاد بین‌المللی یا امریکا رها کند، و به تولیدات امریکا نیازمند نباشد؛ در عین حال باید به این نکته توجه کرد که امریکایی‌ها در حوزهٔ اقتصاد در نظام بین‌الملل و جهان دارای تأثیرات بسیار کلی هستند؛ تأثیر در قیمت نفت، تأثیر در ایجاد موانع سرمایه‌گذاری در

صنعت و فروش نفت ایران و در نهایت تحریم نفتی ایران، تأثیر در ایجاد موانع بر گسترش قدرت ترانزیتی ایران نظیر ممانعت در مسئلهٔ نفت آسیای میانه و انتقال آن از خط لولهٔ باکوجیهان، و همچنین فشاری که از حوزهٔ سیاست‌های هسته‌ای علیه ایران وارد می‌کنند؛ فشارهایی که بیشتر در قالب تحریم یا در قالب سایر ادعاهای اقتصادی می‌تواند بر ایران وارد بشود ـ همچنان که تا حدود زیادی بر ایران وارد شده است.

ج) برتری ژئوپولتیک منطقه‌ای

امتیاز دیگری که امریکا بر ایران دارد، امتیاز ژئوپولتیک منطقه‌ای است، که باید به آن با تعمق بیشتری اندیشید. سیاست‌های امریکا در طول سال‌های اخیر به صورت‌های زیر بوده است:

۱. شکل‌گیری پایگاه‌های نظامی امریکا در اطراف ایران

با فروپاشی اتحاد جماهیر شوروی، دولت روسیه در سیاست بین‌الملل به انزوا کشیده شد و در عمل کشورهای برجای‌مانده از فروپاشی به زیر چتر نفوذ امریکا درآمدند. ازبکستان، آذربایجان، قزاقستان، قرقیزستان، افغانستان، و عراق کشورهایی هستند که امریکا در آن‌ها دارای پایگاه‌های نظامی بسیار فعال است؛ حال آنکه قبل از فروپاشی شوروی، امریکا ناچار بود از نقطه‌های مرزی بسیار دور، نظیر پایگاه‌های بهشهر ایران، روسیه را رصد و کنترل کند ـ که در این صورت ممکن بود موشک‌های پیشرفتهٔ شوروی حتی هواپیماهای جاسوسی U2 را، که قابلیت پرواز در بردهای بالا داشتند، هدف قرار دهند. خروشچف، نخست‌وزیر شوروی، بعد از سقوط اولین هواپیمای جاسوسی امریکا (U2)، این جملهٔ مشهور را بیان کرد: «این هواپیماها

بسیار ما را می‌آزردند، که فعلاً از شرّشان خلاص شدیم.»

باید توجه داشت که همهٔ مناطق اطراف روسیه، مانند کشورهای اروپای شرقی و افغانستان، که زمانی در اختیار دشمنان امریکا بود، اکنون به حوزه‌های نفوذ امریکا تبدیل شده‌اند. همان طور که پایگاه‌های مختلف نظامی امریکا را در افغانستان می‌بینیم. در واقع کلّ شرق ایران تحت اشغال نیروهای امریکایی یا پایگاه‌های نظامی امریکایی است. پس، این منطقه می‌تواند همچون یک مانع از دسترسی موشک‌های ایران و در عین حال یک سکوی پرتاب موشک و انتقال امکانات و تنگ کردن حلقهٔ محاصره علیه ایران به کار رود.

وانگهی، ما در قسمت دیگری از مرزهایمان، یعنی در مرز پاکستان، با دولتی سروکار داریم که حاضر است در ازای امتیازات اقتصادی، نظامی، و مالی برای دولت امریکا دست به هر کاری بزند؛ همچنان که دولت طالبانِ زیر چتر حمایت خود را با توجه به شرایط و منافع خود پیش پای امریکا قربانی کرد. بنابراین، نمی‌توان به کشوری چون پاکستان اعتماد کرد؛ چون بعید نیست که این کشور برای منافع ملی خود به ایران پشت کند، و خاک و امکانات خویش را به نیروهای امریکایی واگذارد؛ خاصه اینکه اگر امریکا در وضعیت احتمالی جنگ از توازن بهتری در قدرت برخوردار باشد، سیاست خارجی پاکستان برای به هم زدن این تعادل، گوی‌هایی را به سمت دولت امریکا خواهد غلتاند.

۲. وجود نیروهای مذهبی و مردمی ضد جمهوری اسلامی در منطقه

به همان نسبت که جامعهٔ پاکستان بالاترین پتانسیل حمایت شیعی از ایران را دارا است، بالاترین پتانسیل ضد شیعی و وهابی‌گری را نیز در خود جای داده است. وانگهی، باید به این نکته توجه داشت که

هم در افغانستان و هم در پاکستان، ایران دارای نفوذ مردمی است؛ اما این نفوذ به‌هیچ‌وجه به اندازه‌ای نیست که بتوان آن را در محاسبهٔ نظامی و تأثیرگذاری در روابط جنگ بین دو طرف جداگانه در نظر گرفت. اگرچه ممکن است در پاکستان طرفداران فداکار و معتقد داشته باشیم، به همین میزان و بلکه بیشتر، مخالفان فداکار و کسانی هم هستند که برای حذف تشیع و جمهوری اسلامی ایران حاضرند حتی به عملیات‌های انتحاری نیز دست بزنند. بنابراین، ما در خصوص پاکستان، دارای امتیاز ویژه‌ای نیستیم. ممکن است در بهترین حالت، این وضعیت به وضعیت صفر ـ صفر و تخاصم متقابل در بین نیروهای حاضر در پاکستان تبدیل شود. این توازن خیلی به نفع ما نیست.

۳. نفوذ تاریخی امریکا و انگلیس در دولت‌های عربی منطقه

نکتهٔ دیگری که باید در خصوص امتیاز ژئوپولتیک امریکا بدان توجه کرد، این است که دولت امریکا در حوزهٔ دولت‌های عربی دارای نفوذ مؤثری است. این نفوذ می‌تواند در کشورهایی مثل عربستان سعودی، امارات متحدهٔ عربی، کویت، و همچنین بحرین و قطر بهره‌برداری شود. همهٔ این دولت‌ها روابط بهتر و نزدیک‌تری با امریکا دارند، و امنیت و تداوم قدرت و حتی حیات خودشان را مدیون تعامل با امریکا و همراهی با آن می‌دانند. بنابراین، در خصوص دولت‌های عربی منطقه (امارات، کویت، بحرین، قطر، یا حتی عربستان سعودی) هیچ گونه امتیازی بر آنان نداریم. اگر هم امتیازی وجود داشته باشد، ممکن است چندان به دولت‌ها مربوط نباشد.

فرض اول و قطعی در این خصوص آن است، که این امتیازات به طور رسمی و دولتی در اختیار دولت امریکا است. البته می‌توان

این نظر را هم مطرح کرد که حضور پایگاه‌های نظامی امریکا در این مناطق قطعاً می‌تواند هم نوعی نقطه‌ضعف برای امریکا باشد، و هم نقطهٔ دسترسی ایران برای ضربه زدن به منافع امریکا در منطقه.

باید به این واقعیت هم اذعان داشت، که تا زمانی که ایران به دولت‌های منطقه اعلان جنگ نداده است، نمی‌تواند با موشک‌های خود پایگاه‌های امریکا را در این کشورها هدف قرار دهد. در غیر این صورت، این کار به معنی اعلان جنگ با دولت‌های عربی خواهد بود و موجب خواهد شد امریکا دولت‌های عربی را به جنگ علیه ایران و در مسیر منافع خودش ترغیب کند، و صدالبته این نقض بی‌طرفی خواهد بود، که کشوری از پایگاه‌های دولت‌های منطقه بهره گیرد، ولی خود را بی‌طرف نشان دهد.

این حالت برای ایران وضعیتی توأم با تضاد را ایجاد خواهد کرد، که آیا هزینهٔ موشک‌باران پایگاه‌های امریکا ما را با هزینهٔ ورود کشورهای منطقه به جنگ مواجه می‌کند؟ در این صورت، موضع ایران چه باید باشد؟ حمله به پایگاه‌های امریکا در کشورهای عربی، یا احترام به تمامیت ارضی آن‌ها، در عین تجاوز ضمنی آنان به خاک ایران؟ این دو با هم در تضاد نیستند؟

دولت‌های عربی نیز با این واقعیت تاریخی روبه‌رو هستند که ایرانی‌ها دارای سابقهٔ بسیار قدیمی و تاریخی در منطقه هستند؛ بنابراین اگر به امریکا یاری رسانند، در صورت شکست امریکا و رهاسازی منطقه، دولت‌های منطقه نیز به سبب همکاری با امریکا سر جای خویش نشانده خواهند شد؛ همان طور که پیامبر[ص] در جنگ خندق (احزاب) با یهودیان خائنی که با دشمن بیرونی شهر هماهنگ شده بودند، برخوردی اساسی و مهم فرمودند.

بهترین حالت آن است که این دولت‌ها در هجوم امریکا به ایران به طور واقعی بی‌طرف بمانند. البته ما معتقدیم که بی‌طرفی آن‌ها در این وضعیت قطعاً مبتنی بر واقعیت نیست؛ بلکه نوعی بی‌طرفی هدفمند و هوشمندانه برای دور ماندن از حوادث ناشی از جنگ احتمالی خواهد بود. حال آنکه بی‌طرفی به معنای واقعی قدرت ایران را برای ایجاد مانور و ضربه زدن به مراکز و منابع و منافع امریکا کاهش خواهد داد و ممکن است امتیاز ایران را در خصوص دسترسی‌اش به مراکز منافع امریکا از او بگیرد. اما قطعاً فایده‌ای اساسی خواهد داشت که همهٔ منطقه، مانند ایران و در نهایت خود امریکا، از آن بهره‌مند خواهند شد. و آن این است که با این بی‌طرفی عاقلانه، بستر اصلی آغاز جنگ در منطقه از بین خواهد رفت.

۴. حضور نظامی در عراق

امتیاز ژئوپولتیک بسیار مهمی که امریکا در اطراف ایران دارد، حضور نظامی این کشور در عراق است. این حضور نظامی گسترده و مبتنی بر اهداف و منافع فراوانی است؛ تا آنجا که می‌توان گفت با ایران همسایه شده است. این همسایه شدن می‌تواند قدرت برد موشکی و حملات امریکا را افزایش دهد. آنان در عراق از همه گونه امکانات برای حمله به ایران برخوردارند، و شاید آنچه در پایگاه اینجرلیک ترکیه برای امریکا به دست نمی‌آید، قطعاً در عراق دست‌یافتنی باشد. وانگهی، امریکا در عراق می‌تواند بر بخش وسیعی از دشمنان تاریخی ملت ایران، نظیر بعضی خصومت‌های دیرینهٔ تاریخی و عقیدتی، تکیه کند ـ که این کار در فرایند ایجاد تحول، یا ساختار دفاعی اهمیت بسیار دارد.

۵. حضور تاریخی، نظامی، و سیاسی امریکا و اسرائیل در کردستان عراق، ترکیه، و ایران

از دیگر امتیازات ژئوپولتیک امریکا در منطقه، حضور گسترده و سابقهٔ دیرینهٔ امریکا و اسرائیل در منطقهٔ کردستان عراق و همچنین کردستان ترکیه و ایران است. عوامل متعددی زیر نظر امریکا، اروپا، و اسرائیل در منطقه وجود دارند، که به کمک بعضی از منابع و سازمان‌های کردی ضد جمهوری اسلامی در کشور مستقر شدند. این سازمان‌های ضد جمهوری اسلامی، که اتفاقاً اغلب آن‌ها مارکسیست هستند و هیچ پایگاه قابل توجهی در میان مردم کردستان، به‌خصوص کردستان ایران و عراق ندارند، معمولاً در مسیر منافع امریکا، و هماهنگ و همراه با آن‌ها بوده و هستند. کردستان عراق و ترکیه از این لحاظ که می‌توانند برای امریکا فرصت ژئوپولتیک بسیار مناسبی ایجاد کنند، برای ایران بسیار مهم و حساس به شمار می‌روند.

حزب دموکرات کردستان، کومله، پ ک ک در ایران و عراق و ترکیه، پژاک در ایران و عراق، و غیره جریان‌های مارکسیسمی هستند که در جهت مقابله با جمهوری اسلامی، به یاری امریکا خواهند رفت. مهم‌تر از همه اینکه، سازمان مجاهدین خلق هنوز پایگاه‌های خود را در کشور عراق حفظ کرده است و امریکا برای جمع‌آوری نیروهای ضد جمهوری اسلامی، اعم از سلطنت‌طلبان و ضد انقلابیون سکولار و به‌ظاهر جمهوری‌خواه، تلاش بسیاری می‌کند. ضمن اینکه امریکا و انگلیس در طی سال‌های اخیر توانستند گروه‌هایی را نظیر حزب التحریر خوزستان ساماندهی کنند. علاوه بر این از گروه‌های معتقد به پان‌ترکیسم در آذربایجان، جریانات شبه‌سیاسی و تبهکار جنوب شرق ایران نظیر گروه عبدالمالک ریگی، و شبکه‌های قاچاق مواد مخدر

حمایت‌های مالی و نظامی گسترده‌ای به عمل آوردند.

در واقع اگر هر یک از این گروه‌ها یک بمب‌گذاری به نفع امریکا انجام بدهند، به طبع باید از لحاظ استراتژیکی و تأثیر فرایند حضور و غیبت آن‌ها در تهاجم‌سازی علیه جمهوری اسلامی در توجه قرار گیرند؛ به‌خصوص آنکه جریانات سکولار به‌ظاهر جمهوری‌خواه و ضد ولایت فقیه بیشترین توجیه و تبلیغ اقدامات امریکا را بر عهده خواهند گرفت و از امریکا به عنوان منجی و ارتش آزادی‌بخش استقبال خواهند کرد.

نکتهٔ مهم دیگری که می‌بایست بدان توجه نشان داد، این است که بخش نظامی و لائیک دولت ترکیه دوست و همراه امریکا است؛ پس قطعاً بهترین وضعیت آن خواهد بود که ترکیه خود را وارد جنگ نکند. تجربهٔ تاریخی می‌گوید که ترک‌ها خود را درگیر مسائل نظامی بین‌المللی در منطقه نمی‌کنند. در جنگ جهانی اول و دوم، این مسئله را به‌روشنی می‌بینیم. دولت ترکیه می‌تواند در جنگ‌های بین‌المللی با نزدیک شدن به قدرت‌ها در بخش‌هایی از سرزمین تجاوزشده، در برابر آن‌ها بی‌طرف بماند و در عین حال از تعامل استراتژیک هم بهره‌های کافی اقتصادی ببرد، و امکانات مناسب را از طرفین درگیر جذب کند.

۶. دوری خاک امریکا از ایران

از دیگر امتیازات ژئوپولتیک امریکا، در تقابل احتمالی با ایران، مسئلهٔ دور بودن امریکا از حوزهٔ نفوذ ایران است. امریکا به دلیل دسترس نبودن و وجود حائل بزرگی چون اقیانوس اطلس و آرام از سایر نقاط جهان، در همهٔ جنگ‌هایی که وارد شده است، از حملات دریایی، هوایی، و زمینی در امان بوده است. جامعهٔ امریکا، به‌رغم خشونت داخلی آن، هیچ وقت خشونت ناشی از تهاجمات بین‌المللی را تجربه نکرده است.

حتی در گسترده‌ترین جنگ جهانی (جنگ جهانی دوم) نیز آلمانی‌ها نتوانستند خاک امریکا را هدف قرار دهند. ژاپنی‌ها هم که با ابتکار خاص خودشان، نوعی بالن هوایی ساخته بودند که می‌توانست بمب‌هایی را بر خاک امریکا بیندازد، نیز توفیق خاصی پیدا نکردند. یازدهم سپتامبر ۲۰۰۱ استثنائی در تاریخ جهان و امریکا بود، که سرزمین امریکا هدف مخالفانش قرار گرفت. حتی عده‌ای معتقدند که ممکن است این قضیه هم از بیرون طراحی نشده، بلکه شیوه‌ای خاص از خودزنی امریکا برای پیشبرد اهدافش در جهان و به‌خصوص خاورمیانه بوده است ـ که ما این نظریه را رد می‌کنیم و آن را ناشی از بیماری توطئه‌اندیشی و در مواردی حتی فرافکنی هوشمندانهٔ طرفداران القاعده، یا افرادی که به هر دلیل از ضربه‌پذیری امریکا خوشحال بودند، می‌دانیم؛ چون خودزنی امریکا می‌تواند در بازی‌هایی چون ماجرای پودر سیاه‌زخم معنا پیدا کند. اما واقعهٔ یازده سپتامبر ثابت کرد که امریکا، صرف نظر از درست یا نادرست بودن آن، ضربه‌پذیر است. گسترهٔ خشونت‌پذیری داخلی آن به مراتب بیشتر از سایر نقاط جهان است. حجم بالای تهاجمات امریکا در جهان موجب فرافکنی خشونت درونی جامعهٔ امریکا و گریز دادن آن به سایر نقاط جهان شده است.

۷. کاهش توان تهاجمی و ایجاد توازن ژئوپولتیکی

دور بودن امریکا از منطقهٔ خطر در جنگ‌های بین‌المللی همیشه یک امتیاز برای آن دولت به شمار می‌رفته، و همین مسئله به دولت امریکا فرصت تجاوز داده است. این امتیاز ژئوپولتیک، که تأثیر بسیار زیادی در روند تعاملات نظامی خواهد داشت، می‌بایست هر استراتژیستی را به این فکر وادارد، که حتی در صورت وجود سلاح برابر، ایجاد

توازن در برابر دشمن و مردم آن کشور امکان‌پذیر نیست. بنابراین، بیشتر جنگ‌ها و حتی پایگاه‌های نظامی امریکا خارج از خاک آن کشور بوده است. این مسئله امکان ایجاد توازن را در تقابل احتمالی با امریکا کاهش می‌دهد.

در صورت حملهٔ نظامی امریکا به مناطق مسکونی، اقتصادی، یا نظامی، دسترسی موشکی یا هوایی به مناطق مرزی آن کشور قطعاً میسر نخواهد بود. در این صورت باید به این فرض توجه کرد که در این تقابل، از هر جهت در برابر دشمن دچار نقطه‌ضعف اساسی هستیم.

۸. اسرائیل یک نقطه قوت و ضعف اساسی

در تقابل ژئوپولتیک با ایران، اسرائیل کانون اساسی قوت امریکا در منطقه است، که البته در حال حاضر اصلی‌ترین و حساس‌ترین کانون حمایت‌شدهٔ امریکا در منطقهٔ خاورمیانه به شمار می‌رود. وپادگان اصلی و مرکز واقعی سیاست‌گذاری تهاجمی امریکا در این منطقهٔ اشغال‌شدهٔ نظامی است. اما این پادگان تا حدود زیادی در محاصرهٔ مخالفانش قرار گرفته است؛ مخالفانی که در سطح جهان اسلام حاضرند برای نابودی اسرائیل دست به فداکاری‌های بزرگ و حتی عملیات استشهادی نیز بزنند. بنابراین، اگر ما به تعبیر حجت‌الاسلام سید محمد خاتمی، رئیس‌جمهور سابق ایران، این مسئله را بپذیریم که پایتخت واقعی امریکا تل‌آویو است، دیگر امریکا سرزمینی دور از دسترس نیست، و فشار بر اسرائیل می‌تواند فشار بر امریکا نیز باشد.

در چنین وضعیتی، قطعاً اسرائیل نقطه‌ای ضربه‌پذیر و در واقع پاشنهٔ آشیل ژئوپولتیک امریکا خواهد بود؛ چون به فرض نبرد متقابل، امکان استفاده از این نقطه‌ضعف علیه دولت امریکا، و همچنین رسانش

موشک‌های بسیار نیرومند ایران به سرزمین اشغالی فلسطین این قدرت را به ایران خواهد داد که از این ضعف ژئوپولتیک تا حدود زیادی بکاهد.

از جدّی‌ترین مسائلی که امریکا در جریان جنگ عراق به آن توجه داشت، این بود که سعی کرد حتی‌الامکان اسرائیل را در جنگ اول یا دوم خلیج فارس درگیر نکند. موشک‌های اسکاد عراقی هم در عمل نتوانستند تأثیر چندانی در بر هم ریختن توازن امنیت اسرائیل یا ایجاد فشار بر امریکا داشته باشند. اما همگان می‌دانند نه ایران عراق است، و نه موشک‌های شهاب ۳ موشک‌های اسکاد روسی. علاوه بر این، در زمان جنگ امریکا با عراق، کسی حاضر نبود برای عراق فداکاری کند و خود را به خطر بیندازد.

۹. فراگرد خشونت‌های درون‌گرا و تأثیر آن در جنگ

برای برقراری توازن رعب و توازن ناشی از برخورد با منافع ملی ایران، نیروهای سیاسی در منطقهٔ خاورمیانه وجود دارند، که ممکن است با ایران رابطهٔ خوبی نداشته باشند؛ ولی در صورت وقوع نبرد علیه اسرائیل وارد میدان می‌شوند. این برانگیختگی می‌تواند قدرت بهره‌برداری موشکی و هوایی، و تسلیحات هسته‌ای امریکا و اسرائیل را کاهش دهد.

با توجه به اینکه خاک امریکا دور از دسترس دفاع هوایی یا موشکی ایران است، می‌بایست آن را همچون امتیازی واقعی پذیرفت؛ مگر اینکه برای آن فرضیه یا راه‌حل ویژه‌ای را در نظر گرفت. هرچند ممکن است نیروهایی باشند که بدون هماهنگی ایران و با علاقه‌مندی به آن، برای دفاع از مظلوم، طرح درخواست‌های دیگر در شرایط خاص، انتقام گرفتن از دولت امریکا، یا تسویه‌حساب‌های داخلی وقایعی را

سامان دهند، که در وضعیت جنگی مؤثر باشند؛ نظیر آنچه گروه اتا در جریان جنگ و اشغال عراق با دولت اسپانیا انجام داد، که به نام القاعده، به‌کام سوسیالیست‌های اسپانیا، و به زیان امریکا انجامید.

ما پیش‌بینی می‌کنیم که اقدام‌های مختلف ضد ایرانی امریکا، نظیر ساختن فیلم ۳۰۰، فرصتی برای مردم ایران بوده و زمینه‌ساز تحریک احساسات همهٔ ایرانیان و حتی ناسیونالیست‌های سکولار بود، تا به واقعیت دیدگاه‌های حاکم بر امریکا در خصوص کشور ما توجه بیشتری کنند.

امتیازات نظامی امریکا

واقعیت این است که امریکا با بودجهٔ سنگین ۴۵۰ میلیارد دلاری نظامی، مهم‌ترین ارتش و بیشترین حجم اسلحه‌های جهان را در اختیار دارد؛ ارتشی که در عین نیرومندی و فراوانی نیرو، دارای گستردگی جغرافیایی و فراوانی پایگاه‌ها نیز هست. پایگاه‌های امریکا در حوزهٔ اقیانوس آرام، ژاپن، کرهٔ جنوبی، پاسیفیک، جزایر سیانگ، عربستان، ترکمنستان، قزاقستان، آذربایجان، افغانستان، عراق، ترکیه، اقیانوس هند، و سایر مناطق در گوشه و کنار جهان قرار دارد.

امریکا در همهٔ نقاط جهان دارای نفوذ نظامی گسترده‌ای است. این نفوذ ضمن اینکه نوعی اعمال قدرت اختاپوس‌گونه را، که قبلاً تصویر کردیم به دنبال دارد، به نظر می‌رسد همین عوامل مایهٔ ضعف

و ضربه‌پذیری این کشور را فراهم کند؛ همان گونه که در جهان سیاست، انقلاب اسلامی ایران ثابت کرد که قدرت نظامی امریکا در بعضی وضعیت‌های خاص کاربردی نداشته، و آن همه مانور نظامی و تجهیزات به کار نیامده است. با این حال، باید به واقعیت‌های موجود در فرض‌های احتمالی آینده به طور جدی توجه کرد؛ چون این کشور در حوزهٔ نظامی‌گری و میلیتاریسم دارای برتری‌های اساسی است.

برتری قدرت هوایی امریکا

امریکا دارای پیشرفته‌ترین هواپیماهای نظامی است، که با سرعت مافوق صوت در ارتفاع بسیار بالا حرکت می‌کنند، و توانایی ردیابی و ره‌گیری، شکار هواپیماهای دشمن، و نیز هدف‌گیری و نشانه‌گیری اهداف مورد نظرشان را دارند؛ در حالی که سایر کشورهای جهان از چنین امتیازی برخوردار نیستند.

همیشه امریکا پیشرفته‌ترین هواپیماهای جنگندهٔ شکاری را داشته است، که از لحاظ تدارکات و تجهیزات هوایی در سطح بالایی قرار دارند. انواع هواپیماهای مافوق صوت، شکاری، بمب‌افکن‌هایی مانند بی ۵۲، و مهم‌تر از آن گونه‌ای خاص از تجهیزات هوایی ـ که به سیستم رادار پرندهٔ آواکس (نوع بسیار قدیمی آن است) معروف است ـ قدرت نیروی هوایی امریکا را نشان داده[۱]، و توانسته است فرصت دسترسی آن کشور به سایر سرزمین‌ها را با شدت بسیار زیادی بالا ببرد. بنابراین، کارآمدی نیروی هوایی امریکا به جهت پیشرفته‌تر بودن، امکانات گسترده، هزینه، و منابع فراوان است؛ تا آن اندازه که تاکنون در هیچ مخاصمهٔ جدی، نیروی هوایی امریکا به چالش کشیده نشده

۱. پیترز، جان، همان، ص۱۹۷؛ و همچنین کتاب راهنمای جین، در معرفی هواپیماهای جهان، لندن، جین، ۱۹۸۶.

است، و نمی‌توان قدرت دیگری را در عرصهٔ هوایی به آن نزدیک دانست؛ آن چنان که حتی کشورهایی مانند چین و روسیه، و کشورهای اتحادیهٔ اروپا نیز تا حدودی از لحاظ نیروی هوایی عقب‌مانده‌تر، و در عین حال از امکانات کمتری در مقایسه با امریکا برخوردار هستند.

علاوه بر این، در طی سالیان اخیر، امریکا پدیدهٔ دیگری را به عرصهٔ جنگ‌های هوایی و زمینی اضافه کرده است، که آن استفاده از هواپیماهای بمب‌افکن و شناسایی بدون سرنشین است ـ که این پیچیدگی‌های نبرد هوایی را به مراتب بیشتر می‌کند.

نکات مهم در بحث حملات موشکی و هوایی دشمن

بسیاری از کشورها ادعا می‌کنند که دارای هواپیماهای پیشرفته‌ای در سطح هواپیماهای امریکا هستند؛ اما این مسئله بیشتر جنبهٔ تبلیغاتی دارد. برتری نیروی هوایی امریکا بر سایر کشورهای جهان واقعیتی است، که باید پذیرفت. برای مقابله با این برتری می‌بایست راه‌حلی در پیش گرفت، تا گرفتار بمباران‌های آن نشویم، یا با دسترسی به یک فرایند دفاع ضد هوایی بر این پیشرفت و برتری غلبه پیدا کنیم. این نظامیان هستند که باید با مطالعهٔ سیستم دفاع ضد هوایی بر این پیشرفت هوایی غلبه کرده، یا آن را به چالش بکشانند. ولی حتی با وجود سیستم‌های دفاع ضد هوایی، که در جهان به وجود آمده است، به نظر نمی‌رسد امکان ره‌گیری گستردهٔ هواپیماهای امریکایی وجود داشته باشد.

موشک‌های معروفی که در جهان وجود دارند، تاکنون در یک تقابل واقعی، یا حداقل مانور، نتوانسته‌اند هواپیماهای جدید و فوق مدرن امریکا را هدف قرار دهند. آنچه در سیستم دفاع ضد هوایی با

سایت‌های موشکی یا موشک‌های دوش پرتاب نظیر موشک‌های سام یا استینگر اتفاق افتاده، بیشتر به ره‌گیری هواپیماهایی معطوف بوده که از پیشرفت یا سرعت بسیار زیادی برخوردار نبوده‌اند. از سوی دیگر، سیستم‌های جدید دفاع ضد هوایی، نظیر اس ۳۰۰ روسی، هم چندان در معرض امتحان عملی قرار نگرفته‌اند.

نکتهٔ مهم دیگر قدرت دفاع ضد هوایی امریکا است؛ به عبارتی امریکا از حیث دسترسی به امکانات دفاع موشکی ضد هوایی بسیار پیشرفته است، و در یک تقابل جدی نظامی، امریکا توان بالایی در ره‌گیری هواپیماهای دشمن دارد. اینکه چه فرایندی برای جلوگیری یا احیاناً فرار از قدرت دفاع موشکی ضد هوایی وجود دارد، به چاره‌اندیشی نظامیان و دانشمندان نیازمند است. از دیگر مباحث مهم دربارهٔ نیروی هوایی ارتش امریکا قدرت موشکی آن‌ها است؛ چنان که در این زمینه قدرت برتر جهان محسوب می‌شوند.

واقعیت این است که رقابت طولانی‌مدت بین امریکا و آلمان، امریکا و انگلیس، و امریکا و اتحاد جماهیر شوروی سبب شده است امریکا در جهت برتری موشکی سرمایه‌گذاری‌های کلانی کند. سیستم‌های موشکی بین قاره‌ای، که امکان حمل کلاهک‌های هسته‌ای را نیز دارند، دارای سیستم‌های الکترونیکی بسیار پیشرفته‌ای هستند، که تعداد آن‌ها در امریکا هیچ‌گاه دقیق اعلام نشده است.

اگر حتی فرض کنیم امریکا نتواند در جنگی واقعی از موشک‌های دارای کلاهک‌های هسته‌ای بهره ببرد، ممکن است از موشک‌های حامل کلاهک‌های غیر هسته‌ای، یا بمب‌های هسته‌ای ضعیف (دارای اورانیوم ضعیف‌شده) بهره گیرد ـ که این مسئله می‌تواند کشوری را که در مقابل امریکا قرار می‌گیرد، دچار مشکل کند. سیستم دفاع هوایی

ضد موشکی در جهان تاکنون پیشرفت جدی نکرده است. پیشرفته‌ترین سیستم دفاع ضد موشکی، که در جهان ادعا می‌کرد توفیق بسیار زیادی در ره‌گیری و انهدام موشک‌ها در خاک دشمن دارد، سیستم دفاع ضد موشکی پاتریوت امریکا بود، که در اختیار رژیم اشغالگر قدس قرار گرفت. اما در جنگ‌های حزب‌الله لبنان و اسرائیل ثابت شد که این سیستم دفاع موشکی هم چندان کاربردی ندارد.

اگرچه ایران در جریان جنگ با عراق توانست در مواردی موشک‌های عراقی را در هوا ره‌گیری و منهدم کند؛ سؤال این است که آیا می‌توان امکانات موشک‌های اسکاد عراقی را ـ که از نوع روسی و بسیار ساده بودند ـ با امکانات موشک‌های امریکایی مقایسه کرد یا نه؟ آیا از قدرت، سرعت، امکانات، و مانور مشابهی برخوردار هستند، تا بتوان آن‌ها را ره‌گیری، و در هوا ساقط کرد؟ این‌ها سؤالاتی است که پاسخش را باید در نظامیان و کسانی جُست، که در خصوص دفاع ضد موشکی تفکر و تعامل دارند. این مسئله از نقاط ضعف ما و از نقاط قوت اساسی در نیروی هوایی امریکا است.

سیستم دیگری که توان حمله‌ای امریکا را در این مسیر افزایش می‌دهد، بهره‌برداری از سیستم موشک‌های بالستیک و کروز است. موشک‌های کروز با دقت بسیار امکان حمله به هر هدفی را در هر نقطه‌ای که اراده شود، ایجاد می‌کنند. این سیستم می‌تواند بیشترین فشار را در یک جنگ زمینی یا هوایی، به جبههٔ مقابل امریکا وارد کند. باید توجه داشت که در صورت وقوع تقابل نظامی میان ایران و امریکا، قطعاً اصلی‌ترین تجهیزاتی که استفاده خواهد شد، موشک‌های کروز است. به تعبیری دیگر، بسیاری معتقدند که امریکا در تقابل با ایران

ممکن است بخش‌های وسیعی از ایران را کروزباران کند.[1]

بنابراین، با در نظر گرفتن این نقطه‌قوت، درمی‌یابیم که امریکا می‌تواند از این قدرت در مناطق مختلف علیه ایران استفاده کند. ضمن اینکه اگر ایران بخواهد به مناطقی که موشک به طرف ایران پرتاب می‌شود، حمله کند، به نوعی به دولت‌های حاکم بر آن‌ها اعلان جنگ خواهد کرد؛ مگر اینکه پیشاپیش در فرایندی دیپلماتیک و تعاملی با سازمان‌های بین‌المللی امکان بهره‌برداری نیروهای امریکایی از این پایگاه‌ها در خاورمیانه از دست امریکا گرفته شود. آیا این امکان وجود ندارد که در صورت دفاع علیه پایگاه‌های کشورهای منطقه، اجماع جهانی علیه ایران صورت گیرد؟

امتیاز گستردهٔ دیگری که امریکا از آن بهره می‌گیرد، هواپیماهای بدون سرنشین است. سیستم هواپیماهای بدون سرنشین تلفات انسانی را به‌شدت کاهش می‌دهد. از طرفی، امکان ره‌گیری آن نیز به مراتب کمتر از هواپیماهای متعارف نظامی است. بنابراین، توجه به وجود برتری در استفاده و کاربرد هواپیماهای بدون سرنشین و ضرورت تفکر و برنامه‌ریزی در ارتباط با آن بسیار جدی است.

قدرت دریایی امریکا

از دیگر نقاط قوت امریکا، که بسیار مهم است، قدرت دریایی آن است. نیروی دریایی این کشور با توجه به سابقهٔ بسیار طولانی آن، از مدل نیروی دریایی انگلستان برگرفته شده است. این مدل تکامل یافت و امروزه امکان استفادهٔ فراوان از انواع ناوها را در سطح جهان دارد. ضرورت سیاست‌های بین‌المللی ناوچه‌های توپ‌دار، که از قرن ۱۸ و ۱۹ میلادی

۱. تعبیر کروزباران به این دلیل است که امکان استفادهٔ فراوان از این موشک با دقت بسیار برای امریکایی‌ها در پایگاه‌های مختلف آنان در اطراف ایران وجود دارد.

در جهان معروف بوده است، بر سیاست خارجی امریکا نیز سایه انداخته است. این امر سبب شد امریکا بیش از هر قدرت جدیدی به گسترش دفاع دریایی و حضور دریایی در سایر کشورهای جهان دست بزند.

نیروی دریایی امریکا علاوه‌بر پایگاه‌های مختلف در منطقهٔ خاورمیانه ـ نظیر پایگاه نیروی دریایی امریکا در خلیج فارس، بحرین و اقیانوس هند، که شامل ناوهای هواپیمابر مانند ناو هواپیمابر آیزنهاور، نیمیتز، و غیره است ـ دارای ناوهای بزرگی است، که امکان حمل نظامیان و هواپیماهای فراوانی را دارد.[1] این پایگاه‌ها نیروهای «بازدارندگی فرامرزی» هستند، که در عمل همچون پایگاه‌های نظامی متحرک و بسیار مهم در دریاهای مختلف جهان می‌توانند به کار روند. امکان بهره‌برداری امریکا از انواع ناوها و ناوچه‌های موشک‌اندازی، که قدرت مانور بسیار زیادی در دریاهای جهان دارند، به همراه سیستم بسیار پیشرفتهٔ دفاع ضد موشکی و سیستم مین‌روبی نیروی دریایی امریکا از امتیازاتی است که این کشور در مسیر تهاجم به هر کشور در اختیار دارد.

حال با توجه به این برتری، باید به این مسئله اندیشید که آیا می‌توان راهی را در پیش گرفت که بتوان قدرت تهاجم دریایی امریکا را در منطقه دچار اختلال اساسی کرد؟ آیا تجربهٔ شکست نیروی دریایی اسرائیل در جریان جنگ ۳۳ روزهٔ لبنان، که در واقع مدلی بسیار کوچک از فرضیهٔ جنگ احتمالی خواهد بود، می‌تواند در جریان یک جنگ احتمالی بین ایران و امریکا تصور شود؟

به نظر می‌رسد اگر چنین فرضیه‌ای را بتوان تکرار کرد، قطعاً امریکا در تهاجم نظامی خود، به چالشی اساسی برخواهد خورد. بنابراین، باید بدانیم اگرچه امریکا دارای قدرت دفاع هوایی و دریایی گسترده‌ای

---

۱. پیترز، جان، همان، ص۲۲۶.

است؛ حضورش در منطقه، به‌خصوص در منطقۀ نفتی خلیج فارس، می‌تواند این امکان را به وجود بیاورد که نیروی‌های خودی به اعتبار حضور در ساحل بتوانند قدرت تهاجمی نیروی دریایی امریکا را به چالش بکشند (شبیه آنچه برای ناوچۀ موشک‌انداز اسرائیلی اتفاق افتاد). در این صورت، سیاست تهاجم نظامی امریکا دربارۀ هجوم به ایران با چالش گسترده‌تری مواجه خواهد شد؛ ضمن آنکه هم‌زمان می‌تواند از این راه کاستی‌های ما را در زمینۀ دفاع هوایی جبران کند. با وجود این، نباید در زمینۀ قدرت در دفاع، گرفتار خیال‌پردازی شد. بلکه می‌بایست واقعیت‌های مربوط به دشمن را با حداکثر ظرفیت مقابله مفروض داشت، تا امکان دفاع حداقل فراهم آید.

قدرت نیروی زمینی امریکا

واقعیت این است که نیروی زمینی امریکا از آموزش و تدارکات گسترده‌ای برخوردار است. هر سرباز امریکایی دارای لباس ضد گلوله، تلفن ماهواره‌ای، تفنگ ام ۱۶؛ و دسته‌های نظامی آن نیز دارای موشک‌های ضد هوایی و ضد تانک هستند. نکتۀ بسیار مهم دیگری که باید به آن توجه ویژه کرد، این است که نیروی زمینی امریکا از قدرت هلی‌برد گسترده‌ای برخوردار است، و این قدرت هلی‌برد را در صورت مواجهه با امریکا باید به عنوان تهدیدی اساسی برای نیروهای دفاعی کشور تلقی کرد.

در جریان جنگ عراق امریکا ثابت کرد که می‌تواند مسیرهایی را که باید پیاده یا با عملیات دشت‌بانی طی کند و وارد درگیری نظامی بشود،[1] با هلی‌برد و حرکت هوایی با هلی‌کوپتر ـ حتی در صورت

۱. خلیل‌زاد، استراتژی برای قرن بیست و یکم، بی‌جا، بی تا، ص۲۷۸.

جابه‌جایی نیروها و تجهیزات، و پیاده کردن چتربازان ـ با سرعت بسیار زیادتری پیموده و منطقهٔ مورد نظر را فتح کند.

به فرض در یک جنگ واقعی، امریکا بتواند از سپر دفاع ضد موشکی و ضد هوایی ایران عبور کرده، ظرف یک روز، یک یا دو لشکر را در بیابان‌های منطقه پیاده کرده، و به سمت تهران یا سایر شهرهای ایران روانه کند. در این صورت، اگر امریکا توانست با استفاده از نیروهای هلی‌برد از نیروهای خود در منطقه استفاده کند، احتمال وقوع چه اتفاقاتی وجود دارد؟ آیا امکان دفاع موشکی یا دفاع کوتاه‌برد ضد هوایی را در شهرهایمان داریم که در صورت وقوع عملیات هلی‌برد بتوانیم هواپیماهای دشمن را، که ناچارند در سطوح پایین‌تر پرواز کنند، هدف قرار دهیم؟ این سؤالی بسیار مهم است، که باید به آن توجه کنیم.

امریکا در ماجرای طبس ثابت کرد اساسی‌ترین راه برای رسیدن به اهدافش، استفاده از قدرت هلی‌برد و امتناع از درگیری تا رسیدن به اهداف خاص مورد نظر است؛ همان طور که این تجربه آشکارا در جنگ عراق به مرحلهٔ اجرا گذاشته شد. بنابراین، ارزیابی دقیق از عملیات هلی‌برد و درک درست از ظرفیت‌های دفاع در برابر آن از واجب‌ترین امور در حوزهٔ دفاع در برابر تهاجم دشمن است.

دسترسی به اهداف با قدرت هلی‌برد می‌تواند برای آن‌ها در عملیات‌های مختلف راه‌گشا باشد. امریکا مسیری بسیار طولانی را در جریان حمله به ایران با هواپیماهای نظامی طی کرد و در نظر داشت با استفاده از مسیر طبس تا تهران را، با هماهنگی نیروهای داخلی از نقاط کور رادار بگذرد، و با توجه به طراحی‌ها و برنامه‌ریزی‌های انجام‌شده از نیروهای هلی‌برد برای ورود به سفارت امریکا، و خارج کردن گروگان‌ها استفاده کند. قطعاً در یک عملیات بسیار جدی جنگی

استفاده از این روش بسیار گسترده‌تر و پیچیده‌تر خواهد بود.

قدرت گسترش و توزیع نیروهای عملیات هلی‌برد

باید به این نکته توجه کرد که در صورت وقوع جنگ زمینی، عملیات هلی‌برد و پیاده کردن چترباز نیروی زمینی امریکا، و توزیع نیروها در سطح کشور فرایندی بسیار جدی در عملیات نظامی امریکا به شمار می‌رود.[1] آن‌ها به‌هیچ‌وجه برای جنگ با دشمنان به پیاده‌روی در صحراها عادت ندارند. به سبک جنگ جهانی اول و دوم نمی‌جنگند و ترجیح می‌دهند با استفاده از هلی‌کوپتر و عملیات هلی‌برد، مسیر جدیدی را در پیش گرفته، به گلوگاه‌های دشمن در نقاط خاص حمله، و آن مناطق را بعد از بمباران و پیاده کردن سایر نیروها تصرف کنند. ساده‌لوحی است اگر فرض کنیم نیروی امریکا در خلیج فارس پیاده خواهند شد و تا تهران پیاده و زمینی خواهند جنگید. آن‌ها به‌خوبی می‌دانند که در این مسیر طولانی، قطعاً دچار مقاومت‌های شدیدی خواهند شد و باید در مسیر هزینه‌های بسیار سنگینی بپردازند.

اهداف امریکا به‌هیچ‌روی بدون عملیات هلی‌برد و موشک‌باران گستردهٔ سیستم موشکی کروز حاصل نخواهد شد. باید به این دو نکتهٔ اساسی توجه کرد که عملیات هلی‌برد راه‌حل اساسی و امتیاز گستردهٔ امریکا در برخورد و تصرف یک سرزمین است؛ بنابراین برای گزینهٔ حضور نظامی امریکا با استفاده از عملیات هلی‌برد، باید چاره‌ای مهم اندیشید؛ چون اگر برای نیروهای زمینی خودی این امکان به وجود بیاید که امریکا را در یک یا دو اقدام اول عملیات هلی‌برد شکست بدهند، قطعاً این شکست موجب خواهد شد در جاهای دیگر ایران

---

۱. پیترز، جان، همان، ص۲۰۳.

دیگر عملیات هلی‌برد انجام نشود؛ همچنان که عملیات انتصاریه در لبنان ثابت کرد که اسرائیل در سیستم دفاعی ضد اطلاعاتی خود دچار شکست شده و حزب‌الله لبنان در آن نفوذ پیدا کرده است. به همین دلیل، عملیات نظامی خود را در منطقهٔ جنوب لبنان با محدودیت بیشتری همراه کرد، و در نهایت از سرزمین لبنان خارج شد. اما باید توجه داشته باشیم که این موفقیت بعد از گذشت سال‌ها با مقاومت و نفوذ در نیروهای دشمن حاصل شد، و ما در زمان مواجهه با امریکا فرصت چندانی نخواهیم داشت.

از اساسی‌ترین مسائلی که باید به آن توجه کنیم، خنثی کردن عملیات‌های هلی‌برد امریکا است. همان طور که گفتیم، ساده‌لوحی است اگر فکر کنیم حملهٔ امریکا به شکل عملیات نظامی زمینی همراه با تصرف سنگر به سنگر صورت می‌گیرد؛ اما برای مقابله با نیروهای پیاده‌شده‌شان شاید ناچار شویم از چنین روشی بهره بگیریم. بنابراین، این سیستم عملیات ممکن است از جانب نیروهای خودی اتفاق بیفتد.

ما باید خود را برای برخورد گسترده با عملیات‌های هلی‌برد متعدد و متنوع امریکا آماده کنیم. به این شکل که حتی به آن‌ها اجازهٔ فرود ندهیم. این کار برای ما، که در سرزمین خودمان می‌جنگیم، امتیازی بسیار بزرگ خواهد داشت و آن این است که می‌تواند سایر حلقه‌های نفوذ امریکا را به‌شدت تحت فشار قرار داده، و به چالش بکشاند؛ بنابراین باید در مناطق حساسی که امکان هلی‌برد نیروهای امریکایی وجود دارد، نیروهای آماده‌ای گماشت، تا از هر گونه عملیات هلی‌برد جلوگیری کند. این کار نظامیان هر منطقه را در خصوص پی‌ریزی طرح‌های متعدد و متنوع مجاب می‌کند. مهم‌تر اینکه نیروهای مردمیِ کنترل‌پذیر و کنترل‌ناپذیر هم می‌بایست در این خصوص آگاهی‌های لازم را کسب کنند.

همین امر موجب خواهد شد نیروهای ایران، مانند نیروهایی که در عراق با امریکایی‌ها می‌جنگیدند، برای امریکایی‌ها نیروهایی متفاوت و ناشناخته باشند. ما باید لایه‌های دفاعی پنهان و آشکار خود را تنظیم و طبقه‌بندی کنیم. تاریخ نشان داده است که چون ژاپن در جنگ با امریکا ارتشی واحد و مشخص داشت، با افزایش فشار امریکا بر این کشور شکست خورد. سپس امریکا برای آنکه هژمونی و برتری خود را تثبیت کند، دست به بمباران هسته‌ای بی‌رحمانه‌ای زدند. قطعاً حاکمان کنونی امریکا به مراتب بی‌رحم‌تر از هاری ترومن دموکرات هستند.

در مواجهه با این ارتش، اگر دفاع پراکنده و متنوع باشد، و نیروهای امریکایی ندانند با چه کسی می‌جنگند، فشار بیشتری بر نیروی نظامی و مهاجم امریکایی وارد می‌شود؛ تا اینکه به صورت ارتشی واحد بخواهیم با امریکا برخورد کنیم.

شیوه ها و ترفندهای عملیاتی امریکا در حملهٔ احتمالی به ایران

واقعیت این است که باید محاسبات دشمن را از منظر خود او بررسی، و از منظر استراتژیک با نیروی خودی و فرایند عکس‌العملی متقابل ارزیابی کرد. ممکن است این ارزیابی و محاسبات استراتژیک برخوردها تا چند لایهٔ متفاوت و تو در تو صورت گیرد، تا شیوه‌ها برای دشمن نخ‌نما نشوند. چون نیروی یک کشور بیش از آنکه عرصهٔ توانایی میدانی باشد، جولانگاه توانایی‌ها و ارزیابی‌های استراتژیک، ظرفیت‌سازی حداکثری از حداقل نیروهای محدود خودی، و بهره‌گیری از بهترین و کوتاه‌ترین فرصت‌ها است. تحلیل و محاسبهٔ فرصت و شیوه‌هایی که ممکن است یک دشمن به کار بگیرد، قطعاً به اشتباهات بسیار بزرگی منتهی می‌شود.

حضرت امیرالمؤمنین(ع) در جریان جنگ جمل به فرزند خود، محمد حنفیه، تأکید می‌کنند که هیچ‌گاه نباید به عرصه و میدانی که دشمن می‌خواهد و نیت اصلی او است، کشیده شود. امام خمینی(ره) نیز در جریان رهبری انقلاب اسلامی هوشمندانه توجه داشتند که هیچ‌گاه مقاصد نهایی خویش را در برابر دشمن روشن نکنند. به همین دلیل، بزرگ‌ترین معضل امریکا در برابر انقلاب اسلامی فقدان قدرت درک واقعیت‌ها، و تصمیمات و طراحی‌های امام خمینی(ره) بوده است.[1]

ضرورت فهم استراتژی تهاجمی و عملیاتی دشمن

خواه ناخواه ما ملزم هستیم خودمان را در موقعیت دشمن قرار دهیم، و موقعیت خود را بر اساس محاسبات ما از آنچه جبههٔ مقابلمان انجام خواهد داد، تنظیم کنیم. آن وقت بر اساس فرضیهٔ نوع تقابل نهایی به طراحی استراتژی خود بپردازیم؛ ضمن اینکه باید توجه کنیم که دشمن ممکن است برای ذهنیت استراتژیک ما یک یا چند شیوهٔ ضد را طراحی کرده باشد. اگر چنین باشد، لایهٔ بعدی عملیات باید بررسی شود. این مسئله ممکن است تا چند لایه استراتژی عملیاتی تداوم یابد. بنابراین، نخ‌نما شدن شیوه‌های عملیاتی در جنگ یا هر تقابل دیگری موجب شکست خواهد شد. در یک مسابقهٔ فوتبال ممکن است مربیان با تغییر روش و مطالعه بر روی روش‌های مختلف بتوانند بر یک‌دیگر غلبه کنند. اگر مربی بتواند شیوهٔ طرف مقابل را پیش‌بینی کند، قطعاً امتیازات بسیار زیادی به دست می‌آورد.

جنگ‌های مهم تاریخی همیشه جنگ میان افکار استراتژیست‌ها، محاسبه‌گران، و طراحان تاکتیک‌های نظامی بوده است. بهره‌گیری از

---

۱. طلیعهٔ انقلاب اسلامی: مجموعه بیانات و پیام‌های امام خمینی در سال ۱۳۵۷ در خارج از کشور، تهران، نشر دانشگاهی، ۱۳۶۱.

فرصت‌های متعدد، دسترسی به آب و تپه‌ها و بلندی‌ها، دسترسی به مراکز مهم و حساس، قطع ارتباط دشمن با دریا، نیروهای کمکی، و مواد سوختی و نفت ممکن است شیوه‌های مختلفی باشد که در طول تاریخ، قهرمانان جنگ‌ها از آن‌ها بهره گرفته‌اند. مشهورترین نظامیان کسانی بودند که در نوع استفاده از نیروی خود در جنگ از قدرت خلاقهٔ بیشتری برخوردار بوده، و توانستند از آن بهتر بهره بگیرند.

ضرورت آموزش عمومی استراتژی دفاعی و راهکارهای دفاعی در برابر آن

اصلی‌ترین مسئله‌ای که در جریان جنگ احتمالی با امریکا خواهیم داشت، آن است که باید وضعیت اهداف، شیوه‌ها، و سیاست جنگ دشمن را به مردم آموزش دهیم. بدانیم طرف مقابل از چه مسیری بهره خواهد برد و برای شکست دادن ما چه راهی را طی خواهد کرد، تا بتوانیم بر اساس آموزش و آگاهی مردم دفاع عمومی را آگاهانه هدایت کرده و بر اساس شناخت هدفمند از راه‌های مختلف با حملهٔ دشمن برخورد کنیم، تا در موضعی که دشمن می‌خواهد، قرار نگیریم.

حضرت امام خمینی(ره) در گفت‌وگوهای مختلف از چگونگی پیروزی خود در برابر امریکا و رژیم پهلوی به این نکتهٔ ظریف اشاره کرده است: «من در مبارزهٔ خود متوجه بودم که آن‌ها چه چیزی را از من می‌خواهند، و قصد دارند مرا به چه موضعی بکشانند، و همیشه عکس آنچه آنان می‌خواستند عمل می‌کردم.» ممکن است این جمله، جمله ساده‌ای باشد؛ اما واقعیتی استراتژیک است. وقتی دشمن می‌خواهد شما را به نقطه‌ای برساند، برای رساندن شما به آن نقطه برنامه‌های مختلفی طراحی کرده است، و شما مجبور خواهید شد در زمین مورد

نظر دشمن گرفتار شوید ـ که این راه مبارزه را بسیار پیچیده خواهد کرد.

امریکا و مشکل برخورد با استراتژی‌های متفاوت

باید دانست که امریکا، در یک جنگ احتمالی با ما، حداقل با یک پیش‌فرض اساسی ممکن است از چه رویه‌هایی استفاده کند. به نظر می‌رسد در فضای فعلی جهان، امریکا به سبب ورود به عراق و اشغال آن دچار مشکلات اساسی شده است؛ اما این مشکلات به این معنا نیست که سیاست امریکا در عراق به اهداف خود نرسیده است. امریکا در عراق فقط توان تثبیت مطلق اوضاع را ندارد و نمی‌تواند اوضاع ثابت و امنی را فراهم کند. این بدان معنا نیست که آن‌ها امکان بهره‌گیری از قدرتی گسترده را، که بتواند بخش وسیعی از نیروهای آن‌ها را بر جامعهٔ عراق غالب کند، نداشته باشند. مشکل اساسی امریکا در عراق آن است که امریکایی‌ها با شیوه‌های متعددی از درگیری‌های نظامی محاسبه‌نشده مواجه، و در برخورد با طیف‌های مختلف دچار چندگونگی و بحران شده‌اند. بنابراین، به نظر می‌رسد تصور اینکه با سقوط صدام به طور کامل بر عراق مسلط خواهند شد، و مردم عراق نیز با ملاحظهٔ سوابق تاریخی صدام و جنگ‌های گذشته کاملاً تسلیم شده و در برابر آن‌ها مقاومت نکنند، به طور کامل صورت واقعیت به خود نگرفت.

شیوه‌های عملیاتی امریکا در ایران

ما بر اساس اینکه چه اتفاقی ممکن است در ایران بیفتد، خود را برای دفاع از سرزمین و جامعهٔ خود آماده می‌کنیم. فرض ما این است که امریکا ممکن است یکی از چند شیوهٔ زیر یا ترکیبی از شیوه‌های مختلف

را برگزیند ـ که البته محتمل‌ترین وضعیت آن است که امریکایی‌ها مرحله به مرحله وارد هر یک از این فرایندها شوند.

۱. حملهٔ موشکی محدود و مقطعی

اولین رویه‌ای که امریکا در برخورد با ما پیش خواهند گرفت، حملهٔ موشکی از نقطه‌ای واحد یا چند نقطهٔ مختلف خواهد بود. امریکایی‌ها از پایگاه‌ها یا ناوهای هواپیمابر خود در منطقه می‌توانند نقاط مختلف کشور ما را با موشک‌های کروز هدف قرار دهند. به نظر می‌رسد امریکایی‌ها ترجیح خواهند داد در گام اول، خود را گرفتار عملیات گسترده نکنند؛ بلکه با تجربهٔ یک عملیات حملهٔ موشکی محدود در گام اول بتوانند اهداف خود را در ایران به دست آورده و دولت مرکزی را به تسلیم وادار کنند. بعد از این مرحله، اگر دولت و مردم ایران در برابر حملات موشک‌های کروز امریکایی‌ها تسلیم نشدند، راه دیگری را در پیش بگیرند؛ چنان که طبق شواهد تاریخی، این مسئله در سودان و افغانستان تجربه شده است. در سودان، امریکایی‌ها بعد از اینکه به کارخانه‌های داروسازی این کشور حملهٔ موشکی محدودی کردند، هماهنگ با اهدافشان، حمایت خود را از گروه‌های مخالف امریکا، که بعدها به القاعده مشهور شدند، برداشتند. اما در افغانستان، در گام اول، دولت کلینتون با حملهٔ موشکی پایگاه‌های القاعده را هدف قرار داد. وقتی نتوانست بعد از این حملهٔ موشکی، اهداف خود را کاملاً در افغانستان به دست آورد، مرحله به مرحله وارد وضعیت جدیدی از جنگ شد. در افغانستان حد فاصل دو عملیات زمان محدودی داشت؛ چون حادثهٔ یازده سپتامبر ۲۰۰۱ موجب تعجیل حملهٔ امریکا به افغانستان شد. در عراق نیز چنین وضعیتی حاکم شد. امریکایی‌ها

در گام اول تصور می‌کردند با حملهٔ موشکی و بمباران می‌توانند دولت عراق را تسلیم کنند، و آن کشور را بدون استفاده از نیروی زمینی یا بمباران گسترده به تصرف درآورند.

ما معتقدیم که گام اول امریکایی‌ها حمله از چند نقطه و از مراکزی چون ناوهای هواپیمابر امریکا است. چون استفاده از پایگاه‌های مختلف در مناطق هم‌جوار ایران ممکن است منطقه را به بحرانی گسترده بکشاند. به نظر می‌رسد این شیوه در مدتی کوتاه تداوم پیدا کند. معتقد هستیم این بار به دنبال حملهٔ موشکی محدود و به‌رغم مخالفت بین‌المللی و کشورهای جهان، عملیات گسترده به گونه‌ای دیگر آغاز شود.

۲. حملهٔ موشکی گسترده

این واقعیتی است که امریکا در همهٔ سرزمین‌های اطراف کشور ما، برای موشک‌بارانی گسترده از هر سو، پایگاه نظامی و موشکی و فرصت فیزیکی فراوانی دارد؛ تا آن حد که بتواند سراسر کشور را از منابع اقتصادی و زیربنایی گرفته تا پل‌ها، راه‌آهن، بنادر، کارخانه‌ها، فرودگاه‌ها، پادگان‌های نظامی، بیمارستان‌ها، دانشگاه‌ها، مراکز اداری و سیاسی، و البته تأسیسات هسته‌ای را هدف قرار دهد. در این میان امریکا بدون تعارف همهٔ ساختمان‌های بلند مسکونی را نیز هدف قرار می‌دهد.

شاید به نظر برسد امریکا با بخش ثروتمند و سکولار جامعهٔ ایران مشکل چندانی نداشته باشد. ما با این فرض، چه به صورت تصور و چه به صورت تصدیق، موافق نیستیم؛ بلکه معتقدیم این کشور برای تحت فشار قرار دادن الیگارشی اقتصادی و سیاسی و حتی علمی مسلط، که دارای مکنت و قدرت و اهرم فشار بیشتری هستند، آن‌ها را به‌شدت تحت فشار قرار خواهد داد. از باب مثال، برای امریکا خرابی یک

محلهٔ جنوب شهر نشان عجز و ضعف، و موجب افزایش تقویت روحیهٔ مقاومت و دفاع ملی در میان مردم جامعه و محرومانی که چیزی برای از دست دادن ندارند، خواهد شد؛ اما فروریختن برج‌های بزرگ شمال تهران می‌تواند مظهر اقتدار حملهٔ دقیق و فروکاهیدن قدرت دشمن مقابل امریکا باشد. افزون بر این، هدف‌گذاری موشک‌های کروز در برابر چنین ساختمان‌های بلند برای جامعهٔ ثروتمند و نیز متنفذ جامعه، به مراتب آسان‌تر و در عین حال ترس‌آورتر و تسلیم‌کننده‌تر خواهد بود.

۳. بمباران هوایی گسترده

چنانچه امریکا با حملهٔ موشکی محدود و گسترده نتواند به اهداف خود برسد، فرض دیگر حملهٔ هوایی و بمباران‌های گسترده خواهد بود. حملهٔ هوایی گسترده نیز در گام اول، ترجیحاً از پایگاه‌های مخصوص به خود و ناوهای هواپیمابر شروع خواهد شد؛ چون در این وضعیت منطق جنگ اقتضا می‌کند که کشورها را وارد درگیری نکند. هرچند امریکا در طول جنگ‌های گسترده‌اش، به دنبال شرکای متعدد و اجماع علیه کشور تجاوزشده بوده است؛ در این مرحله دولت‌ها ترجیح می‌دهند وارد جنگ با ایران نشوند. بنابراین، بهتر است امریکا در تسویه‌حساب با ایران، در گام اول از پایگاه‌های خود استفاده کند. بنابراین، معتقدیم امریکا ممکن است به منظور ایجاد سردرگمی و بحران در نیروهای دفاعی ایران و دولت‌های منطقه علیه ایران از آن پایگاه‌ها استفاده کند. این عملیات زمانی اتفاق خواهد افتاد که امریکا از برد موشک‌ها و قدرت بهره‌گیری ایران از موشک، یا سیستم دفاع هوایی ایران مطمئن باشند و ایران این اجازه را پیدا نکند که به مراکز یا پایگاه‌های نیروهای امریکایی مستقر در مناطق اطراف ایران حملهٔ متقابل انجام دهد.

ضرورت تمرکز قدرت در برخورد اول

همان طور که پیش از این مطرح شد، آنچه اهمیت دارد این است که در صورتی که امریکایی‌ها دست به عملیات کروزباران در ایران بزنند، آیا ایران برای مقابله و برخورد در گام اول امکانات گسترده‌ای در اختیار دارد، یا خیر؟ بی‌تردید در صورت آغاز عملیات کروزباران، چنانچه ایران بتواند دست به عملیات متقابل مشابه زده و ضربات جدی بر امریکا و اهدافی که پیش‌بینی شده است، وارد کند، امریکا ترجیح خواهد داد جنگ را ادامه ندهد. امریکایی‌ها ثابت کرده‌اند در جنگی که در آن امکان شکست وجود دارد، وارد نمی‌شوند. ولی چنانچه ایران پاسخ مقتضی و لازم را در برخورد اول ندهد، به طبع امریکایی‌ها ترجیح می‌دهند با گسترش جنگ، فضا و توازن رعب و وحشت را به نفع خودشان تغییر دهند. بی‌شک در صورتی که دشمن خارجی دست به عملیات نظامی در ایران بزند و کشورمان نتواند برخورد لازم را با اولین عملیات انجام دهد، فضا و توازن رعب و وحشت به نفع دشمن تغییر خواهد یافت. در این صورت، هر گونه شعار و ادعا فایده‌ای ندارد و نمی‌تواند جامعه را به شجاعت لازم برای دفاع جدی برساند.

تجربهٔ تاریخی ثابت کرده است که امریکا در صورت مواجه شدن با تقابل طرف مقابل فوراً عقب‌نشینی خواهد کرد. ماجرای عقب‌نشینی امریکایی‌ها از لبنان یکی از این نمونه‌ها است. آن‌ها در نظر داشتند بر یکی از حساس‌ترین کشورهای خاورمیانه احاطه پیدا کنند؛ اما این امر به دلیل عملیات «مارینز»، که مقرّ نظامیان را در بیروت منفجر کرد و به دنبال آن مقرّ نظامیان فرانسوی نیز منهدم شد، ناکام ماند. پس از آن، با خروج امریکایی‌ها، فرانسوی‌ها، و ایتالیایی‌ها از لبنان، هیمنهٔ نظامی و هیئت گستردهٔ دیپلماتیک امریکا در لبنان به حداقل نفرات

ممکن تقلیل پیدا کرد و دیگر هوس ورود به لبنان به سرشان نزد؛ تا اینکه بعد از درگیری‌های اخیر گروه افراطی فتح‌الاسلام در اردیبهشت و خرداد ۱۳۸۶ به فکر ورود نظامی به این کشور افتادند ــ که در عمل به نتیجه نرسید.

بنابراین، اینکه اگر امریکایی‌ها در گام اول دست به عملیاتی بزنند و ایران خویشتن‌داری ورزد و در صورت خویشتن‌داری ممکن باشد امریکایی‌ها از ادامهٔ عملیات باز بمانند، تصور باطلی است؛ چون خویشتن‌داری ایران بر میزان رعب و وحشت در کشور می‌افزاید. وقتی این توازن به نفع دشمن تغییر یابد، خواه‌ناخواه شکست قطعی خواهد بود.

بنابراین، در گام اول ایران می‌بایست بدون هیچ تردیدی و به هر قیمتی که شده، با دشمن برخورد متقابل انجام دهد. اگر امریکا وارد گام دوم شود، اقدام متقابل ایران می‌تواند به همین صورت گسترش یابد. ممکن است در برخی بخش‌ها دارای امکانات گسترده مشابه نباشیم و ضعف و کاستی‌هایی داشته باشیم؛ اما باید این ضعف و کاستی‌ها را با عملیات‌های دیگری، که در آن‌ها دارای ظرفیت‌های وجودی هستیم، پوشش دهیم. مثلاً ممکن است امریکایی‌ها تلاش کنند مرگ را به درون خانهٔ همهٔ مردم ایران بیاورند. در این صورت می‌توانیم در برابر این اقدام رویه‌ای مشابه را مفروض بدانیم.

ضرورت فشار بر اسرائیل برای کاهش فشارهای امریکا

ایران باید بتواند با اقداماتی که انجام می‌دهد، مرگ را به درون پایگاه‌های نظامیان امریکایی در خاورمیانه بکشاند و اسرائیل را هدف قرار دهد؛ چون همگان می‌دانند آشفته شدن اوضاع در اسرائیل فشار شدیدی را بر امریکا وارد خواهد کرد. در واقع، این امکانی برای ایران

است که بتواند هم‌زمان با اسرائیل برخورد کند. اما نکتهٔ مهم این است که وارد کردن اسرائیل به میدان جنگ در وضعیتی که ایران ترجیح می‌دهد فقط با یک طرف بجنگد، ممکن است چندان به مصلحت نباشد. این گزینه‌ای است که در وضعیت خاص، باید راجع به آن تصمیم گرفت. امکان دارد امریکا به صورت همراه و مشترک با اسرائیل به ایران حمله کند؛ یا اینکه اسرائیل را، مانند جنگ با عراق، درگیر عملیات نظامی در مناطق مربوط به ایران کند. به نظر می‌رسد امریکایی‌ها ترجیح می‌دهند چنین وضعیتی اتفاق بیفتد، تا امنیت در اسرائیل دچار خدشه نشود؛ آن چنان که در جریان جنگ عراق، امریکا به اسرائیل توصیه کرده بود که در برابر موشک‌باران عراق خویشتن‌داری به خرج دهند.

پرواضح است موشک‌باران عراقی‌ها تأثیر چندانی در امنیت اسرائیل نمی‌توانست بگذارد. موشک‌های نه چندان دقیق اسکاد عراقی کوچک، ضعیف، و دارای کلاهک انفجاری بسیار کوچکی بودند. به طبع انفجار چند موشکِ حامل حدود صد یا پنجاه کیلوگرم مواد منفجره، تأثیر چندانی در امنیت اسرائیل نمی‌توانست بگذارد. در صورت اتخاذ گزینهٔ حملهٔ هوایی گسترده و فشار امریکا بر زندگی شهروندان ایرانی، ایران باید بیندیشد که برای دست کشیدن امریکایی‌ها از عملیات تهاجمی، چگونه می‌تواند زندگی شهروندان امریکایی را از راه‌های مختلف تحت فشار قرار داده، و توازن وحشت را برقرار کند.

۵. جنگ زمینی و اشغال سرزمینی با عملیات‌های هلی‌برد

اقدامی که ممکن است بعد از این مرحله اتفاق بیفتد، امکان بهره‌گیری از نیروی زمینی و بهره‌مندی از قدرت هلی‌برد است. ما معتقدیم امریکا ترجیح می‌دهد حتی‌الامکان از قدرت هوایی خود بهره بگیرد، و با

ایران وارد جنگ زمینی نشود؛ چون ورود به سرزمین ایران برای امریکایی‌ها، به لحاظ حضور نیروهای نظامی پیاده، مشکلات بسیاری به دنبال خواهد داشت.

حملهٔ زمینی عملیات مکمل موشک‌باران و بمباران‌های هوایی است؛ چون در هر جنگی تا زمانی که نیروی مهاجم نتواند بر زمین کشور تحت تهاجم احاطه پیدا بکند، پیروز میدان به شمار نمی‌رود. عرف نظامیان بر این مسئله استوار است که در هر جنگی می‌بایست سرزمین دشمن به اشغال درآید، و نیروی زمینی بتواند در آن منطقه مستقر شود. در غیر این صورت، ممکن است بمباران هوایی و عملیات موشک‌باران فقط در از بین بردن ظرفیت‌ها، امکانات، و منابع زیربنایی دشمن به کار آید.

بنابراین، به نظر می‌رسد چنانچه درگیری به موشک‌باران و بمباران هوایی رسید، ممکن است زمینه‌های لازم برای حملهٔ زمینی فراهم آید. با این وصف، امریکایی‌ها ترجیح می‌دهند جنگ در مرحلهٔ اول باقی بماند و در اثر بمباران‌های گسترده، ایران به تسلیم واداشته شود ـ که البته در صورت تسلیم، ورود نیروی زمینی عملیاتی خواهد شد.

باید توجه داشت که در صورت ناکامی آن‌ها در به تسلیم رساندن دولت ایران، ممکن است به‌اجبار جنگ به مرحلهٔ عملیات زمینی کشیده شود. شاید استراتژیست‌های ایرانی ترجیح دهند امریکا را روی زمین هدف قرار دهند، تا در هوا و دریا. به باور بسیاری، تلفات وارده بر نیروهای نظامی این کشور در زمین به مراتب بیشتر از یک جنگ هوایی و موشکی خواهد بود.

تجربه ثابت کرده است که امریکا در عملیات زمینی به‌هیچ‌روی به شیوهٔ جنگ‌های معمول جهان عمل نمی‌کند. این تصور که امریکایی‌ها

به شیوهٔ جنگ جهانی اول یا دوم، وجب به وجب و در واقع با عبور از مواضع زمینی به مواضع جدید دسترسی پیدا بکنند، تصوری باطل است. حضور امریکا در جنگ جهانی دوم و جنگ‌های بعدی ثابت کرده است که امریکاییٍها به شیوهٔ سنتی وارد جنگ زمینی نمی‌شوند. این تصور که امریکا مثلاً در یکی از بنادر ایران نیرو پیاده کرده و آرام‌آرام به سمت مرکز حرکت کند، تصوری ساده‌بینانه است.

امریکا برای ورود به مرزهای ایران، به طبع از عملیات هلی‌برد استفاده خواهد کرد. فقط در چنین وضعیتی است که امریکا می‌تواند فشار بیشتری بر طرف مقابل خود وارد کند. برای اینکه زمینهٔ ایجاد خط دفاعی واحد برای تمرکز زمینی خود را از دست دشمن بگیرد، و دشمن را به افتتاح خطوط دفاعی متعدد وادارد، می‌کوشد نیروهای طرف مقابل را به شکل نیروهای متعدد درآورد؛ چون به طبع پشتیبانی روانی در نبرد زمینی می‌تواند برای درهم شکستن نیروی مدافع تأثیرگذارتر باشد. بنابراین، تصور جنگی شبیه جنگ ایران و عراق، جنگ خاکریزی، یا حتی جنگی به شکل آنچه در لبنان و اسرائیل اتفاق افتاد ـ یعنی آخرین جنگی که در جهان رخ داد ـ تصوری ساده‌بینانه است، و خواه ناخواه ایران، ضمن دفاع در مناطق مرزی، باید خود را برای دفاع از مناطق پیرامونی نیز آماده کند.

آنچه واقعاً اتفاق خواهد افتاد، این است که امریکا ترجیح می‌دهد نیروهای خود را در منطقه‌ای در داخل ایران با عملیات هلی‌برد پیاده کرده، مناطق مختلفی را باز هم با استفاده از این شیوه هدف قرار داده، و نیروهای خود را در استان‌های متعدد پیاده کند. ما باور داریم که این شیوه معمول‌ترین شیوهٔ عملیات نظامی امریکایی‌ها است؛ چون هلی‌برد این مزیت را برای امریکایی‌ها دارد که بخش‌های وسیعی از خاک

ایران را، بدون طی مسافت و مشکلات زمینی، تصرف خواهد کرد.

اگر امریکا بخواهد به نقاطی نظیر لرستان یا استان اصفهان وارد شود، یا بخش‌های وسیعی از کشور را دچار انشقاق محیطی و تجزیهٔ سرزمینی کند، ما می‌بایست برای جلوگیری از عملیات هلی‌برد چاره‌ای بیندیشیم. تا جلوی عملیات‌های مشابه آن را در سایر بخش‌های دیگر نیز بگیریم. در حال حاضر، ممکن است امریکا نتواند به عملیات گسترده و موفقی دست بزند؛ چون حضور نیروهای متعدد و جنگ‌دیده در کشور مانعی است اساسی برای گسترش قدرت و تجاوز هر نیرویی که بخواهد در داخل مرزهای ایران با عملیات هلی‌برد وارد شود.

آشنایی با ویژگی‌های زمین و محیط، همچنین نگرانی به وجودآمده از ورود دشمن به سرزمین ما ممکن است جامعهٔ ایران را با شکل خاصی از دفاع همراه کند. اگر امریکا در ایران دست به عملیات هلی‌برد بزند، به نظر نمی‌رسد ایرانی‌ها چندان منتظر نیروهای نظامی رسمی بمانند. تجربه‌های تاریخی در ایران ثابت کرده است که در بخش‌های مختلف کشور ایران، مردم با دست خالی جلوی نظامیان ایستاده‌اند، و نظامیان هم به خلع سلاح یا تسلیم و فرار مجبور شده‌اند. بنابراین، ممکن است در مرحلهٔ طراحی استراتژیک، عملیات هلی‌برد برای امریکا عملیاتی منطقی جلوه کند؛ اما در داخل خاک ایران، این تصور را داریم که ورود امریکایی‌ها به هر نقطه از کشور ما قطعاً با واکنش شدید نظامی و مردمی مواجه خواهد شد. ظرفیت بالای نیروی آموزش‌دیدهٔ غیر حرفه‌ای و غیر مسلح، و حرفه‌ای و مسلح در داخل کشور این امکان را ایجاد خواهد کرد که امریکا در محاسبات خود در عملیات‌های هلی‌برد، که ممکن است از سازمان‌های جاسوسی در داخل ایران حاصل شده باشند، اشتباه کند. مثلاً در ارزیابی این نکته که

کدام لشکر در کدام نقطه از کشور مستقر است، و این لشکر چه میزان نیرو و امکانات در اختیار دارد، اشتباه کند؟

نکاتی دربارۀ جنگ زمینی و توجه به واقعیت‌های طرفین

در بحث جنگ زمینی، ما می‌توانیم چند زمینه را تصور کنیم:

۱. تصرف یک یا چند استان مهم

از فرض‌های شیوۀ جنگ زمینی امریکا در ایران این است که امریکا به تصرف یکی از استان‌ها، یا چند استان مهم ایران مبادرت ورزد، و با این کار نیروهای ما را تحت فشار قرار داده و کنترل کشور را به دست بگیرد. در این صورت، به طبع استان‌ها و بنادر جنوبی ما جدی‌ترین طعمه برای امریکایی‌ها خواهند بود؛ چون بخش عظیمی از صنایع نفت و گاز ایران و صنایع زیربنایی در این استان‌ها مستقر است.

این تصور نیز وجود دارد که ممکن است امریکا به دورترین نقاط ایران هجوم آورده و به جای آنکه جنگ را در سواحل خلیج فارس پی بگیرد، به نقاط ساحلی دریای عمان هجوم آورد؛ چه اینکه دوری آن‌ها از مرکز حمله ممکن است توان دفاعی و هجومی ایران را به حداقل برساند؛ ضمن اینکه بتواند از ظرفیت‌های جغرافیایی و انسانی بعضی از کشورها نظیر فرقه‌های متعصب ضد شیعیِ بعضی از مناطق، نظیر پاکستان، علیه ایران بهره گیرد.

۲. حمله به سراسر کشور

فرض دیگر این است که امریکا از بخش‌های مختلف مرزی ایران وارد عمل شود، و با اعمال فشار بر همۀ نواحی کشور، کل کشور را

به لحاظ نظامی به چالش بکشاند. این فرض در صورتی درست است که امریکا توان استفاده از پایگاه‌های اطراف کشور ما را داشته باشد؛ پایگاه‌هایی که در ازبکستان، قزاقستان، آذربایجان، عراق، افغانستان، پاکستان، یا شاید ترکیه وجود دارند. بنابراین، در چنین وضعیتی، اگر امریکا بخواهد از چند سو به خاک ایران حمله‌ور شود، احتمال شیوع جنگ و گسترش آن به حوزه‌ای فراتر از حوزهٔ برخورد اصلی میان ایران و امریکا امری قطعی، طبیعی، و بدیهی خواهد بود.

پس، این فرض ممکن است برای امریکایی‌ها کارسازتر و در عین حال فشار آن روی ایران شدیدتر باشد؛ اما موجب تفرّق نیروهای امریکایی است. به نظر می‌رسد اگر امریکا به چنین عملیاتی در ایران دست بزند، به سبب امکان قطع ارتباط آن‌ها با نیروهای پشتیبانی، و همچنین امکان محاصره و بسیج نیروهای محلی و نیروهای نظامی منطقه و فشار مداوم عملیاتی به آن‌ها امکان اضمحلال این نیروها به مراتب بیشتر خواهد بود. البته ایران نیز مشکلات زیادی خواهد داشت؛ چون ناچار خواهد بود هم‌زمان در چندین جبهه وارد عملیات و نبرد شود.

به نظر می‌رسد وقتی دفاع در ایران علیه جنگ زمینی امریکا آغاز شود، بیشترین فشار از سوی نیروهایی اعمال خواهد شد که به‌هیچ‌روی در ارزیابی‌های امریکا قرار نگرفته و نخواهد گرفت. در این صورت، برای امریکا شکست حتمی و برای نیروهای خودی خسارت بسیار گسترده‌ای را به دنبال خواهد داشت. امریکا باید این را بداند که هر گاه دشمنان خارجی ایران از نقاط مختلف وارد این کشور شده‌اند، مردم ایران در دفاع از خود، سربازان دشمن را با شدت هر چه تمام‌تر سرکوب کرده، و آرزوی دیدار خانواده‌های آنان را به دل آن‌ها گذاشته‌اند. البته این نتیجه در شرایط بسیار متفاوت و نابرابر ایجاد

شده بود؛ در حالی که اکنون نیروهای ایرانی از امکاناتی گسترده یا امکان‌سازی گسترده‌ای برخوردار هستند. نیروهای فعلی ایران همانند چریک‌های زمان تهاجم انگلیسی‌ها نخواهند جنگید، یا مانند زمان جنگ عراق علیه ایران بی‌تجربه نخواهند بود، و دیگر مانند آن دوران با شلیک گلولۀ توپ و تانک و هواپیما ناآشنا و بی‌تجربه نیستند. بنابراین، خطر جدی برای امریکا وجود دارد، که هلی‌برد آنان در هر نقطه از خاک ایران به نوعی ورود در باتلاقی بسیار وحشتناک باشد، که ممکن است آن‌ها را، همانند نیروهای سازمان مجاهدین خلق (منافقین) در جریان عملیات مرصاد، به صورت دسته‌جمعی به کام مرگ بفرستد.

۳. ضرورت گسترش استفاده از سلاح‌های دقیق و تک‌تیرانداز

نکتۀ دیگری که در این خصوص باید توجه کرد، این است که نیروهای نظامی امریکا چنانچه در کشور پیاده شوند، از تجهیزات بهتری برخوردار هستند. امتیاز داشتن انواع جلیقه‌های ضد گلوله و سلاح‌های گسترده از برتری‌های نیروهای امریکایی است. سلاح معمول ایرانی کلاشینکف، و برد مؤثر آن حدود سیصد متر است. در مقابل سرباز امریکایی تفنگ ام ۱۶ با برد مؤثرِ به مراتب بیشتر در دست دارد. به نظر می‌رسد از بهترین راهبردهایِ ایران می‌تواند گسترش عملیات تک‌تیراندازی باشد. با این شیوه، ایران می‌تواند بر این نقطه‌ضعف خود در برابر نیروهای امریکایی غلبه کند.

قطعاً سلاح تک‌تیرانداز با دوربین و برد مؤثر بهتر می‌تواند در برابر نظامی جلیقه‌پوش تأثیرگذار باشد، و هدف‌گیری دقیق می‌تواند نیروی مقابل را به خاک بیندازد. اما سلاح‌های موجود و تفنگ‌های موجود بدون هدف‌گیری دقیق و عملیات تک‌تیراندازانه انرژی و قدرت نیروی

داخلی را در برخورد با نیروهای امریکایی کاهش می‌دهد. همین امر سبب تغییر توازن وحشت به نفع دشمن می‌شود. اگر ایران بتواند در این مسیر از عملیات تک‌تیرانداز استفاده کند، موجب می‌شود امریکایی‌ها مجبور شوند هزینه‌های سیاسی و نظامی بیشتری را بپردازند.

۴. تهدید هسته‌ای

استراتژی دیگری که امریکا، در صورت شکست مفروض در عملیات‌های مداوم هلی‌برد و نیروی زمینی، می تواند از آن به ره گیرد، تهدید هسته‌ای است. بی‌تردید امریکا ترجیح می‌دهد در گام اول خود، از تهدید هسته‌ای استفاده نکند؛ چون این کار می‌تواند همهٔ اقدامات و ادعاهای امریکا را در ایجاد نظم جدید و حفظ ساختار امنیت بین‌المللی برای جلوگیری از ورود ایران به جمع کشورهای دارای دستاوردهای هسته‌ای خدشه‌دار کند. بنابراین، امریکا از تهدید هسته‌ای در مراحل بعدی جنگ استفاده خواهد کرد. اما نکتهٔ مهم آن است که در برابر تهدید هسته‌ای ایران چه فوایدی به دست خواهد آورد؟

تجربهٔ تاریخی در ایران ثابت کرده است که در صورت وقوع جنگ، دفاع ایران دفاع واحدی نخواهد بود. تهدید هسته‌ای زمانی پاسخ می‌دهد که نیروی نظامی رسمی واحدی در کشور حکومت کند، که در برابر اقدامات نظامی خود مسئول باشد. واقعیت این است که در ایران و بر اساس روحیهٔ غیرتمندی ایرانی، نیروهای نظامی غیر مسئول و فرادولتی فراوانی در صورت وقوع جنگ زمینی وارد عرصهٔ نبرد خواهند شد، که بهترین امکان را برای ایرانیان به وجود خواهد آورد تا بتوانند هر لحظه و در هر جایی که اراده کرده‌اند، دست به اقدامات تلافی‌جویانهٔ جدی بزنند؛ ضمن آنکه ممکن است ایران بتواند نیروهای

متعددی را از کشورهای دیگر، یا حتی از امریکا علیه امریکایی‌ها به کار گیرد.

امریکا باید این واقعیت را بپذیرد که کشور ایران کشوری است تاریخی، با سابقهٔ هفت‌هزار ساله، که در همهٔ نقاط جهان ایرانیان حضور دارند. غیر از این، طیف‌های گسترده‌ای از نیروهای سیاسی و معتقد در جهان وجود دارند، که حاضرند برای دفاع از ایران و اجرای دستورات دینی در ایران دست به هر نوع فداکاری بزنند. بنابراین، بحث تهدید هسته‌ای می‌تواند برای امریکا تهدید دیگری در بر داشته باشد؛ بنابراین نمی‌تواند کارساز باشد؛ چون اگر دولت ایران در آن زمان در برابر تهدید هسته‌ای تسلیم شود، مردم مناطق مختلف ایران و ایرانیان ساکن در سراسر جهان در برابر چنین تهدیدی تسلیم نخواهند شد. ایران و دولت ایران نیز هیچ‌گاه این منطق مائوتسه تونگ، رهبر سابق چین، را نخواهند پذیرفت، که می‌گفت: «اگر ما در معرض بمباران هسته‌ای قرار بگیریم، کشور چین هشتصد میلیون نفر جمعیت دارد، نصف آن هم بمیرند، چهارصد میلیون نفر جمعیت باقی خواهد ماند.» هیچ تصوری در ایران وجود ندارد که تهدید هسته‌ای را جدی نگیرد، یا دربارهٔ بمباران هسته‌ای مطالعهٔ جدی نکند.

امریکا باید بداند که افراد دیگری در جهان هستند که توانایی دسترسی به سلاح‌های هسته‌ای را دارند، و اگر دست به تهدید هسته‌ای بزند، ممکن است خود در معرض چنین تهدیدی قرار بگیرد. در جریان جنگ عراق، کسانی همچون ایمن الظواهری اعلام کرد که توانسته‌اند از کشور قزاقستان بمب‌های اتمی مختلفی را خریداری کنند. این خود نشان می‌دهد که تهدید هسته‌ای علیه ایران فرصت را برای دیگر دشمنان امریکا فراهم خواهد کرد، که به بهانهٔ دفاع از ایران یا به بهانهٔ تهدید

هسته‌ای امریکا بخواهند با امریکایی‌ها تسویه‌حساب کنند، و آن را به حساب ایران بگذارند. بنابراین، با وجودی که ایران هیچ اعتقاد دینی و مذهبی به مسئلهٔ جنگ و تهدید هسته‌ای ندارد، این خطر برای امریکا وجود دارد که مخالفانش در نقاط مختلف جهان از تهدید مشابهی علیه خاک امریکا استفاده کنند. این مسئله چیزی نیست که امریکایی‌ها آن را به حساب نیاورند. هرچند امریکایی‌ها ممکن است این گونه به این مسئله نگاه کنند که مخالفانشان توانایی و قدرت گسترده‌ای را ندارند؛ آنچه تاکنون با آن روبه‌رو بوده‌اند، برخورد با رادیکالیسم سنی است؛ رادیکالیسم سنی‌ای که در تجربهٔ تاریخی‌اش جهاد شهادت‌طلبانه را نداشته است. واقعیت این است که جهادگرایی تشیع حقیقت و هویت دیگری دارد؛ حقیقت و هویتی که ـ برگرفته از نهضت عاشورای امام حسین(ع) ـ امریکا و اسرائیل چند سال آن را در لبنان تجربه کرده، در برابر آن شکست خورده، و نتوانستند حزب کوچکی را با اقلیتی محدود از نیروهای نظامی حذف، یا دچار مشکلات اساسی کنند؛ آن چنان که در هر برخوردی با آن‌ها، خود به خود پیروزی بیشتری نصیب این نیروها می‌شده است.

۵. اقدام به حملهٔ هسته‌ای

ترفند دیگری که ممکن است امریکایی‌ها به دنبال آن باشند، امکان بهره‌گیری از اصل حملهٔ هسته‌ای است. این تلقی که امریکایی‌ها از جنگ هسته‌ای استفاده نخواهند کرد، یا قوانین و قواعد حقوق بین‌المللی و حقوق بشری مانعی برای امریکا در استفاده از بمب‌های هسته‌ای خواهد شد، خیالی ساده‌لوحانه بیش نیست. امریکا برای گسترش هژمونی و منافع خود در جهان دست به هر کاری خواهد

زد. اگر آن‌ها بدانند که استفاده از بمب هسته‌ای علیه ایران مفید و کارساز خواهد بود، قطعاً در استفاده از چنین جنایتی تردید نخواهند کرد؛ همچنان که در ژاپن از ارتکاب چنین جنایتی دست نکشیدند، یا در ویتنام، جمعیتی فراتر از آنچه در ژاپن کشته شد، بالغ بر چند میلیون نفر، با بمباران گسترده و استفاده از بمب‌های خوشه‌ای و شیمیایی به کام مرگ فرستادند. هر تصوری از رفتار متمدّنانه (!) برای امریکایی‌ها در جریان جنگ تصوری باطل، احمقانه، و ساده‌لوحانه خواهد بود.

به نظر می‌رسد تهدید هسته‌ای برای بمباران اتمی یک شهر یا شاید بعضی از مراکز خاص ممکن است اراده‌ها را به نوعی منفعل کند. آیا این امکان وجود دارد که طرف مقابل امریکا در اقدامی شبیه به تهدید هسته‌ای دست بزند، یا خیر؟ این سؤالی است که برای هیچ کس روشن نیست، که ایران در صورت تهدید هسته‌ای امریکا چه خواهد کرد. این ادعا که ایران دارای سلاح کشتار جمعی بوده، یا اینکه به سمت تولید سلاح‌های کشتار جمعی رفته است، برای هیچ یک از طرفین مسئله موضوع روشنی نیست.

به نظر می‌رسد تهدید هسته‌ای امنیت بین‌المللی و منطقه‌ای را به وضعیت بسیار مخاطره‌آمیزی بدل کند. گذشته از مرحلهٔ تهدید هسته‌ای به همراه جنگ زمینی، به نظر می‌رسد امریکایی‌ها دست به کار خطرناک مهم‌تری بزنند، و آن استفاده از بمب اتمی است. آنان برای رسیدن به اهداف نظامی و همچنین تثبیت هژمونی سیاسی و پرستیژی‌شان، از به کار بردن سلاح اتمی صرف نظر نخواهند کرد.

ساده‌لوحی و ساده‌بینی است که ما برای امریکا پایبندی، و ثبات و استواری قوانین بین‌المللی را در منع استفاده از سلاح هسته‌ای تصور کنیم. آن‌ها ثابت کردند که حتی برای ایجاد برتری بین‌المللی، در

صورتی که در جنگ حتی پیروز شده باشند، دست به استفاده از سلاح هسته‌ای می‌زنند.

بنابراین، ما برای بحث تهدید هسته‌ای و همچنین امکان استفاده از سلاح هسته‌ای در جریان جنگ از جانب امریکا، باید به فرایندی منطقی بیندیشیم. به نظر می‌رسد می‌بایست برای هر گونه از این درگیری‌ها، استراتژی و طراحی‌های خاصی را داشته باشیم.

بهترین راهبرد مقابله با تهدید و جنگ هسته‌ای

ما باید آنچه را که در مواجهه با تهدید هسته‌ای امریکا اهمیت دارد، می‌تواند راهبردی بسیار کارساز و مفید باشد، و نوعی توازن وحشت در نیروی مقابل ایجاد کند پی بگیریم. ما باور نداریم که امریکایی‌ها در جریان جنگ، محدودهٔ اخلاقی معینی را پذیرا باشند. محدودهٔ اخلاقی آن‌ها ممکن است از جنگ هسته‌ای یا استفاده از سلاح‌های هسته‌ای هم فراتر برود. باور ما این است که در جریان جنگ می‌بایست مسیری طی شود که امکان بهره‌گیری از استراتژی جنگ هسته‌ای وجود نداشته باشد؛ مسیری که تعدد و گوناگونی نیروهای مدافع در داخل کشور و دفاع در حوزهٔ بین‌الملل را شامل می‌شود؛ یعنی ما در ساماندهی و سازماندهی نیروهای غیر مسئول در جنگ (غیر مسئول به معنای کسانی است که فاقد مسئولیت نظامی و رسمی و سیاسی هستند)، باید کوشش کنیم جریان‌هایی را به وجود آوریم که به طور منطقی در معرض تهدید هسته‌ای قرار نگیرند، یا در برابر تهدید هسته‌ای، فاقد مسئولیت باشند. افزون بر این، در جریان مواجهه با تهدید هسته‌ای خود را دارای توانایی‌هایی دفاع متقابل ببینند. اگر قدرت فرماندهی جنگ در ایران به قدرتی واحد تبدیل

بشود، در برابر تهدید هسته‌ای یا جنگ هسته‌ای آسیب‌پذیر خواهد شد.

ما معتقدیم که تعدد و گسترش سرزمینی و جغرافیایی نیروهایی که در جنگ علیه امریکا شرکت می‌کنند، نیروهایی که با هم‌دیگر ارتباط رسمی ندارند و به نوعی از وحدت در برخورد با دشمن مهاجم برخوردارند، در عرصهٔ بین‌الملل، امکان تهدید هسته‌ای را به شدت کاهش خواهد داد، و حتی قدرت امریکا را در بهره‌برداری از سلاح هسته‌ای قطعاً به چالش خواهد کشاند.

امریکایی‌ها در جریان جنگ ویتنام سال‌های طولانی جنگیدند؛ ولی با توجه به نوع جنگی که در ویتنام گرفتار آن شدند، هیچ‌گاه امکان بهره‌برداری از سلاح هسته‌ای را نیافتند. ساده‌انگارانه است که عدم استفاده از بمب هسته‌ای را از جانب امریکا در جنگ ویتنام ناشی از رعایت اصول اخلاقی و حقوق بین‌الملل قلمداد کنیم. آن‌ها میلیون‌ها نفر را به شیوه‌های بسیار وحشیانه کشتند؛ اما واقعیت این است که در ویتنام به سبب حضور نیروهای گوناگون و تعدد فرماندهی و در عین حال مردمی بودن، و نیز غیر کلاسیک و غیر مسئول بودن نیروهایی که با امریکایی‌ها در حال دفاع و جنگیدن بودند، این امکان وجود نداشت که امریکا بتواند از تهدید هسته‌ای علیه آنان بهره گیرد. اما عکس این مسئله در جنگ با ژاپن واقعیت پیدا کرد. امریکا توانست با تهدید هسته‌ای و به کار بردن بمب‌های هسته‌ای به پیروزی کامل و تمام‌عیار دست یابد.

ما باید خود را در هر حال و به هر شکلی که امریکا وارد جنگ می‌شود، مهیا کنیم. به نظر می‌رسد که جنگ را باید با توجه به تعارض گستردهٔ ایدئولوژیک و منافعی که شکل گرفته است، تا حداکثر فرض ممکن تصور کنیم؛ نه آنکه آن را تا حداکثر پیش ببریم. می‌بایست راهی را در پیش بگیریم که دشمن نتواند از همهٔ استراتژی‌ها و شیوه‌های خود بهره گیرد.

یادآوری چند مسئلهٔ اساسی در این خصوص

۱. عدم تعارض مذاکره و جنگ

عده‌ای گمان می‌کنند با حضور ایران پشت میز مذاکره با امریکا، این کشور از حملهٔ احتمالی خود دست برمی‌دارد. یا در صورتی که ایران فعالیت‌های هسته‌ای خویش را به تعلیق درآورد، امریکا دیگر خصومتی با ما نخواهد داشت. به نظر ما، دلیل مذاکره این نیست که امکان وقوع جنگ را از بین ببرد. سابقهٔ تاریخی نشان داده که امریکا هیچ‌گاه به تعهدات خویش پایبند نبوده است. در زمان جنگ ویتنام، ویتنامی‌ها در حال مذاکره با امریکایی‌ها در پاریس بودند؛ اما در پی تعطیلی یک‌هفته‌ای مذاکره، امریکا چنان بمبارانی در مدار ۵۳ درجه در ویتنام انجام داد، که بیش از چندصد هزار ویتنامی در همان ایام مذاکره به کام مرگ رفتند[۱] و هر چه هم جهانیان به این کشتار اعتراض کردند، هیچ اعتنایی نکردند و وضعیت را طوری رقم زدند که ویتنامی‌ها در موضع ضعف وارد مذاکره شوند.

ما می‌دانیم که با مذاکره، امریکا دست از نیت شوم و پلید جنگ احتمالی برنمی‌دارد. حتی معتقدیم که آن‌ها مذاکره را برای این می‌خواهند که به جهانیان اعلام کنند که برای پیگیری دیپلماسی قضیه وارد مذاکره با ایران شدند؛ اما در مذاکره به تفاهم نرسیدند. ممکن است کسی به‌آسانی و به بهانه‌های واهی، قضیهٔ مذاکره را به هم بزند، و طرف مقابل هم نتواند اسناد و مدارکی را که برای پروژه طراحی شده است، به جهانیان ارائه دهد ـ حال اینکه ابزار رسانه‌ای و اطلاعاتی هم در اختیار آن‌ها قرار دارد. پس پیش کشیدن بحث مذاکره برای جلوگیری از جنگ ساده‌لوحانه است.

---

۱. فونتن، آندره، یک بستر و دو رویا، ترجمهٔ عبدالرضا هوشنگ مهدوی، تهران، البرز، ۱۳۶۶، مشروح گزارش جنگ ویتنام.

خوش‌بینانه است اگر فکر کنیم با ورود ایران به مذاکره، این پروژهٔ از پیش طراحی‌شده خاتمه پیدا می‌کند. مگر امریکایی‌ها بر سر داشتن سلاح‌های کشتار جمعی با عراق مذاکرات متعددی نداشتند؛ ولی در نهایت مطرح کردند که با عراقی‌ها به تفاهم نرسیده‌اند؛ بنابراین به جنگ نظامی با عراق و اشغال آن کشور اقدام کردند. مگر دولت‌هایی که در طول تاریخ با هم جنگیده‌اند، پیش از آن مذاکره نداشته‌اند؟ اصلاً مذاکره در چنین وضعیتی مانع جنگ نیست. البته گاهی ممکن است دو طرف وارد مذاکره شوند، و خودِ این مذاکره سبب جنگ شود. اگر به همهٔ جنگ‌هایی که اتفاق افتاده است، با تأمل نگاه کنید، می‌بینید که ابتدا نامه‌هایی بین سران دولت‌ها ردّ و بدل، گفت‌وگوهای مختلفی مطرح، و تماس‌هایی هم برقرار شده است؛ اما در نهایت، آن جنگ با وجه بدتری آغاز شده است.

۲. مذاکره، دامی برای اجرای پروژهٔ تهاجم

گاهی مذاکره می‌تواند دامی برای طرف مقابل باشد. ممکن است در مذاکره گفته شود: «ما با شما مذاکره می‌کنیم. نمی‌جنگیم.» شما هم کاملاً سیاست دفاعی خود را بر اساس سیاست خارجی و دیپلماسی سیاسی هماهنگ می‌کنید. وقتی آن سیستم دفاعی از حالت آمادگی درآمد و به اصطلاح «شمشیرها در غلاف شدند»، طرف مهاجم بی‌درنگ همهٔ مراکز نظامی و حساس را بمباران می‌کند؛ یعنی همان بلایی که بر سر جمال عبدالناصر در مصر و سوریه در سال ۱۹۶۷ م آمد. جمال عبدالناصر فکر می‌کرد به ارتش مصر و اعراب حمله نمی‌شود؛ اما یکباره با تهاجم شدید مواجه شد. دولت مصر نیز در جنگ ۱۹۷۳ همین اطمینان را برای اسرائیل ایجاد کرد. اول به آن‌ها اعلام کردند که در

مذاکره شرکت می‌کنند؛ اما در روز یکشنبه که اسرائیلی‌ها به تعطیلات رفتند، نیروهای مصری با عبور از خط دفاعی بارلو به سرزمین‌های اشغال‌شده هجوم آوردند. در آن جنگ، اسرائیل اولین شکست بزرگ خود را متحمل شد ـ البته بعدها این شکست را جبران کرد، و جنگ را با شکست مصر و اعراب به خاتمه رساند. پس می‌بینیم که انگیزهٔ برگزاری مذاکره برای خاتمه پیدا کردن مسئله نیست. با مذاکره همهٔ مسائل حل نمی‌شود، و امریکا آن خصومت و سیطره‌طلبی را فراموش نمی‌کند. همچنان که اسرائیل در مذاکرات کمپ دیوید قطعه‌ای از مصر یعنی صحرای سینا را واگذار، اما در عوض بر سراسر مصر و جبههٔ اعراب سیطره پیدا کرد.

حال باید به این پرسش جوابی اساسی بدهیم، که آیا مذاکره خاتمهٔ این تهدیدات است، یا خیر؟ معمولاً جنگ‌ها قبل از شروع، مذاکراتی را به همراه داشته‌اند. مگر انگلیسی‌ها (چمبرلین) و آلمانی‌ها (هیتلر) قبل از جنگ با هم‌دیگر مذاکره نکردند؟ یا روسیه و آلمان قرارداد همکاری برای تقسیم اروپا نداشتند؟ همهٔ این‌ها وجود داشت؛ ولی این مذاکرات نتوانست از وقوع جنگ و تجاوز جلوگیری کند. پس باید عاقل‌تر از این باشیم که فکر کنیم با مذاکره میان مسئولان ارشد دو دولت ایران و امریکا ماجرا به دفع خطر امریکا تمام بشود. البته مذاکره از راه‌های الزامی برای دفع شرّ احتمالی دشمن است؛ یعنی مذاکره تیغ دولبه‌ای است، که نه می‌شود از آن گریخت، و نه به آن اعتماد کامل داشت.

۳. ضرورت وحدت در عین کثرت، برای جلوگیری از نبرد هسته‌ای

تاریخ ثابت کرده است که تهدید جنگ هسته‌ای در جایی می‌تواند کارساز باشد که نیروی مدافع کشور نیروی واحدی باشد. همان طور

که گفته شد، علت پیروزی‌های مهمی که امریکا در جنگ با ژاپن به دست آورد، این بود که با نیرو و دولت واحدی سروکار داشت. بنابراین، توانست با استفاده از سلاح هسته‌ای این نیروی واحد را به‌آسانی از بین ببرد. در صورتی که اگر نیروهای مدافع نیروهای متعددی باشند، تهدید هسته‌ای کارساز نخواهد بود.

جنگ در ویتنام و همچنین سایر تجربه‌های تاریخی ثابت کرده است که تعدد نیروهای درگیر امریکا را در نوع برخورد خود سردرگم می‌کند. اگر نیروهای مدافع ایران این توان را داشته باشند که به جریان‌های مختلف دفاعی تبدیل شده و از یک سرفرماندهی کل فرمان نگیرند، و در واقع هر یک مستقل و بدون ارتباط سازمانی با آن سرفرماندهی کل دست به دفاع بزنند و حوزهٔ عملیات خود را گسترش داده و در یک نقطهٔ واحد منسجم نباشند، قطعاً امکان کاربرد سلاح هسته‌ای میسر نخواهد بود.

۴. تلاش برای هر چه سریع‌تر پایان دادن به جنگ

برای این کار باید عاقلانه‌ترین و هوشمندانه‌ترین تصمیم را بگیریم. شروع یا گسترش جنگ به‌هیچ‌وجه به نفع ما نیست، و خاتمهٔ آن در هر جا با حفظ موجودیت انقلاب اسلامی و نظام جمهوری اسلامی برای ما پیروزی است.

بهترین وضعیت آن است که در جریان عملیات‌ها، ایران بداند که جنگ را نباید گسترش دهد؛ چون گسترش آن قطعاً ضرورت گسترش نیروها، تضعیف مجموعهٔ نیروها، و در نهایت نابودی تمامی پایه‌های زیربنایی، اقتصادی، و ملی کشور را در پی دارد. با این وجود، این سؤال نیز مطرح است، که چرا در مواردی بر گسترش حوزهٔ جغرافیایی جنگ تأکید کرده‌ایم؟

ما باور داریم که گسترش جنگ هیچ‌گاه به نفع ما نیست؛ ولی در شرایط خاص چاره‌ای جز اینکه آتش را با آتش خاموش کنیم، نداریم. نمی‌توان به دلیل آنکه ممکن است جغرافیای جنگ گسترش یابد، به نیروها تکلیف کرد که فقط با سلاح انفرادی بجنگند و از ترس گسترش جنگ از توپخانه، موشک، و هواپیما بهره نبرند. گسترش میدان جنگ گاهی به ما این فرصت را می‌دهد که نیروهای دشمن را تجزیه، و در نگهداری از حوزه‌های مختلف، برای ترس از هجوم درگیر کنیم. همین امر خود به خود به کاهش خطر دشمن و ضریب تهاجمی آن منتهی خواهد شد، و این بهترین فرصت برای خاتمه دادن به جنگ خواهد بود.

اهداف اصلی امریکا از هجوم نظامی به ایران

این یک واقعیت است که گسترش قدرت جمهوری اسلامی و توان ایستادگی آن در برابر برنامه‌های متعدد امریکا هژمونی و برتری این کشور را در کل جهان به چالش کشاند. صرف نظر از این مورد، ایران توانست در منطقه قدرت دموکراتیک خود را گسترش دهد، و نظامی مبتنی بر روش‌ها و ارزش‌های دینی و عمومیِ عقلانی متعارض با ارزش‌های حاکم بر امریکا را به جهانیان نشان دهد. در واقع انقلاب اسلامی ایدئولوژی‌ای را بر ایران حاکم کرد، که سبک و سیاق این ایدئولوژی در سراسر جهان رشد گسترده‌ای پیدا کرد. بنابراین، به طبع، امریکا راهی جز تقابل جدی با ایران نداشته و ندارد.

بر اساس پیش‌بینی برنارد لوئیس، که اذعان می‌دارد: «طی بیست سال آینده با حفظ وضع موجود، گرایش به اسلام و اسلام‌خواهی در میان مردم جهان رشد روزافزونی خواهد داشت»، ممکن است جمعیت دینی جهان از ۲۵ درصد مسلمان به ۳۵ درصد مسیحی فعلی تغییر معکوسی داشته باشد، و با گسترش اسلام، جمعیت مسلمانان به ۳۵ درصد در قبال ۲۵ درصد مسیحیان برسد. در چنین وضعیتی به طبع مسلمانان به قدرت اول دینی جهان تبدیل خواهند شد. بنابراین، امریکا می‌بایست برای آیندهٔ فکری و مذهبی خویش راه‌حلی بیابد تا از بروز چنین وضعیتی پیشگیری کند. گسترش اسلام در امریکا، اروپا، و سایر مناطق جهان در عین افزایش قدرت مسلمانان سبب شده است امریکا جمهوری اسلامی را کانون همهٔ این مخالفت‌ها بداند.

از سوی دیگر، با توجه به قدرت شیعی جمهوری اسلامی، کشورهایی که اهل سنت هستند و می‌خواهند نقش رهبری خویش را بر جهان تسنن را حفظ کنند، تلاش می‌کنند با ایجاد گرایشی به‌شدت رادیکال و ضد امریکایی رهبری جهان اسلام را به دست بگیرند. این نیروهای مبارز رادیکالِ ضد امریکایی با انجام عملیات‌های انتحاری، قصد دارند جهان اسلام را متوجه رهبری خود بکنند. به طبع امریکا از این نیروهای به‌ظاهر ضد امریکایی به نوعی حمایت می‌کند؛ چون گسترش ادبیات ضد امریکایی مبتنی بر اندیشهٔ وهابیت چندان با منافع امریکا در تعارض نیست.

امریکا به‌آسانی می‌توانست در کشورهای اروپایی، یا حتی در خود امریکا یا افغانستان با القاعده برخورد مناسبی بکند؛ اما در حملهٔ امریکا به افغانستان مشخص شد که نه تنها القاعده تضعیف نشد، بلکه در وضعیت قدرت یافتن مجدد و گسترش مواد مخدر تا ۲۵ برابر بیشتر،

قرار گرفته است. به علاوه، در جنگ با عراق، این القاعده بود که نقش اول منازعه علیه امریکا و مسئلهٔ هماهنگی آن را با صدام داشت. حمایت دولت‌های عربی تحت حمایت امریکا از نیروهای القاعده در عراق کاملاً این نکته را روشن می‌سازد، که امریکا به دنبال احیای بخش افراطیِ مخالف با امریکا یا نوعی اسلام ضد انقلاب اسلامی ایران، یعنی «اِسلام القاعده»ای است، که در عین حال با اسلام شیعی و تشیع در ایران مخالفت جدی دارد. از طرفی، با کمک القاعده تلاش می‌کند روند گسترش اسلام را متوقف، یا حداقل کمتر کند.

۱. سقوط نظام جمهوری اسلامی

جمهوری اسلامی توانسته است طی سه دهه حکومت خود، روحیهٔ استقلال و خوداتکایی، و همچنین اندیشهٔ تعالی و برتری انسان را در جهان اسلام به طور اساسی مطرح کرده، و جا بیندازد. در عین حال، جهانیان آگاه‌اند که ایران دارای عملی‌ترین و عینی‌ترین نوع دموکراسی در جهان است، و آزادانه‌ترین رفتار سیاسی در جامعهٔ ایران دیده می‌شود.

بی‌تردید شکل‌گیری چنین وضعیتی چندان به سود منافع امریکا نیست. امریکا به این مسئله واقف است، که ایرانی‌ها قدرت تأثیرگذاری مؤثری در خاورمیانه کسب کرده، و موجب شده‌اند اسرائیل، این پایگاه اصلی قدرت امریکا و نیروی کاملاً مستعد و برآیند ارادهٔ نظامی غرب در خاورمیانه، در برابر هستهٔ کوچکی از نیروهای هوادار جمهوری اسلامی، که جز حمایت معنوی جمهوری اسلامی حمایت دیگری نداشتند، شکست بخورد. مهم‌تر اینکه همین نیرو بدون سازماندهی گسترده، توانست امریکا را برای اولین بار در اولین جنگ پس از

جنگ جهانی دوم شکست داده، و با سرعت هر چه بیشتر از خاک لبنان اخراج کند.

امریکایی‌ها به‌خوبی در لبنان دریافتند که شکست آن‌ها از لبنانی‌ها و شیعیان لبنانی نبوده؛ بلکه از تشیع و اسلام شیعی شکست خورده‌اند. به همین سبب، احساس ترس وجودشان را فراگرفت، و این تحلیل که «در واقع این ایران بود که توانست با سیاست‌های خود نقش امریکا را در لبنان و در حمایت از اسرائیل حتی‌الامکان به حداقل حضور نیروهای نظامی کاهش دهد» همچنان در ذهنیت بعضی تحلیل‌گران وجود دارد.

افزون بر این، اسرائیلی که دارای اهداف بلندپروازانهٔ گسترش سرزمینی بود، در سال‌های اولیهٔ تشکیل خود همیشه شعار «از نیل تا فرات» را مطرح می‌کرد، و در سال‌های قبل از پیروزی انقلاب اسلامی توانست بخش‌های زیادی از زمین‌های اعراب را به تصرف دربیاورد و هیچ‌گاه آن سرزمین‌ها را پس نداد، امروز ناچار شده است در برابر جمعیت بسیار اندک شیعی لبنان عقب‌نشینی کند و از جنوب لبنان و در نهایت حتی از آن منطقه‌ای که خود خط حائل میان اسرائیل و لبنان قرار داده بود، به‌ناچار با سرافکندگی فراوان فرار کند؛ چنان که نیروهای اسرائیلی حتی در حال فرار نیز احساس امنیت نداشتند.

بسیاری از جهانیان معتقدند که در جنگ اخیری که در لبنان اتفاق افتاد، تقابل میان نیروهای طرفدار ایران و امریکا، و در واقع به نوعی پیروز میدان این جنگ، به طور غیر مستقیم، ایران بوده است. جمهوری اسلامی ایران تا این اندازه توانسته است در روحیهٔ عمومی مردم لبنان و به‌خصوص شیعیان تأثیر بگذارد. تا جایی که وقتی نیروهای حزب‌الله به پیروزی رسیدند، این پیروزی به حساب جمهوری اسلامی ایران گذاشته شد.

اسرائیلی که تا زمان وقوع انقلاب اسلامی همیشه سیاست گسترش ارضی و مرزی را اعلام می‌کرد، و درصدد تصاحب و تصرف مرزهای جدیدتری بود، امروز در برابر گروه کوچک حزب‌الله شکست خورده و ناچار شده حتی سرزمین‌هایی را که طی سالیان طولانی در اختیار داشته است، رها کند و در برابر نیروهای حزب‌الله تسلیم شود؛ حزب‌اللهی که فقط از میان ربع جمعیت کشور بسیار کوچک و توریستی لبنان برخاسته است. مهم‌تر از همه به وجود آمدن قیام انتفاضه بود. چه انتفاضهٔ سال ۱۹۸۷ م و چه انتفاضه‌الاقصی سال ۲۰۰۰ م، هر دو توانستند بر اسرائیل فشار جدی وارد کنند؛ تا حدی که از نوار غزه و کرانهٔ باختری چشم بپوشد. اسرائیل در حال حاضر نیز مایل است از سرزمین‌های اشغالی سال ۱۹۶۷ م خارج شود، و در واقع به حداقلی از سرزمین فلسطین اکتفا کند؛ چنان که حتی وقتی اسرائیلی‌ها به مرحوم شیخ احمد یاسین گفتند: «ما حاضریم از منطقه خارج شویم؛ اما شما تضمین بدهید بعد از خروج از منطقهٔ اشغالی ۱۹۶۷ م، حمله‌ها و عملیات‌هایتان را متوقف می‌کنید و دولت اسرائیل را به رسمیت خواهید شناخت»، ایشان این جملهٔ معروف را گفت: «چو فردا شود، فکر فردا کنیم.»

بنابراین، بین جهانیان این مسئله ثابت شده است که اکنون تنها قدرتی که در جهان توانسته است هژمونی امریکا و غرب را در منطقهٔ جهان اسلام به چالش بکشد، و در برابر گسترش اهداف خود کوتاهی نکند، جمهوری اسلامی است.[1] در حالی که امریکا و غرب در این خصوص سیاه‌نمایی بیش از حد انجام دادند. نکتهٔ دیگری که برای امریکایی‌ها مبهم است، اشتباهی است که در جریان جنگ عراق مرتکب شدند. آن‌ها بعد از سال‌ها خدمت به صدام به این نتیجه رسیدند

---

۱. خلیل‌زاد، همان.

که برای تثبیت نیروی خود در منطقه و تسلط بر بخش وسیعی از نفت و گاز جهان، که در واقع انرژی اصلی اقتصاد غرب و اروپا است، صدام را در این میان قربانی کنند. آن‌ها تلاش داشتند بعد از حذف صدام، در فرایندی دموکراتیک بتوانند نیروهای طرفدار خود را در عراق به قدرت برسانند. اما نتیجهٔ انتخابات و رأی مردم چیز دیگری شد. در واقع آنچه امریکایی‌ها تصور نمی‌کردند، اتفاق افتاد.

برای غرب و امریکا این ترجیح در طول تاریخ وجود داشت که در کشوری که اکثریت شیعه دارد، اقلیتی سنی حاکم باشند. این در حالی است که جامعهٔ شیعیان همیشه دچار ضعف و ناتوانی بودند. آن‌ها به‌خوبی می‌دانند همچنان که شیعیان منطقهٔ کوهستانی جبل‌عامل لبنان، که در نهایت فقر و بدبختی می‌زیستند، هم‌اینک به کارآمدترین و برجسته‌ترین نیروهای نظامی و سیاسی جهان تبدیل شده‌اند. اگر چنین وضعیتی در عراق تداوم پیدا کند، ممکن است عراقی که کانون اندیشه و تفکر شیعی، و مدفن بزرگ‌ترین ائمهٔ شیعه(ع) است، بتواند سوابق خصومت‌آمیزی را که از زمان حاکمیت عثمانی و بعثی‌ها و دولت ایران زمان قاجار و پهلوی شکل گرفته بود، به گونه‌ای پاک کند و روابطش را به نحوی که دو کشور می‌خواهند گسترش بدهند، به طبع امریکا با قدرتی نیرومندتر مواجه خواهد شد.

اینکه ملک عبدالله، پادشاه اردن، در برابر تشکیل هلال شیعی در خاورمیانه هشدار می‌دهد و اعلام وحشت می‌کند، نکته‌ای است که از تحلیل امریکایی‌ها و نیروهای طرفدار امریکا ناشی شده است. بی‌سبب نیست که دولت اردن در جریان جنگ‌های عراق از نیروهای القاعده، مانند ابومصعب زرقاوی و دیگران، حمایت کرد. حتی نمایندگان مجلس اردن نیز برای زرقاوی به عزا نشستند. بنابراین، اوضاع فعلی و آنچه در

عراق پیش آمده است، ناشی از این مسئله نیست که جمهوری اسلامی ایران توانسته است در عراق به تحرکی گسترده در عراق دست بزند؛ بلکه امریکا مرتکب اشتباهی شده است که ناشی از خواست خودش برای سیطره بر منابع نفتی جهان، با حذف یکی از دیکتاتورهای منطقه بود؛ چون تداوم حکومت او را به ضرر منافع امریکا می‌دانست. اما این اشتباه منجر به پیروزی بدون جنگ برای ایران شد. دولتی که از مهم‌ترین دشمنان ایران بود، سقوط کرد و رهبر آن، که بیشترین جنایات را در برابر ایرانیان و تشیع مرتکب شده بود، اتفاقاً به همین سبب به اعدام محکوم شد.

بنابراین، آنچه در عراق شکل گرفته، نه فقط حاصل اراده و تلاش و شاید مدیریت بحران مسئولان ایرانی، بلکه محصول واقعیت‌های موجود در جهان اسلام و جامعهٔ عراق بوده است. روزنامهٔ نیویورک تایمز در مقاله‌ای به این نکته اشاره می‌کند: «خون سربازان امریکایی به کام شاگردان خمینی شد»؛ یعنی شاگردان خمینی توانستند در عراق به قدرت برسند. بی‌تردید امریکا از بروز چنین وضعیتی نگران، و معتقد است که ایران از نیروهای عراقی مخالف امریکا حمایت می‌کند؛ همچنان که مدعی بودند عراق و صدام از القاعده حمایت می‌کنند و با اسناد جعلی خود را وارد جنگی بی‌پایان عراق کردند؛ اما همین نیروها که زمانی با ادعای جعلی خود، زمینهٔ تجاوز به عراق را فراهم کردند، به تکذیب جعلیات خود پرداختند؛ مثل اظهارات کالین پاول در شورای امنیت، که بعد ادعای خود را پس گرفت و آن را دروغ بزرگ تاریخی خواند.

دروغ‌گویی در تاریخ امریکا بی‌سابقه نیست؛ مثلاً روزولت، رئیس‌جمهور امریکا، در جریان تبلیغات انتخاباتی، که هم‌زمان با وقوع

جنگ جهانی دوم بوده است، به مردم و مادران امریکا به دروغ قول داده و گفته بود: «من حاضر نیستم جوانان و فرزندان امریکا را به میدان‌های جنگ بفرستم.» اما وقتی منافع امریکا اقتضا کرد، نیروهای این کشور وارد منطقهٔ اقیانوس آرام و ژاپن شدند و بدین ترتیب جنگی جدید آغاز شد. امریکایی‌ها در اقدامی به نیروهای ژاپنی حمله کردند و در مقابل، ژاپنی‌ها نیز دست به عملیات مقابل پرل هاربر زدند. در این هنگام، روزولت در مجلس نمایندگان امریکا حاضر شد و گفت: «من همچنان که به مردم امریکا و مادران امریکایی قول دادم که جوانان آنان را به میدان جنگ نفرستم، به قول خودم وفادار هستم؛ اما این ژاپن است که به ما تجاوز کرده و ما چاره‌ای جز دفاع در برابر این تجاوز نداریم.» معاون رئیس‌جمهوری وقت امریکا در خاطرات خود می‌گوید: «بعد از جلسه، روزولت در کاخ سفید، در کنار من کمی گریست و گفت: 'من در طول عمرم دروغ به این بزرگی نگفته بودم.'»

در واقع، دخالت ایران در مسائل عراق چیزی است که امریکایی‌ها خود آن را طرح‌ریزی کرده‌اند؛ به عبارتی این ایران نیست که در عراق دخالت می‌کند. دقیقاً مثل این است که کسی در میان دو بستر رودخانه مانعی را بردارد، آن‌گاه توقع داشته باشد که این دو جریان آب با هم‌دیگر متحد نشوند. بنابراین، آنچه اکنون ادعا می‌شود، نه به لحاظ تاریخی، نه به لحاظ علمی، و نه به لحاظ دینی واقعیت ندارد. واقعیت موجود آن است که امریکا در حال حاضر از این پیوستگی و گسترش قدرت تشیع در ایران در هراس است. بنابراین، تا اینجا هر چه از راه‌های مختلف تلاش کردند ـ مانند کودتا، جنگ، جنگ داخلی، بحران‌های تجزیه‌طلبانه، محاصرهٔ اقتصادی، و غیره ـ به نتیجه‌ای نرسیدند.

در جریان مناظرهٔ انتخاباتی بین جان کری و جورج بوش، جان

کری از سیاست‌های امریکا دربارهٔ ایران انتقاد کرد و گفت: «می‌بایست روش‌های دیگری را در مواجهه با ایران در پیش می‌گرفتیم.» جورج بوش با لبخندی جواب داد: «شما فکر می‌کنید علیه ایران دیگر چه باید می‌کردیم؟ تحریم کردیم، صدور تسلیحات نظامی را به ایران ممنوع کردیم، سرمایه‌های آن را بلوکه کردیم. شما چه اقدامی را می‌توانید نام ببرید که می‌توانستیم انجام بدهیم، ولی انجام ندادیم؟»

واقعیت این است که در حال حاضر، امریکایی‌ها از اقدامات مختلفِ خود تجربه‌های متعددی کسب کرده‌اند. علاوه بر تحریم تسلیحاتی، سرنگون کردن هواپیمای مسافربری ایرباس، و ورود آنان به جنگ ایران و عراق، در اواخر جنگ توانستند نیروی ایران را به دو جبههٔ تقسیم کنند. در نتیجه، ایران در روزهای آخر جنگ دچار ازهم‌گسیختگی و توزیع نیروها در جبهه‌های نبرد غرب و جنوب خلیج فارس شد. تحریم گستردهٔ امریکا به لحاظ تجهیزات تسلیحاتی و اقتصادی نیز ابزار مؤثر و کارآمدی بود؛ همین طور کاهش قیمت نفت و در نتیجه کاهش درآمدهای ایران از توان ایران کاسته بود.

امریکایی‌ها این مسئله را تجربه کرده‌اند، که ممکن است ایران در مواجهه با امریکا ترجیح دهد عاقلانه رفتار کند و وارد جنگ نشود. بنا بر این فرض، اگر امریکا وارد منطقه و درگیر جنگ با جمهوری اسلامی شود، می‌تواند سقوط را برای جمهوری اسلامی تسهیل کند و حتی به چیزی کمتر از این سقوط رضایت ندهد.[1]

۲. نسل‌کشی اسلام‌گرایان

این نکته را باید توجه داشت که امریکا ممکن است در ایران طی

---

۱. راهنما، ماهنامهٔ مطالعات تروریسم، سال اول، ش ۴، ص ۵۵.

عملیاتی کوتاه‌مدت به هدف خود، که همانا سقوط نظام جمهوری اسلامی است، دست یابد؛ اما آن‌ها با این حقیقت اساسی مواجه هستند که جمهوری اسلامی نه فقط شاکلهٔ یک قدرت و سازمان، بلکه جریانی فکری و مجموعه‌ای از نیروهای انسانی است، که دارای بار فکری متفاوت و متعارض با منافع امریکا و تفکر فلسفی نهیلیستی حاکم بر غرب هستند. بنابراین، نیروهای حامل این بار فکری هدف خواهند بود، و ساده‌لوحی است که باور کنیم امریکا در جنگ با ایران فقط به اهداف حداقل اولیه، نظیر سقوط جمهوری اسلامی، برکناری رئیس‌جمهور، یا از میان بردن رهبری رضایت خواهد داد. چیزی که آن‌ها به آن می‌اندیشند، حذف اسلام‌گرایان از صحنهٔ روزگار است.

اگر ما سیاست‌های غرب را در منطقه به طور جدی و به صورت تاریخی بررسی کنیم، می‌بینیم که آن‌ها در زمان‌های مختلف، به نسل‌کشی‌های گسترده‌ای دست زده‌اند. فلسطین چندین بار به اشغال غربی‌ها درآمد، و در هر مرحله، آن‌ها دست به نسل‌کشی گسترده‌ای زدند. تاریخ روابط غرب انباشته از آمارهای وحشتناک و شرم‌آوری در نسل‌کشی مسلمانان است؛ آن چنان که در جریان جنگ با مسلمانان در اندلس هم، غربی‌ها مرتکب چنین عمل وحشتناکی شدند. به نظر نمی‌رسد که دیدگاه پاپ اردوبان، که فتوای جنگ صلیبی را صادر[1]، و آن‌ها را برای حمله به جهان اسلام تحریک کرد، چندان با دیدگاه نومحافظه‌کاران حاکم بر امریکا تفاوت داشته باشد. آرماگدونیست‌هایی که تصور می‌کنند فلسطین باید همچنان در اختیار یهودیان باشد تا مسیح ظهور کند، اصلی‌ترین نیروی مزاحم در این میانه را نیروهای اسلام‌گرا می‌دانند. شبکهٔ تروریستی اسرائیل در فلسطین کسانی را هدف قرار

۱. صمیمی، مینو، محمد در اروپا، ترجمهٔ عباس پویا، تهران، اطلاعات، ۱۳۸۶، ص۱۷۳.

می‌دهد که دارای گرایش‌های اسلام‌گرایانه هستند، نه نیروهای ملی‌گرا و دارای اندیشه‌های ناسیونالیستی یا چپ. این گروه‌های اخیر هیچ‌گاه هدف جوخه‌های ترور اسرائیل واقع نشدند. در جریان انقلاب اسلامی ایران، اصلی‌ترین هدف امریکا در ایران نسل‌کشی اندیشمندان مسلمان بود؛ بنابراین در این دوران، نیروهای اسلام‌گرا بیشترین تلفات را دادند. هیچ کس فراموش نکرده است که گروه فرقان با شاخه‌های داخلی سازمان سیا مرتبط بود و تحت حمایت و هدایت سفارت امریکا در ایران فعالیت می‌کرد. این گروه محمدولی قرنی (ژنرال اسلام‌گرا)[۱]، استاد مطهری (متفکر برجستهٔ اسلام‌گرا)، دکتر مفتح، و بعد حجت‌الاسلام هاشمی رفسنجانی و چند نفر دیگر از اندیشمندان اسلامی سرزمین ما را هدف قرار داد.

در جریان عملیات تروریستی سازمان مجاهدین خلق، شماری از رهبران سیاسی اسلام‌گرا آماج عملیات‌های تروریستی موفق و ناموفق این گروه قرار گرفتند. جالب اینکه همهٔ عناصر تروریست بلافاصله در حمایت امریکا، غرب، و عراق درآمدند، و این حمایت همچنان باقی است.[۲]

علاوه بر این، در جریان جنگ و اشغال اخیر عراق، همراه با نیروهای نظامی امریکا، چیزی بیش از ششصد تک‌تیرانداز اسرائیلی وارد عراق شدند، و تاکنون بیشتر عملیات‌های انفجاری صورت‌گرفته در منطقهٔ عراق علیه شیعیان بوده است. شهادت مرحوم آیت‌الله محمدباقر حکیم در جریان نماز جمعهٔ نجف در مقابل حرم حضرت امیرالمؤمنین(ع) و ده‌ها انفجار در جریان مراسم این شیعیان در ایام اربعین و عاشورا

---

۱. توکلی، یعقوب، اولین امیر، اولین ترور، تهران، بنیاد حفظ آثار ارزش‌های دفاع مقدس ارتش جمهوری اسلامی، ۱۳۹۱، ص۷.
۲. سازمان مجاهدین خلق، مؤسسهٔ مطالعات پژوهش‌های سیاسی، تهران، ۱۳۸۵.

نمونه‌هایی از این جنایت‌ها است.

بنابراین، هدف از آنچه در عراق و سایر نقاط جهان اسلام، یا در جریان جنگ اسرائیل با حزب‌الله لبنان اتفاق افتاد، از میان برداشتن نیروهای اسلام‌گرا و حزب‌الله بود. «از میان برداشتن حزب‌الله» به معنای کشتار عمومی نیروهایی است که در لبنان علیه منافع غرب مبارزه می‌کنند. حال آنکه در صورت پیروزی اسرائیل در لبنان، ما می‌بایست شاهد نسل‌کشی گسترده‌ای در لبنان می‌بودیم، که حتی مجامع بین‌المللی نیز هیچ اقدامی انجام نمی‌دادند؛ همچنان که اقدامات اسرائیل در صبرا و شتیلا هیچ پیامدی جز پاداش به آریل شارون نداشت. مشابه این واقعه را در جریان جنگ بالکان شاهدیم. تا زمانی که جریان نسل‌کشی مسلمانان در بوسنی تداوم داشت، هیچ‌گاه امریکا اقدامی نکرد. حتی جملهٔ معروف بیل کلینتون، رئیس‌جمهور وقت امریکا، که گفته بود: «ما در بوسنی هیچ منافع خاصی نداریم و منافع ملی امریکا در بوسنی در خطر قرار نگرفته است»، هنوز از اذهان جهانیان پاک نشده است. جالب‌تر آنکه مطالعهٔ تاریخ بوسنی و هرزگوین در اروپا با تاریخ نسل‌کشی مسلمانان عجین است.[1] وقتی نسل‌کشی مسلمانان و تثبیت نیروهای ضد اسلامی در منطقهٔ صربستان انجام شد، و در عمل توان دفاعی نیروهایی مسلمانان در منطقه به اتمام رسید و بخش وسیعی از مسلمانان در میدان نبرد نابرابر به شهادت رسیدند، امریکا در چهارچوب پیمان صلح دیتون وارد عمل شد[2] و توانست با حمله به صربستان، بدون تلفات، در منطقهٔ بالکان نقش رهبری سیاسی منطقه را بر عهده بگیرد.[3]

---

۱. بوسنی در گذر زمان، تهران، مؤسسهٔ اندیشه‌سازان نور، ۱۳۸۵.
۲. خاطرات علی عزت بگوویچ، تهران، مؤسسهٔ اندیشه‌سازان نور، ۱۳۸۵.
۳. خلیل‌زاد، همان، ص۲۹۹.

لذا نیروهای موجود جمهوری اسلامی باید به این نکته توجه داشته باشند، که در صورت شکست یا مسامحه و مصالحه، چنین نیست که بتوانند با آرامش بنشینند و به زندگی خود ادامه دهند. آن‌ها همراه با سقوط جمهوری اسلامی، اولین هدف نظامی امریکا هستند. امریکا برای این کار ابزار لازم را دارد. پنج‌هزار تروریستی که در «قرارگاه اشرف» عراق وجود دارند، نیروهای مختلف بر جای مانده از رژیم پهلوی یا مزدوران تحت حمایت آن‌ها و سازمان‌های مسلح ضد اسلامی، و آنچه نیروهای اسرائیلی و کسانی که در سال‌های گذشته در اسرائیل به آموزش نظامی و عملیات تروریستی پرداخته‌اند، این امکان را در ایران دارند که بتوانند بعد از ورود امریکا به ایران، دست به نسل‌کشی گستردهٔ اسلام‌گرایان بزنند.

بنابراین، خطر مهمی که در حال حاضر ایران را تهدید می‌کند، نسل‌کشی اسلام‌گرایان است، که امریکایی‌ها برای ایرانیان طرح‌ریزی کرده‌اند. ساده‌لوحی است که ما فشار بین‌المللی و مخالفت سازمان‌های حقوق بشر یا مخالفت‌های دولت‌های منطقه را به نوعی مانع این پدیده در نظر بگیریم. هیچ اتفاقی از حیث مخالفت‌های بین‌المللی یا مخالفت‌های داخلی امریکا در این خصوص به نتیجه نخواهد رسید، و قطعاً امریکایی‌ها با روحیهٔ وسترنی خاص خود، وقتی شاهد پیروزی در کشوری بشوند، برای تقسیم منافع و غنایم دوباره با هم متحد می‌شوند.

نکته‌ای که در بحث نسل‌کشی اسلام‌گرایان باید به آن توجه کرد، این است که غربی‌ها در صورت قدرت یافتن، هیچ‌گاه در از میان بردن مسلمانان تردید نکرده‌اند. چنانچه در ایران با سقوط جمهوری اسلامی مواجه شویم، نسل‌کشی گسترده‌ای در سراسر جهان اسلام خواهیم داشت. پس باید این واقعیت را به جهانیان و مسلمانان جهان اعلام

کنیم که تنها هدف در این جنگ ما نیستیم، و اگر این نبرد گسترش یابد و به شکست ما منتهی شود، کل جهان اسلام هدف چنین تهاجمی خواهند بود.[1]

بی‌تردید اگر امریکا بتواند بر ایران سیطره پیدا کند، بلافاصله در لبنان و فلسطین، و کل خاورمیانه و اروپا به نسل‌کشی گستردهٔ مسلمانان به‌خصوص اسلام‌گرایان شیعی یا متمایل به تشیع دست خواهد زد، و هژمونی خود را در جریان جنگ تثبیت خواهد کرد. هیچ مانع اخلاقی یا حقوقی در برابر امریکا وجود ندارد؛ چون بعد از جنگ جهانی دوم بیش از پنجاه میلیون نفر کشته برای جهانیان به ارمغان آورد. مگر در جریان جنگ جهانی دوم، انگلستان و امریکا آن‌قدر صبر نکردند که آلمان بر روسیه بتازد و بر آن کشور سیطره پیدا کند، و آن دو غول به جان هم بیفتند، تا از روسیه ۲۵ میلیون کشته بر جا بماند؟ امریکایی‌ها برای ۲۵ میلیون کشتهٔ روسی در جنگ چه کردند، که اکنون بخواهند مثلاً در برابر کشتار ده پانزده میلیون مسلمان در ایران، فلسطین، لبنان، و سایر نقاط جهان دست به کاری بزنند؟

بی‌شک در صورت وقوع جنگ و رویارویی متقابل با ایران، امریکایی‌ها در درون کشور خود نیز دست به اسلام‌زدایی و گسترش نسل‌کشی مسلمانان می‌زنند. قطعاً آن‌ها تجربهٔ تاریخی وجود گروه‌های کوکلوس کلان یا گروه‌های افراطی ضد اسلامی را در جامعهٔ خود دارند، و می‌توانند به‌سرعت این گروه‌ها را سازماندهی کرده و در این مسیر به کار بگیرند. پروفسور حامد الگار، محقق برجستهٔ مسلمان امریکایی، می‌گوید: «من در امریکا سوار تاکسی شدم، رانندهٔ تاکسی که یک هندی سیک بود، گفت: آقا! نترسید، من یک سیک هستم؛ مسلمان

---

۱. همان، ص۲۷۵.

نیستم. من فوراً به وی گفتم: آقا! شما نترسید؛ من یک مسلمان هستم!» چنین فضاسازی ضد اسلامی می‌تواند به نسل‌کشی و حذف گستردهٔ مسلمانان، به‌خصوص مسلمانانی که در محور و کانون اندیشهٔ اسلامی تأثیرگذار هستند، منتهی شود.

۳. محو اندیشهٔ احیای اسلام در جهان

سومین هدف امریکا در جریان حمله به ایران محو اندیشهٔ احیای اسلام در جهان است. پدیدهٔ مبارزه با غرب و نفوذ آن با احیای اسلام و تکیه بر مبانی و اندیشهٔ اسلامی در طول یکصد و پنجاه سال اخیر، به طور جدی در جهان اسلام در خور توجه و اعتنا بوده است؛ همچنان که عده‌ای نیز در جهان اسلام بر این باور بودند که ما با تبعیت از غرب و حمایت غرب، و رشد مبتنی بر مدل رنسانس غربی می‌توانیم به رشد و توسعه در جهان اسلام دست یابیم. اما این دو اندیشه در طول سالیان دراز، چه در ایران و چه در سایر کشورهای اسلامی، ضمن همکاری در موارد متعدد با یک‌دیگر به رقابت پرداختند، و تقریباً در یکصد و پنجاه سال اخیر هر جا این همکاری صورت گرفته، بعد از آن در نهایت به نفع غرب‌گرایان تمام شده است. تنها جایی که اسلام‌گرایان برای اولین بار توانستند موفق شوند، در نتیجهٔ درایت تاریخی حضرت امام(ره) حاصل شد. ایشان با توجه به واقعیت‌های موجود در پیروان اندیشهٔ غرب‌گرایی، احیا و رشد مبتنی بر باورهای ملی و دینی، و تکیه بر توانایی‌های درونی را موجب قدرت گرفتن اسلام‌گرایان در ایران دانستند، که همین امر به روند قدرت‌گیری نرم مسلمانان در جهان اسلام کمک شایانی کرد و بر قدرت نرم و سخت مسلمانان در احیای اسلام به‌شدت افزود. بر همین اساس، پیروزی انقلاب اسلامی

در ایران توانست نظریهٔ اندیشهٔ احیای اسلام را به طور جدی در جهان اسلام مطرح کرده، و موجب آن شود که بخش‌های وسیعی از نیروهای مسلمان در کشورهای مختلف دست به تلاش‌های گوناگون بزنند. هرچند بخشی از این تلاش‌ها به دلیل عملیات‌های زودرس ـ نظیر آنچه در مصر اتفاق افتاد ـ یا به سبب دخالت گسترده و خشونت سریع غرب ـ نظیر آنچه در الجزایر اتفاق افتاد ـ ناکام ماند؛ در بعضی از کشورها به پیروزی رسید. اما پیروزی آن‌ها بدین سان نبود که غرب در برابر این موفقیت آرام بنشیند. در ایران، ترکیه، لبنان، مصر، فلسطین به گرایش‌های اسلام‌گرایانهٔ آن‌ها به اشکال مختلف حمله شد؛ چنان که نیروهای اسلام‌گرا را در همه جای جهان اسلام تروریست معرفی کردند[1]، و با مذاهب اسلامی به عنوان مذاهب تروریستی یا مخالف تمدن مخالفت کردند.[2]

مخالفت با حجاب و نمازگزاری در مراکز مختلف غرب حکایت از این مسئله دارد که امریکا و غرب در برابر رشد و احیای اسلام دارای حساسیت‌های فراوان هستند.[3] آنچه در این جریان می‌تواند برای امریکا هدف اصلی، و برای ایران هدف فراملی باشد، آن است که اگر ایران در جریان مقابله با امریکا شکست بخورد، اندیشهٔ احیای اسلام به طور جدی در جهان شکست خواهد خورد. حضرت امام[(ره)] بارها تأکید کردند که اگر نظام اسلامی ایران در جریان جنگ با عراق یا هر مواجههٔ دیگری سرکوب شود، معلوم نیست تا چه مدت‌زمان دیگر ممکن است دوباره در جای دیگر زنده شود؛ و آن چنان با آن برخورد خشن خواهند کرد که به‌هیچ‌وجه دیگر کسی تصور احیای

---

۱. اسپوزتیو، جان. ل، تهدید اسلامی: اسطوره یا واقعیت، نیویورک، دانشگاه آکسفورد، ۱۹۹۲.
۲. خلیل‌زاد، همان، ص۲۷۴.
۳. همان، ص۲۲۵.

اسلام را نداشته باشد. این سخن بدان معنا نیست که خداوند آیین خود را حفظ نکند؛ اما تکلیف ما را همچون کسانی که در حال حاضر خواه ناخواه، درست یا نادرست، پیش‌قراولان دفاع از اسلام هستند، صدچندان می‌کند.

ادبیات گستردهٔ ضد اسلامی و ضد معنویت دینی و تلاش برای گسترش عرفان‌های هندی، سرخ‌پوستی، و اروپایی برای این است که بتوانند در برابر معنویت اسلامی معنویت‌های جعلی را با انواع جاذبه‌های ماورایی غیر دینی فراهم سازند.

کوتاهی امریکا در برابر مقابله با جریان تروریستی القاعده نشان از این دارد که امریکایی‌ها می‌کوشند نظریهٔ «احیای تفکر و اندیشهٔ اسلامی» را به نوعی با پدیدهٔ «تروریسم» هماهنگ و همانند سازند، و در این مسیر آن را دچار شکست در قدرت نرم و چالش اساسی کنند. شاید اندیشمندان و دانشمندان علوم سیاسی تقابل میان اسلام و غرب را به مانند پدیده‌ای ارزش‌گرایانه و نگرشی ایده‌آلیستی تحلیل کنند؛ اما واقعیت این است که روند تحولات در دو طرف مبتنی بر نگرش درست و دقیق تاریخی بین جهان اسلام و غرب، به صورتی کاملاً واقع‌گرایانه، نشان می‌دهد که میان آن‌ها تخاصم وجود داشته است، و غرب مسیحی در طول ۱۴۰۰ سالی که اسلام ظهور کرده است، به عنوان شاکلهٔ واحد ـ چه در دروان امپراتوری روم شرقی و غربی، و چه در قرون وسطی یا بعد از آن در رنسانس و تشکیل دولت‌های جدید ـ همیشه مواجههٔ جدی با اسلام را مدّ نظر داشته است، و مواجهه برای نابودی اسلام برای آن‌ها یک رویارویی تاریخی و اساسی بوده است.

به نظر می‌رسد حافظهٔ تاریخی جهان اسلام در برابر مواجهه با غرب حافظه‌ای تاریخی با نقص و ابهام اساسی است. ما نباید جنگ‌های

صلیبی را فراموش کنیم. فراموش نکردن جنگ‌های صلیبی نه بدان معنا است که بر چنان پدیده‌هایی دوباره دامن بزنیم؛ بلکه باید به این واقعیت توجه کنیم که غرب در جهت همان اندیشه با ما برخورد می‌کند. شما اگر به گذشتهٔ تاریخی روابط میان جهان اسلام و غرب بپردازید، خواه ناخواه می‌بینید که در این تخاصم طول زمان تداوم پیدا کرده است. اگر زمانی جنگ‌های صلیبی در دستور کار بوده، زمانی دیگر تجزیهٔ کشورهای مسلمان در دستور کار غربی‌ها بوده است. سیاست اروپا و غرب در اسپانیای اسلامی سیاست تجزیهٔ دولت اسلامی بوده است، که به اضمحلال و نابودی آن دولت اسلامی پرسابقه در سال ۱۴۵۹م منتهی شده است.

دقیقاً همین سیاست و پروژه در حدود چهارصد سال بعد در مواجهه با کشور عثمانی اتفاق افتاد. همین سیاست نیز هم‌زمان در مواجهه با دولت ایران دنبال، و در پی آن مناطق و کشورهایی بسیار مهم از ایران جدا شدند. در دورهٔ یکصد و پنجاه سال اخیر ایران، چندین منطقهٔ بسیار مهم از بخش‌های مختلف ایران جدا شد و همه به قدرت‌های غیر مؤثر در منطقه تبدیل شدند. این پروژه، پروژه‌ای تاریخی و هماهنگ و همانند بوده است. بنابراین، اگر ما از تئوری و استراتژی جدید امریکا در طراحی خاورمیانهٔ جدید آگاه باشیم، شاهد این خواهیم بود که کشورهای منطقه را به کشورهای کوچک‌تری تبدیل و تقسیم کنند.

هم‌زمان با تضعیف دولت عثمانی، تضعیف دولت ایران توجه غربی‌ها را به خود جلب کرد. ما در هیچ زمانی در مواجهه بین ایران و انگلیس، شاهد این نبودیم که روسیه از ایران به طور جدی حمایت کند، و در هیچ زمانی در مواجهه میان ایران و روسیه، انگلیسی‌ها را حامی ایران ندیدیم. در هر سیاستی که هر یک از طرفین برای تجزیهٔ ایران در پیش

گرفتند، یکی از آن‌ها از طرف دیگر حمایت کرده است.

در طول یکصد و پنجاه سال اخیر، ایران به صورت جدی تجزیه و تقسیم شد. از شهرهای شمال‌شرق و غرب ایران طی قراردادهای گلستان و ترکمن‌چای گرفته، تا مناطق شرقی مثل هرات و بلوچستان که به موجب قرارداد پاریس و گلداسمیت از ایران جدا شدند. بحرین بزرگ ـ که شامل بحرین و بخش وسیعی است که هم‌اکنون به عربستان تعلق دارد ـ و نیز بخش‌های وسیعی از کردستان ایران (طی قرارداد ارزنةالروم) از کشور ما جدا شدند.

بنابراین، تصور این مسئله که غرب در مواجهه با ایران، به دنبال هدف اولیه‌ای، مانند جلوگیری از گسترش قدرت هسته‌ای ایران است، باطل است. آنچه در اینجا توجه ما را به خود جلب می‌کند، این است که امریکا به این نتیجهٔ اساسی رسیده است، که گسترش قدرت جهان اسلام در سایهٔ گسترش اندیشهٔ اسلامی صورت گرفته است. چنانچه در ترکیه شاهد شکل‌گیری دولتی با تمایلات اسلامی هستیم؛ هرچند ممکن است این دولت اسلامی با تصور ما فاصلهٔ زیادی داشته باشد. یا در بوسنی شاهد هستیم که کسی سال‌ها قدرت را در دست داشت، که به دلیل مسلمان بودنش سالیان طولانی زندان را تحمل کرد.[1]

علی عزت‌بگوویچ و سایر رهبران مسلمان بوسنیایی، که در بوسنی حضور داشتند و دارند، کسانی هستند که تحت تأثیر اندیشهٔ حضرت امام(ره) قرار داشته، و به سبب نوشتن کتابی دربارهٔ ایشان سالیان طولانی را در زندان گذرانیده‌اند؛ چنان که امروزه این نسل در بوسنی به عنوان نسل اول و رهبری مسلمانان در بالکان مطرح هستند. در فلسطین و سایر کشورهای خاورمیانه نیز جمهوری اسلامی را کانون اندیشهٔ

۱. خاطرات علی عزت بگوویچ، همان.

گسترش اسلام و احیای آن می‌دانند.

تجربۀ سقوط اتحاد جماهیر شوروی و اندیشۀ کمونیسم این مسئله را به ذهن استراتژیست‌های غرب آورده است، که در صورت به سقوط کشاندن کانون قدرت اندیشۀ اسلامی، می‌توانند اندیشۀ اسلام را در سراسر جهان اسلام با خلأ و ناتوانی جدی مواجه کنند؛ همچنان که شوروی در زمان گورباچف سقوط کرد، اندیشۀ کمونیسم شکست خورد، و سایر کشورهای کمونیستی و احزاب کمونیستی انحلال خودشان را اعلام کردند یا از ماهیت کمونیستی به ماهیت سوسیال‌دموکرات تغییر شکل داده و در نهایت به گرایش‌های لیبرالی تن دادند. این تجربۀ تاریخی این حساسیت را در امریکا و استراتژیست‌های آن ایجاد کرده است، که اگر بتوانند این کانون اصلی قدرت را در ایران سرکوب کنند، قطعاً به نتیجه و پیامدی مشابه اتحاد جماهیر شوروی دست پیدا خواهند کرد، و اگر در این مسئله کوتاهی کنند، ممکن است همان گونه که اندیشۀ کمونیسم طی هفتاد سال بزرگ‌ترین مزاحم برای غرب و جهان، و مانع گسترش قدرت غرب در جهان عمل کرده بود، این اندیشه نیز چنین پیامد و راهبرد درازمدتی را در پی بگیرد.

ما در این مقایسه، به تفاوت‌های اندیشه در متافیزیک و الهیات، و اخلاق و سایر مسائل توجه داریم؛ اما واقعیت آن است که سیاستمداران غرب و آن‌هایی که در محاسبات خود در خصوص جهان اسلام می‌اندیشند، به این تجربۀ تاریخی و درک جریان‌شناسانه توجه دارند، که اگر بتوانند جمهوری اسلامی و تعداد درخور توجهی از اسلام‌گرایان را حذف فیزیکی کنند، به طبع بخش‌های وسیعی از جهان اسلام بدون حامی مانده و در برابر آن‌ها تسلیم می‌شوند.

۴. تثبیت هژمونی امریکا در منطقه

از مهم‌ترین مسائل سیاست خارجی امریکا تثبیت هژمونی امریکا در منطقهٔ خاورمیانه است.[1] انقلاب اسلامی ایران موجب تزلزل در هژمونی امریکا در منطقهٔ خاورمیانه شد. بی‌تردید سیاست منطقه‌ای امریکا بر دو پایهٔ اساسی استوار بوده است، که ستون اقتصادی آن عربستان سعودی و ستون نظامی آن ایران یا قدرت نظامی ارتش محمدرضا پهلوی بود. در چنین فرایندی، امریکایی‌ها بعد از وقوع انقلاب اسلامی به این نتیجه رسیدند که سیاست آن‌ها در منطقه دچار خدشهٔ اساسی شده است، و در طول سه دههٔ اخیر تلاش‌های مختلف آن‌ها برای مقابله با ایران ـ مانند تحریم اقتصادی، کودتا، جنگ، بحران‌های تجزیه‌طلبی، و سایر موانع ـ بی‌نتیجه ماند. در مقابل، ایران در فرایند گسترش قدرت نرم خود در منطقه توانست به نقاط استراتژیک بسیار مهمی دست پیدا کند.

گسترش توانایی‌های نظامی در ایران ـ که همیشه واردکنندهٔ سلاح از غرب بود؛ حتی از برزیل، اسرائیل، و سوئیس ـ و همچنین بازیابی قدرت اقتصادی و استقلال در تولیدات صنعتی، مواد غذایی، و صدور آن حکایت از این دارد که ایران توانسته است در رسیدن به توسعه و خودکفایی پیشرفت چشمگیری داشته باشد. حتی در مواردی توانسته است به برتری‌های مطلق علمی اسرائیل در خاورمیانه خاتمه دهد، گام‌های مهمی در پیشرفت علمی بردارد، و فرایندهای بسیار مهم علمی‌اش را در این مسیر به تجربهٔ عملی بگذارد ـ صرف نظر از اینکه ایرانیان با کمال تأسف در استفاده از آنچه به دست آورده‌اند، به طور تاریخی ثابت کرده‌اند که ناکارآمد عمل می‌کنند و درایت کافی را در این مسیر به خرج نمی‌دهند، و متأسفانه به دست‌یافته‌های خویش

---

۱. خلیل‌زاد، همان، ص۲۲۴.

کمتر استمرار می‌بخشند و گرفتار بیماری مزمن انقطاع در تداوم دست‌یافته‌های خود هستند.

امریکا از وجود چنین اتفاقاتی در منطقه نگران است؛ چون گسترش جغرافیایی قدرت نرم ایران در منطقهٔ خاورمیانه در درازمدت برای امریکا و غرب خطرناک خواهد بود؛ خاصه آنکه این قدرت نرم در آستانهٔ رسیدن به برتری‌های علمی، اقتصادی، و صنعتی بسیار چشمگیر است. بنابراین، منطق استراتژیک و سیاست خارجی قدرت بزرگی چون امریکا و متحدانش (اسرائیل و اروپا) اقتضا می‌کند[1] که در مسیر سیاست تاریخی خود، یعنی تجزیهٔ ایران، اجازهٔ گسترش جغرافیایی و فیزیکی به این قدرت ندهند، و به نحو مقتضی با آن برخورد قاطع کنند، تا با حذف آن بتوانند دوباره برتری‌های از دست رفته را در حوزهٔ قدرت نرم و امکان توازن وحشت و قوا در منطقه دوباره احیا کنند ـ که این مسئله جز با شکست قاطع جمهوری اسلامی ایران در یک رویارویی سخت شدنی نیست.

۵. سیطره بر منابع نفت و گاز جهان

هدف بسیار مهم دیگر در منطقه برای امریکا سیطره بر منابع نفت و گاز جهان است.[2] همان طور که می‌دانیم، در ایران، عراق، کویت، عربستان، بحرین، قطر، و دیگر کشورهای منطقه بخش وسیعی از انرژی جهان تولید می‌شود. همچنین تلاش‌های گسترده‌ای در جهان برای کشف منابع جدید نفت و گاز در حال انجام است. این منابع در کشورهای مشترک‌المنافع با روسیه و همچنین در سایر نقاط جهان به‌آرامی در حال اکتشاف است. اگر این کشفیات جدید به ثمر بنشیند، اگر امریکا

۱. همان، ص۲۷۸.
۲. همان، ص۲۲۲.

بر منابع جمهوری‌های مشترک‌المنافع سیطره نداشته باشد ـ کما اینکه این سیطره را تا حدود زیادی توانسته است بر جمهوری‌های سابق اتحاد جماهیر شوروی به تثبیت برساند. استراتژیست‌های سیاسی، اقتصادی، و نظامی امریکا به‌خوبی می‌دانند که هر کس نفت دارد، بر جهان مسلط است. ژرژ کلمانسو، نخست‌وزیر مشهور فرانسه در جنگ جهانی اول، می‌گوید: «هر کس نفت دارد، قدرت دارد؛ چون شما از سوخت نفت می‌توانید کشتی‌هایتان را در دریاها به حرکت درآورید، و با سرعت بیشتری مناطق مختلف را درنوردید، و قدرت اول دریا باشید. شما با سوخت نفت و بنزین حاصل از آن می‌توانید هواپیماهایتان را به پرواز درآورید، و بر آسمان سیطره پیدا کنید. شما با سوخت نفت و گازوییل می‌توانید تانک‌هایتان را به حرکت درآورید. با نفت می‌توانید ثروت تولید کنید و در عمل در دریا، هوا، و زمین سلطه داشته و بر بازار و اقتصاد تسلط یابید. بنابراین، هر کس نفت دارد، قدرت دارد.»

ساده‌لوحی است اگر این ماجرا و این هدف را از ذهن دموکرات‌های امریکایی به دور بدانیم[1] و تصور کنیم که جمهوری‌خواهان و دموکرات‌های امریکایی در دسترسی به این اهداف بسیار مهم دارای اختلاف اساسی هستند. جالب اینکه دموکرات‌ها، که خروج از عراق را پی گرفته‌اند، بر حفظ چهارده پایگاه عظیم نظامی امریکا در عراق تأکید دارند؛ همچنان که خواهان حفظ چهارده پایگاه امریکا در افغانستان هم هستند.

بنابراین، آنچه اکنون در منطقهٔ خاورمیانه در حال وقوع است، این است که اگر حکومت جمهوری اسلامی در درازمدت تداوم پیدا کند، این تداوم می‌تواند بر بخش‌های وسیعی از خاورمیانه تأثیر بگذارد؛

۱. اولسر، یان، نفت خلیج فارس، استراتژی بزرگ، سانتا مونیکابرند، ۱۹۹۶. که تأکید می‌کند منافع ما حتی در خلیج فارس هرگز فقط از طریق نفت تأمین نشده است.

زیرا هم‌اکنون نوعی رفتار استقلال‌گرایانه در رفتار سیاسی بعضی از دولت‌های منطقه، حتی دولتی مثل اردن، نظیر نپذیرفتن درخواست ملاقات نتانیاهو با ملک عبدالله دیده می‌شود. در کشور عراق نیز، همچنان که توضیح داده‌ایم، نسلی به قدرت رسیده‌اند که فعلاً هم‌سویی و همانندی کاملی با منافع امریکایی‌ها ندارند، و به‌رغم اینکه امریکا علاقه‌مند بود ایاد علاوی، رئیس ائتلاف‌العراقیه، را به قدرت برساند، تا دولتی کاملاً لائیک بر عراق حکومت کند، در عمل اسلام‌گرایانی که با ایران ارتباط نزدیک داشتند، به قدرت رسیدند. خواه ناخواه در این فرایند، تداوم این وضعیت می‌تواند علاوه بر اهدافی که در گذشته توضیح داده بودیم، سیطرهٔ مطلق امریکا بر منابع نفت و گاز منطقه را دچار خدشه و ابهام کند.

طی سال‌های اخیر، وحدت رویهٔ ایران و ونزوئلا و چند کشور دیگر در اوپک تأثیر بسیار زیادی در افزایش قیمت نفت گذاشت؛ در حالی که زمانی امریکا در سال ۱۳۶۵ توانسته بود با یک تغییر سیاست در قیمت نفت دریای شمال، که پایهٔ قیمت نفت جهان بوده است، قیمت نفت خاورمیانه را از بیست و دو دلار به ده دلار کاهش دهد ــ یعنی فقط قیمت تولید آن.

کشورهای خاورمیانه نفت را تولید می‌کردند؛ فقط به این دلیل که کارگرانشان بیکار نمانند؛ در حالی که در عمل نفت از حوزهٔ اقتصاد آن‌ها خارج شده بود. اما در حال حاضر می‌بینیم که امریکا دیگر چنین قدرتی را در جهان ندارد که قیمت نفت را آن گونه که می‌خواهد، کاهش دهد. قیمت نفت به نحو بسیار عجیبی در جهان افزایش پیدا کرده است، و همچنان روند صعودی خود را طی می‌کند ــ که این مسئله ثابت می‌کند امریکا و غرب دچار مشکل اساسی در این خصوص خواهند شد.

وانگهی ایران و روسیه، رقبای امریکا، دارای بخش عظیمی از منابع گاز جهان هستند، و هر زمان که این دو کشور بخواهند، می‌توانند بر قدرت اقتصادی غرب و امنیت اقتصادی شهروندان غرب تأثیر بگذارند. واقعیت این است که روس‌ها هم توانستند در طول تاریخ ثابت کنند که می‌توانند به بهانه‌های گوناگون در شرایط مختلف منافع خود را حفظ کرده، و گسترش دهند. آن‌ها در سخت‌ترین زمان، یعنی در زمستان سال ۲۰۰۶ م، گاز را بر اوکراین و سایر مشتریان خود بستند، و خواهان افزایش قیمت شدند. به مرور زمان وقتی قیمت گاز را در اوکراین افزایش دادند، قیمت گاز در سایر نقاط جهان نیز بالا رفت.[۱] امریکا خود می‌داند که ایران و روسیه تقریباً در حال تبدیل شدن به دو قدرت گازی جهان هستند؛ همچنان که رهبر معظم انقلاب اسلامی در دیدار آقای سرگئی ایوانف، نمایندهٔ ویژهٔ پوتین (رئیس‌جمهور روسیه) پیشنهاد کرد ایران و روسیه اتحادیهٔ گازی جهان را تشکیل دهند.

در صورت تشکیل این اتحادیهٔ گازی بین دو کشور ایران و روسیه، امریکا در عمل در حوزهٔ گازی جهان سیطرهٔ خود را از دست خواهد داد؛ چون بیش از پنجاه درصد گاز جهان در اختیار این دو قدرت است. با توجه به اینکه اکنون خط لولهٔ صلح در حال ساخته شدن است و فرایند انجام آن به تصویب سه کشور ایران، پاکستان، و هند رسیده است، بخش وسیعی از کشورهای منطقه نیز به نوعی به نفت و گاز ایران وابستگی شبانه‌روزی پیدا خواهند کرد. در این صورت، چیزی بیش از یک میلیارد نفر از مردم جهان به گاز ایران وابسته خواهند شد. این کار موجب افزایش قدرت ژئوپولیتیکی، ژئواستراتژیک، و ژئواکونومیک ایران در جهان خواهد شد، که می‌تواند مانع اساسی

---

۱. خلیل‌زاد، همان، ص۲۲۴.

گسترش سیطرهٔ نفوذ امریکا در جهان تلقی شود. بنابراین، بی‌جهت نبود که امریکا سالیان طولانی تلاش کرد مسیر انتقال نفت و گاز را از مسیر ایران به اروپا به مسیر باکوجیحان تغییر دهد. به رغم همهٔ مخاطرات و هزینه‌های سنگینی که احداث خط لولهٔ باکوجیحان برای امریکا داشت، توانستند این مسئله را در جمهوری آذربایجان و کشورهای دیگر منطقه تحمیل کنند، تا از سیطره و امکان نفوذ ایران بر این خط لوله بکاهند. تردیدی نیست که در این ماجرا، امریکا به دوراندیشی جدی و اساسی پرداخت، و به نظر می‌رسد هر گونه هزینهٔ نظامی برای تثبیت این مسئله در ایران به سود منافع امریکا خواهد بود.

جنگ‌طلبانی که اینک در امریکا بر سر قدرت نشسته‌اند، می‌دانند اگر در آینده نتوانند مشکل اساسی را در جهان به نفع امریکا حل کنند، ممکن است قدرت دوباره‌ای را در امریکا در یکی دو سال آینده تجربه نکنند. بنابراین، وقوع جنگ برای امریکایی‌ها به مراتب به مصلحت نزدیک‌تر است، تا جلوگیری از آن.

۶. اثبات سیطرهٔ ایدئولوژیک بر جهان

هدف دیگری که به نظر می‌رسد امریکا در حمله به ایران داشته باشد، اثبات سیطرهٔ ایدئولوژیک بر جهان است. سقوط اتحاد جماهیر شوروی نه تنها گامی اساسی در تثبیت قدرت نظامی و سیطرهٔ هژمونی امریکا در مناطق مختلف جهان بود؛ بلکه به دنبال آن نوعی سیطرهٔ ایدئولوژیک را برای ارزش‌ها، منطق، و تفکر لیبرالیسم به همراه داشت.[۱] امریکا بعد از سقوط شوروی، یا شاید هم‌زمان با آن، متوجه این مسئلهٔ اساسی شد که قدرت ایدئولوژیک اندیشهٔ لیبرالیسم در جهان با تفکر جدیدی

---

۱. فوکویاما، نظریهٔ پایان تاریخ؛ و همچنین خلیل‌زاد، همان.

که برخاسته از اندیشهٔ اسلامی منتج از انقلاب اسلامی ایران است، در چالش قرار گرفته، و این چالش به صورت اساسی بخش‌های مختلفی از جهان را به نوعی متوجه خود کرده است. خواه ناخواه جریان مسیحیت صهیونیستی حاکم بر کاخ سفید نخواهد گذاشت این گسترش ایدئولوژیکی را از یکی از جدی‌ترین جریان‌های الهی و توحیدی بپذیرد.

اکنون گسترش اسلام در غرب، به طور اساسی، به وسیله‌ای برای ابراز تنفر از وضعیت موجود در جامعهٔ غرب تبدیل شده است. امریکا نیز می‌داند که کانون این گسترش در جهان «اسلام شیعی» است. البته این درست است که آنچه در جهان به نام پدیدهٔ «گسترش اسلام» یا «اسلام‌گرایی» در حال شکل‌گیری است، به طور مشخص توجه به پدیدهٔ «تشیع» یا «تسنن» نیست؛ بلکه تشکل نسل جدیدی از مسلمانان است، که سعی می‌کنند از ورود به اختلافات و کشمکش‌های کلامیِ شکل‌گرفته در حوزه‌های فکری خود را دور نگاه دارند، و فقط به شعارهای اولیهٔ اسلام توجه کنند. اما به این واقعیت باید توجه کرد که یک ایدئولوژی کاملاً مشخص و جریان فکری و دینی معین، لیبرالیسم غرب و آنچه را که امریکایی‌ها از آن با نام ارزش‌های امریکایی و غربی یاد می‌کنند، در چالش جدی قرار می‌دهد؛ ایدئولوژی که برای مسائل دنیا و آخرت، و بحران فلسفی ناشی از بی‌اعتقادی و بی‌توجهی به مبدأ و معاد پاسخ‌های اساسی دارد.

اکنون در غرب، جامعهٔ متفکران و کسانی که در حوزه‌های مختلف نظری وارد مباحث اساسی شده‌اند، و در چگونگی زندگی و هستی مادی تأمل می‌کنند، در اندیشهٔ لیبرالیسم و سکولاریسم پاسخی برای مبدأ و معاد نمی‌یابند. پوزیتیویسم حاکم بر اندیشهٔ غرب جهان را مجموعه‌ای بی‌انتها و بی‌ابتدا تلقی می‌کند. اندیشهٔ کمونیسم در جهان

شکست خورده، و آنچه اکنون می‌تواند به بحران فلسفی در اندیشهٔ غرب پاسخ دهد، اسلام است.

روژه گارودی، فیلسوف مشهور فرانسوی، در اواسط دههٔ ۱۳۶۰ش می‌گوید: «شما ایرانی‌ها تصور می‌کنید اسلام بیش از هر جا در افریقا مطالبه می‌شود؛ اما واقعیت این است که اسلام در اروپا بیشترین تشنه را دارد. ولی شما زبان گفت‌وگو با اروپاییان را نمی‌دانید. نمی‌دانید با چه زبانی با آنان سخن بگویید.»[۱] بنابراین، سقوط جمهوری اسلامی برای امریکا می‌تواند بحران ایدئولوژیک را، که لیبرالیسم با آن مواجه شده است، برای مدتی حل کند. تصور امریکا بر این است که آنچه برای شوروی اتفاق افتاده و فروپاشی آن را در پی داشته است، قطعاً سقوط جمهوری اسلامی نیز می‌تواند همان تجربهٔ تاریخی را برای امریکا و غرب به ارمغان بیاورد. بنابراین، سیاستمدارانی که در کاخ سفید حضور دارند و کسانی که به اندیشه‌هایی نظیر آرماگدون نزدیک هستند و برای خود رسالت جهانی و الهی قائل‌اند، این تکلیف را برای خود تا حدودی مفروض می‌دانند که باید رقبای دیگری را، که در جهان مسیحیت و همچنین اندیشهٔ لیبرالیسم وجود دارد،[۲] از میان بردارند.

اگر به حرکت تاریخی حضور امریکا در منطقه طی سال‌های اخیر توجه کنیم، می‌بینیم که امریکا به‌آرامی توانست با محاصرهٔ ایران، خود را به این ایده نزدیک‌تر کند. روند تاریخی در طول سال‌های اخیر نیز نشان می‌دهد که حلقه‌های محاصرهٔ ایران تنگ‌تر شده است. این خود نشان می‌دهد که این اندیشه، اندیشه‌ای زودرس یا ناشی از نگرانی از دسترسی به پدیده‌ای نظیر دانش هسته‌ای و تولید بمب‌های اتمی نبوده و نخواهد بود.

---

۱. خلیجی، محسن، تقریرات درسی کلاس دانشکده حقوق و علوم سیاسی.
۲. هانتیگتون، ساموئل، «نظریهٔ جنگ تمدن‌ها»، مجلهٔ امور خارجه Foreign Affairs؛ همچنین اسپوزیتو، جان. ل، همان.

۷. ایجاد چتر حفاظتی برای اسرائیل

هدف دیگری که امریکایی‌ها در منطقه به دنبال آن هستند، ایجاد چتر حفاظتی مطمئن برای اسرائیل است.[1] در گذشته غربی‌ها توانستند دو بار، در جنگ‌های صلیبی و جنگ ششم صلیبی، دولتی شبیه اسرائیل را در فلسطین با ماهیت مسیحی به وجود آورند ـ که در هر دوره چیزی در حدود هفتاد هشتاد سال دوام آوردند، و بعدها با اتحاد مسلمانان دچار فروپاشی شدند.[2]

امریکا در حال حاضر شاهد نوعی شکل‌گیری اتحاد جهان اسلام و اسلام‌گرایان در مسیر حذف اسرائیل است. همچنان که در خصوص بحث هژمونی امریکا بر منطقه مطرح کرده‌ایم، اسرائیل در شرایطی قرار گرفته است که ترجیح می‌دهد به مرزهای قبل از ۱۹۶۷ م بازگردد؛ اما حداقل دارای ثبات و امنیت باشد. قطعی است اگر اسرائیل به مرزهای ۱۹۶۷ م نیز بازگردد، ممکن است از درون مرزهای ۱۹۴۸ م تحت فشار مسلمانان موجود در منطقه قرار بگیرد. یا اینکه اگر جنگ و انتفاضه در اسرائیل همچنان تداوم پیدا کند، ممکن است جهان به‌اجبار به این مسئله رضایت دهد که روند دموکراتیک بر اساس رأی‌گیری در اسرائیل سنجیده شود؛ نظیر آنچه در افریقای جنوبی به وجود آمد. آن‌گاه رژیم صهیونیستی نیز مانند رژیم آپارتاید از میان برداشته شود. به نظر می‌رسد امریکایی‌ها چنین مخاطره‌ای را برای اسرائیل پیش‌بینی کرده‌اند.

گزارش بیکر ـ همیلتون کاملاً بر این نکته تأکید دارد که باید مسئلهٔ اعراب و اسرائیل را به نحو مسالمت‌آمیز و با مذاکرهٔ ایران و سوریه حل کرد، تا اسرائیل به مرزهای قبل از ۱۹۶۷ م بازگردد، و دارای ثباتی کاملاً مشخص شود. آن‌هایی که در امریکا کاملاً به حمایت قاطع

---

۱. خلیل‌زاد، همان، ص۲۲۲.

۲. سویدان، طارق، همان، ص۱۲۶.

از اسرائیل باور دارند، معتقدند که این بازگشت ممکن است گام بعدی عملیات‌های ضد اسرائیلی را در پی داشته باشد؛ چون تخلیهٔ کامل نوار غزه و کرانهٔ باختری ممکن است به تشکیل پایگاه جدید سازمان‌یافته علیه اسرائیل منتهی شود، و اسرائیل از چند طرف در خطر هجوم قرار گیرد. در حالی که نیروهای چریکی، که در فضای نامطمئن و مرزهای بدون حفاظ به سر می‌برند، در صورت آزاد شدن کرانهٔ باختری، به جریانی سازمان‌یافته تبدیل شوند و حتی بتوانند نیروهایی را از سایر نقاط جهان جذب کنند، و تداوم عملیات علیه اسرائیل را سازمان دهند. این نکته‌ای نیست که امریکایی‌ها و اسرائیلی‌ها از آن غافل باشند.

تجربهٔ تاریخی ثابت کرده است، اگر امریکا بتواند کانون اصلی حمایت مفروض در فلسطین را از بین ببرد، قطعاً بحران مخالفت با اسرائیل در داخل فلسطین با چالش اساسی مواجه شده، و شاید فروکش کند. شکل‌گیری دولت اسرائیل در منطقه با فروپاشی دولت عثمانی همراه بوده است. هنگامی که دولت عثمانی فروپاشید، و قدرت آن از بین رفت و مهاجران یهودی از نقاط مختلف جهان به منطقه کوچانیده شدند، هم‌زمان دولت اسرائیل با کمک انگلیس و امریکا در منطقه شکل گرفت. اگر در وضعیت فعلی، قدرتی چون جمهوری اسلامی ایران، که وزنهٔ اصلی حمایت معنوی و سیاسی از نیروهای فلسطینی است، حذف شود، به طبع به دنبال آن سوریه نیز ممکن است به پذیرش روند صلح مجبور شده، یا از سیاست منطقه‌ای حذف شود. به دنبال آن نیروهای مقاومت لبنان نیز ممکن است ظرفیت‌ها و انگیزه‌های لازم را برای دفاع از خود از دست بدهند.

در ذهنیت استراتژیست‌های کاخ سفید این تصور مفروض است که در صورت سقوط جمهوری اسلامی، اسلام‌گرایان در منطقه حرفی برای

گفتن نخواهند داشت و چاره‌ای جز فرورفتن در لاک دفاعی ندارند. بنابراین، در چنین وضعیتی، اسرائیل می‌تواند دوباره به وضعیت سابق خود بازگردد؛ چون اعراب و ناسیونالیست‌های منطقه ثابت کرده‌اند که هیچ‌گاه توانایی، کفایت، و انگیزه‌های ایدئولوژیک لازم را برای دفاع از منافع خویش ندارند. آن‌ها حتی از انجام امور جاری خود نیز عاجزند، و بیشتر ترجیح می‌دهند کارگران خارجی به جای آن‌ها کار کنند، و به امور معیشتی آنان رسیدگی کنند. طبیعی است برای امریکا و اسرائیل حذف اسلام‌گرایان یا جمهوری اسلامی می‌تواند چتری مطمئن برای دولت غاصب صهیونیستی باشد؛ همچنان که در گذشته، شاهد این تجربه بودیم که انگلیس برای حفظ هندوستان از تعرض دولت‌های دیگر، به تجزیه‌های متعدد در خاک ایران دست زد؛ افغانستان را از ایران جدا و سیستان را تقسیم کرد. در عوض، بخش‌های وسیعی از ترکمنستان ایران را در قرارداد آخال، با فشار و تحمیل به روس‌ها دادند، تا حد فاصل بین قدرت‌های منطقه با هندوستانِ تحت اشغال انگلستان به حداکثر مساحت جغرافیایی ممکن برسد. بنابراین، آنچه ممکن است در اینجا اتفاق بیفتد، هدفی بسیار مهم برای حفظ اسرائیلِ در حال فروپاشی خواهد بود.

۸. جلوگیری از شکل‌گیری یک قدرت در حال تزاید

آخرین هدف در حملهٔ احتمالی امریکا به ایران بحث جلوگیری از شکل‌گیری یک قدرت در حال تزاید است. پل کندی در کتاب ظهور و سقوط تمدن‌ها، آشکارا به بررسی تمدن‌ها و دولت‌های شکل‌گرفته از سال ۱۵۰۰ تا ۱۹۰۰ م پرداخته است. او در این کتاب تمدن‌های اروپایی را تحلیل، و به‌خوبی ثابت کرده است که چگونه یک قدرت

منطقه‌ای شکل می‌گیرد؛ بعد از شکل‌گیری، گسترش، و همچنین تثبیت و افزایش حوزهٔ نفوذ خود، به قدرتی بین‌المللی تبدیل می‌شود؛ و بعد از مدتی چگونه با گسترش قدرت، توان تأمین قدرت اقتصادی و سیاسی قدرت گسترش‌یافته را ندارد، و چگونه این ناتوانی در تأمین قدرتِ گسترش‌یافته و در حال تزاید ممکن است به سقوط همان قدرت بینجامد.

پل کندی کشورهای مختلفی را در این زمینه مثال می‌زند. امریکایی‌ها به این نقطهٔ استراتژیک توجه دارند، که ایران در حال حاضر در فرایند تبدیل شدن به قدرتی بزرگ است؛[1] چون توان ایدئولوژیک و قدرت نرم آن، به همراه توان اقتصادی داخلی، به‌آرامی در حال افزایش بوده، و بدون اینکه رشد چشمگیر فیزیکی داشته باشد و سبب تصرف بازارهای جهانی شود، از درون در حال رشد مداوم و مستمر است. در حالی که در سایر بخش‌ها، به لحاظ مباحث علمی و پزشکی، و همچنین مسائل نظامی نیز رشد چشمگیری داشته است. این مسئله ثابت می‌کند که ایران نیز در حوزهٔ سیاست در خاورمیانه رشد استراتژیک خوبی داشته است.

امریکا به‌خوبی می‌داند که این نهال رشدیافته را در حال حاضر می‌تواند از بن برکند؛ چون اگر اسرائیل در منطقه دچار فروپاشی شود و دولت‌های عربی منطقه گرایش جدی‌تری به سمت ایران پیدا کنند، یا در عراق تثبیت حاکمیت و نفوذ شیعیان به وجود بیاید، به طبع دیگر از میان برداشتن این مانع برای او بسیار سخت‌تر خواهد بود. آن‌ها زمان را به لحاظ تاریخی درک کرده و می‌دانند که در چنین وضعیتی می‌توان دست به اقدامی حساس و خطرناک زد.[2]

---

۱. خلیل‌زاد، همان، ص۲۲۲.

۲. برای بحث دربارهٔ نقش امریکا در جلوگیری از ظهور قدرتی برتر، رک به: خلیل‌زاد. ایالات متحده و خلیج فارس، جلوگیری از برتری منطقه‌ای سوروایول، ش ۲، تابستان ۱۹۹۵، صص۹۵ تا ۱۲۰.

عناصر فریبندهٔ ایران در چگونگی برخورد با امریکا

پدیدهٔ دشمنی امریکا با ایران را می‌بایست نه از منظر ما، که از منظر خود آنان دید. این اشتباه است که در ایران این موضوع بر مبنای تحلیل‌های درونی خودمان تحلیل می‌شود، و سعی نمی‌کنیم از منظر مباحث تاریخی و مسائل استراتژیک و منافع امریکا به آن بپردازیم. متأسفانه تا حدود زیادی به خوشایند خویش در عرصهٔ سیاست خارجی بسنده می‌کنیم، و در تلاش برای ارزیابی سیاست دشمنانمان از قرار گرفتن در موقعیت آنان پرهیز داریم. حال آنکه این کار به ما تفهیم می‌کند که چه باید بکنیم و چه تصمیمی بگیریم.

واقعیت این است که در سطح سیاستمداران ایرانی و در داخل کشور نوعی خوش‌بینی به آنچه در خارج از کشور در جریان است، وجود

دارد. این خوش‌بینی بیش از آنکه بر واقعیت‌های موجود در روابط بین‌الملل مبتنی باشد، بر مفروضات ذهنی بعضی از سیاستمداران، و تحلیل وضعیت درون دستگاه سیاست خارجی و همچنین دولت امریکا از منظر خودمان مبتنی است. به همین دلیل، معتقدیم که ما می‌بایست به موارد فریبنده در جهان غرب توجه کافی داشته باشیم. این موارد عبارت‌اند از:

اعتماد و خوش‌بینی به اختلافات بین سیاستمداران امریکا

از مسائلی که بین سیاستمداران ایرانی بیش از حد بر آن تأکید می‌شود، این است که امریکایی‌ها در برخورد با ایران در درون خود دچار اختلاف نظر اساسی هستند. بی‌تردید پیروزی دموکرات‌ها در جریان انتخابات مجلس و در اختیار گرفتن کنگره تا حدود زیادی به این خوش‌بینی دامن زده است. باید توجه داشته باشیم که در گذشته نیز همیشه نیروهای حاکم در امریکا یا انگلستان دچار تعارضات اساسی یا رقابت‌های مختلف با یک‌دیگر بودند. اما آنچه آنان را به وحدت می‌رساند، تأمین منافع ملی یا تقسیم منافع حاصل‌شده بود. نباید فراموش کرد که در جریان قرارداد ۱۹۱۹ دستگاه سیاست خارجی انگلیس چگونه با یک‌دیگر اختلاف داشتند و نتیجهٔ اختلاف آن‌ها چه شد؟

در جریان اشغال ایران از جانب انگلیسی‌ها و وضعیت به وجود آمده بعد از جنگ جهانی اول، دستگاه سیاست خارجی انگلیس برای تثبیت نفوذ خود در خاورمیانه دچار اختلاف نظر اساسی شده بود. لرد کرزن، که وزارت امور خارجهٔ انگلستان را به عنوان قدرت اول جهان غرب بر عهده داشت و رهبری کشور پیروز جنگ را به دست گرفته بود، بر این باور بود که باید در خاورمیانه و کشورهای تجزیه‌شده از

عثمانی و ایران، نظام تحت‌الحمایگی نوینی را طراحی کند، تا روندی شبیه آنچه در هندوستان شکل گرفت، در ایران نیز واقعیت وجودی پیدا کند. نظام تحت‌الحمایگی به‌آرامی قدرت و نفوذ انگلستان را گسترش داد؛ یعنی با در اختیار قرار دادن اقتصاد و نیروی نظامی این کشورها به انگلیس، و دادن هزینه برای تداوم این سیطره، انگلیس بتواند بر ایران سیطره یابد؛ همچنان که قرارداد تحت‌الحمایگی مشابه این را نیز با عراق امضا کرده بودند.

اما وزارت مستعمرات و جنگ انگلستان معتقد بود قراردادهای تحت‌الحمایگی برای انگلستان هزینه‌های بسیاری در بر خواهد داشت. سالانه چیزی حدود سی میلیون پوند برای ادارهٔ امور جاری ایران یا عراق صرف می‌شد، که پرداخت آن برای انگلیسی‌ها مشکل بود؛ چون دولت انگلستان بعد از جنگ جهانی اول، در مضیقهٔ مالی قرار داشت. در این بین، وزارت جنگ و مستعمرات به رهبری وینستون چرچیل، با حمایت لوید جورج (نخست وزیر)، این سیاست را در نظر گرفتند که برای ادارهٔ خاورمیانهٔ جدید، می‌بایست به جای تشکیل دولت‌های تحت‌الحمایه و آشکار کردن دست نفوذ و سیطرهٔ انگلستان، به تشکیل دولت‌های محلی دست بزنند، تا این دولت‌های محلی منافع غرب و انگلیس را بدون هزینهٔ مستقیم انگلیس تأمین کنند. چرا آن‌ها می‌بایست برای ایجاد مقاومت ملت‌های مستعمره در برابر انگلیس، وارد فرایند استعماری قدیم بشوند، که برای تداوم سیطرهٔ خود سرباز انگلیسی و پوند در این کشورها هزینه کنند؟ بنابراین به تشکیل دولت‌هایی در خاورمیانه اقدام کردند، تا این دولت‌ها و سلسله‌های پادشاهیِ فاقد ریشه‌های تاریخی و ملی فقط با کمک انگلستان به قدرت دست یابند، و بدین گونه منافع انگلیس را تداوم بخشند.

با وجود مقاومت در برابر قرارداد ۱۹۱۹ در ایران، کودتای ۱۲۹۹ش اتفاق افتاد، و همان‌ها که مخالف قرارداد بودند، مسحور نیروی کودتاگران و شعارهای آنان شدند ـ البته فهم این مطلب تجربهٔ گرانی را بر ملت ایران تحمیل کرد.

هم‌زمان با اخراج شریف حسین از حجاز، سعودی‌های وهابی را از نجد به حجاز آوردند و در سراسر جزیره‌العرب به قدرت رسیدند. در اردن، ملک عبدالله به قدرت رسید، در عراق ملک فیصل، در حالی که نه اردنی بود و نه عراقی، و در ترکیه نیز مصطفی کمال پاشا (آتاتورک). انگلیسی‌ها هم در سایر کشورها قدرت‌های جدیدی را سازمان داده، و سوریه و لبنان و فلسطین را به صورت سیاست تحت‌الحمایگی و قیمومیت سازمان ملل وذیل حاکمیت انگلیس درآوردند، تا زمینه را برای مهاجرت یهودیان و تشکیل کشور اسرائیل فراهم کنند.

بنابراین، اختلاف در دولت امریکا یا دستگاه سیاست خارجی انگلیس چیزی نبود که به نفع جامعهٔ ایران یا مردم منطقه تمام شود. البته سیاستمداران در آن زمان مخالف تحت‌الحمایه شدن ایران بودند، و قرارداد ۱۹۱۹ را ملغی اعلام کردند. اما رویهٔ جدید سیاست انگلستان را به‌آسانی نتوانستند درک کنند و حتی کسانی که با قرارداد ۱۹۱۹ مخالف بودند، به نوعی از سر خیراندیشی، یا شرّ حداقل، به حاکمیت جدید رضاخان پهلوی رضایت دادند.

تاریخ به ما ثابت کرد که انگلستان بعد از آن توانست بر همهٔ منابع نفتی در منطقه سیطره یابد، و با قرارداد ۱۳۱۲ش منافع و منابعی بیش از آنچه در قرارداد دارسی به انگلستان تعلق گرفته بود، تا سال ۱۳۷۲ش به همراه همهٔ تأسیسات و با تقلیل سهم ایران، به دست آورد. انگلستان برای این مسئله حتی دوستان قدیمی و فداکار خود همچون شیخ خزعل

و نصرت‌الدولهٔ فیروز و تیمور تاش را به قربانگاه رضاخان فرستاد، و همهٔ آن‌ها را برای تثبیت امپراتوری جدید خود در منطقه قربانی کرد.

در این الگوی جدیدِ قرارداد، با حاکمیت جدیدی که انگلیس برای ایران طراحی کرده بود، منفعت ایرانی‌ها از سهم یک‌دوازدهم در قرارداد نفتی دارسی، به یک‌شانزدهم در قرارداد نفتی ۱۳۱۲ ش تقلیل پیدا کرد. جالب‌تر اینکه همین سهم یک‌شانزدهم هم فقط به حساب شخصی رضاخان در بانک انگلیس واریز شد. مبلغی در حدود شصت میلیون دلار، که در طول شانزده سال سیطره و حاکمیت رضاخان بر ایران فراهم آمده بود. این مبلغ در جریان جنگ جهانی دوم به بهانهٔ اینکه این پول‌ها و شمش‌های طلا در بانک‌های انگلیس در برابر بمباران‌های آلمانی‌ها مصونیت ندارند، به‌ظاهر به سمت امریکا حرکت داده شد، ولی بعد اعلام کردند که نیروی دریایی آلمان کشتی‌ای را که این شمش‌ها را منتقل می‌کرد، در دریا غرق کرده است؛ یعنی سهم ایران از فروش نفت هم دوباره به حساب انگلیسی‌ها واریز شد. این گونه ایرانی‌ها از فروش بیست سال نفت خود در این منطقه هیچ سودی نبردند، و هر آنچه در زمان رضاخان ساخته شد، از مالیات بر کالاها و از جیب مردم ایران استفاده شد.

ما متأسفانه شاهد این مسئله هستیم که حتی جمع زیادی از مورخان در ایران مخالف این نکته هستند که رضاخان را انگلیسی‌ها بر سر حکومت و پادشاهی آورده‌اند؛ چون اسناد وزارت خارجه بر مخالفت لرد کرزن با کودتا و تأکید آن بر شکل‌گیری سیستم تحت‌الحمایگی دلالت دارد.

نکتهٔ دیگری که متأسفانه به حقیقت آن توجه نمی‌شود، کودتای ۲۸ مرداد ۱۳۳۲ش است. این کودتا در شرایط روابط به‌ظاهر گرم دولت

نهضت ملی و امریکا به وقوع پیوست. لوی هندرسون[1] ،سفیر دوستی امریکا، بعد از مدتی کوتاه ناگهان به سفیر کودتا تبدیل شد و به دکتر مصدق اعلام کرد: «از نظر دولت من، دیگر شما نخست‌وزیر نیستید و هیچ اعتباری ندارید!» و دکتر مصدق ناچار شد او را از خانه خویش بیرون کند.[2] اما دیگر فایده‌ای نداشت؛ چون خوش‌بینی دوسالهٔ دولت مصدق تأثیر منفی خود را گذاشته بود.

جالب اینکه هم‌زمان، در دستگاه سیاست خارجی امریکا نیز شاهد اختلاف نظر در برخورد با ایران بودیم. دموکرات‌ها و جورج مک‌گی (معاون وزیر خارجهٔ امریکا) موافق حمایت از دولت ایران بودند؛ چون دموکرات‌ها باور داشتند ایران سدّی در برابر نفوذ کمونیسم است، و جنبش‌های ملی‌گرا می‌توانند جریان‌های کمونیستی را در درون کشور خود سرکوب، یا از گسترش ایدئولوژی کمونیسم جلوگیری کنند. اما جمهوری‌خواهان بر این مسئله پایبند بودند، که دولت‌های ملی‌گرا سر پلی برای دولت‌های کمونیستی هستند؛[3] بنابراین باید هر چه سریع‌تر آن‌ها را با کودتا و یا قدرت نظامی قلع و قمع کرد. تردید و خوش‌بینی سیاستمداران ایران به نظرات دموکرات‌ها سبب شد در کودتا غرق شوند. کودتاگران در حالی در ایران کودتا کردند، که هم دموکرات‌ها و هم جمهوری‌خواهان امریکا بر سر تقسیم منافع وارد ایران شدند، و هیچ کس به آنچه اتفاق افتاد، اعتراض نکرد. در واقع، خوش‌بینی دکتر مصدق و دوستانش در این دوره به‌شدت به زیان ملت ایران تمام شد.

---

۱. لوی هندرسون دیپلمات ضد شوروی امریکا بود، که به معاونت خارجهٔ این کشور منصوب شد. وی از سال ۱۹۵۱ (۱۳۳۰ش) سفیر امریکا در تهران شده بود و از طراحان جریان ۲۸ مرداد به شمار می‌رفت.

۲. عاقلی، باقر، روزشمار از مشروطه تا انقلاب اسلامی، «حوادث ۲۶ مرداد ۱۳۳۲» نشر گفتار.

۳. امینی، علی، خاطرات علی امینی، مؤسسهٔ تاریخ شفاهی، هاروارد؛ همچنین خاطرات علی امینی، به کوشش یعقوب توکلی، تهران، دفتر ادبیات انقلاب اسلامی، ۱۳۷۶.

در جریان انقلاب اسلامی نیز ما با چنین تعارضی در دستگاه سیاست خارجهٔ امریکا مواجه بودیم. سایروس ونس (وزیر امور خارجه) و ویلیام سولیوان (سفیر امریکا در ایران) معتقد بودند که باید با انقلاب اسلامی کنار آمد، و با تقویت و تعبیهٔ دوستان امریکا در دولت ایران و همکاری با ایران، بر موج انقلاب اسلامی سوار شد. اما در نقطهٔ مقابل، کسانی مانند دکتر برژینسکی (مشاور امنیت ملی امریکا) بر این باور بودند که باید در برابر این انقلاب، که یک جریان خطرناک در حال رشد است، برخورد صریح، سریع، و قدرتمندانه داشت. این برخورد می‌تواند انقلاب را در محاق شکست فروبرد؛ چون تجربهٔ پانصدسالهٔ انقلاب‌های اروپا ثابت کرده است که هر گاه رهبران سیاسی و دولت‌ها با نیروهای انقلابی به تعامل پرداخته و با آن‌ها همراهی کردند، در نهایت همین دولت‌ها بودند که شکست خوردند، و رهبران و حاکمان سابق و شکست‌خورده چوبهٔ دار را بوسیدند. ولی هر گاه رهبران دولت‌ها به عملیات خشونت‌بار دست زدند، رهبران انقلاب را به چوبهٔ دار بستند، و توانستند با حرکت سریع کشور را از وجود رهبران مخالف پاک کنند. مردم نیز به دنبال کارهای خود رفتند و انقلاب در آن کشورها شکست خورد.

بر اساس این تئوری، برژینسکی مصرانه پیگیر اجرای کودتایی در ایران شد.[1] دولت کارتر، که به‌ظاهر در تاریخ دولت‌های امریکا به معتدل‌ترین دولت مشهور است و با شعار «نه ویتنامی دیگر، نه پینوشه‌ای دیگر» بر سر قدرت آمده بود، هم‌زمان عملیات نظامی و کودتا را در ایران تصویب کرد. اما آنچه مانع پیروزی سیاست‌های امریکا در ایران شد، واقع‌بینی، دوراندیشی، و ریزبینی سیاست‌های حضرت امام خمینی(ره) بوده است.

---

۱. جردن، هامیلتون، بحران، ترجمهٔ محمود مشرقی، تهران، نشر هفته، ۱۳۶۴.

متأسفانه ما در این بخش چندان به اندیشه‌های حضرت امام(ره)، درایت‌ها، و تقابل استراتژیک امام(ره) با سیاستمداران امریکا نپرداخته‌ایم؛ اما این امام(ره) بود که توانست با درک تعارض سیاست‌های امریکا و بهره‌گیری از آن، به خوش‌بینی رضایت ندهد؛ همچنان که افرادی از طیف به‌ظاهر مخالفان سیاست‌های امریکا نظیر رمزی کلارک بودند، که از راه‌های مختلف سعی کردند به نوعی به امام(ره) نزدیک شوند؛ اما امام(ره) به تماس با آن‌ها رضایت نداد. واقعیت مسئله این است که امام(ره) تحلیل سیاستمداران و خبرنگاران و روزنامه‌نگاران غربی را از اوضاع مختلف پذیرا نبودند و دقیقاً بر اساس وضعیت و واقعیت موجود در ایران دست به اقدام زدند.

بنابراین، ما باید به این نکتهٔ اساسی توجه کنیم که اختلاف نظر در درون سیاست خارجی امریکا نمی‌تواند همیشه به نفع کسانی تمام شود که معتقدند با ما برخورد مذاکره‌ای داشته باشند. مثالی در این خصوص را می‌توان در همین دولت کارتر مشاهده کرد. این دولت به‌رغم اینکه شعارهای حقوق بشری داده بود، در جریان انقلاب اسلامی برای کودتا علیه ایران رضایت داده و اقدام کرده بود. او ضمن اینکه سیاست مذاکره و مداهنه را با وزارت خارجه در پیش گرفته بود، وقتی اقدام دانشجویان پیرو خط امام(ره) در مسئلهٔ گروگان‌گیری با مذاکره و گفت‌وگو حل نشد، به‌رغم اینکه دستگاه سیاست خارجی در سیاسی کردن این مسئله تلاش زیادی کرده بود و به‌ظاهر می‌کوشید از ورود به اقدام نظامی پرهیز کند، دستور اقدام نظامی را به شورای امنیت ملی امریکا و وزارت دفاع صادر کرد. کارتر ناوهای هواپیمابر امریکا را به منطقه آورد، تا دست به اقدام نظامی در ایران بزند؛ اقدامی نظامی که در صحرای طبس به ارادهٔ خداوند ناکام ماند.

از همه مهم‌تر اینکه، ما در این ماجرا شاهد اختلافات شدید مسئولان دولت امریکا بودیم. این اختلاف‌ها آن‌قدر جدی بود که شورای امنیت ملی امریکا اقدام نظامی خود را دور از چشم وزارت خارجهٔ امریکا و بدون اطلاع وزیر امور خارجه انجام داد، و رئیس‌جمهور بدون اطلاع وزیر امور خارجه، این اقدام نظامی را تصویب کرد؛ آن چنان که بلافاصله بعد از شکست امریکا در جریان طوفان شن طبس، سایروس ونس از وزارت خارجه استعفا داد. این حرکت از آن جهت بود که شورای امنیت ملی و رئیس‌جمهور امریکا او را در جریان حساس‌ترین عملیات‌ها قرار نداده بودند. کارتر نیز بلافاصله استعفای سایروس ونس را پذیرفت.

تجربه‌های تاریخی آشکارا نشان می‌دهد، که حتی آرام‌ترین و معتدل‌ترین سیاستمدار امریکا در مواقع خطر و در مواقعی که امنیت ملی و منافع فراملی امریکا اقتضا کند، به خطرناک‌ترین اقدامات دست خواهد زد. این درست است که توطئهٔ امریکا در صحرای طبس به بار ننشست و شکست خورد؛ ولی اگر این اقدام به تقابل و کشمکش خونین منتهی می‌شد و سربازان امریکایی در داخل خاک ایران درگیر نبرد و جنگ رودررو می‌شدند، یا به اسارات درمی‌آمدند، وضعیت و تداوم عملیات نظامی امریکا علیه ایران را واقعاً کسی نمی‌توانست پیش‌بینی کند. قطعاً در آن وضعیت کارتر به حملهٔ جدی‌تری دست می‌زد؛ همچنان که پایگاه‌های مختلف خود را در منطقهٔ خاورمیانه و اقیانوس هند، مانند دیه‌گو گارسیا، به‌شدت تقویت کرده بود.

بنابراین، برخلاف نظر عموم سیاستمداران مؤثرِ ما، که به مخالفت کنگره با سیاست‌های جورج بوش اشاره می‌کنند و جورج بوش یا اوباما را در جریان تصمیمات خود علیه ایران تنها می‌بینند، امریکایی‌ها

طبق تجربهٔ تاریخی ثابت کرده‌اند که هر جا منافع ملی آن‌ها اقتضا کند و دارای دشمن مشترک باشند، به صورت استراتژیک با هم‌دیگر متحد خواهند شد، و قطعاً می‌توان تصور کرد که بخشی از این جنگ‌های زرگری برای دست یافتن به منافعی دیگر است.

در واقع، اختلافات درون دستگاه سیاست خارجی امریکا به‌هیچ‌وجه نمی‌تواند مانع شکل‌گیری جریان جنگ علیه ایران شود و قطعاً رئیس‌جمهور، وزارت دفاع، و ارتش امریکا می‌توانند کارگزاران و نمایندگان مخالف را با عملیات‌های فریبنده، یا شاید اعطای امتیازاتی در مسیر اهداف جنگ‌طلبانه متقاعد و همراه کنند. بنابراین، هرگز نباید از دوگانگی سیاست خارجه امریکا فریب خورد؛ خاصه آنکه شورای امنیت ملی و وزارت دفاع امریکا و وزارت خارجهٔ این کشور در گذشته دارای تعارض روشی و منشی بوده‌اند. وزارت خارجه، که همیشه نقش متعادل‌کنندهٔ سیاست‌های امریکا را ایفا می‌کرد، این بار در اختیار کسی است که به «ملکهٔ جنگ» در جهان مشهور است. از این جهت نمی‌توان به استفاده از بازی تعارض در داخل سیاست خارجهٔ امریکا دل بست. ظهور دولت اوباما ثابت کرد که این اختلافات شعار و نظرفریبی بیش نبوده، و اوباما سیاست‌های جنگی جرج بوش را در اشغال افغانستان و عراق، و تهدیدهای نظامی علیه ایران ادامه داده است.

حقوق بین‌الملل و سازمان‌های بین‌المللی

نکتهٔ عوام‌فریب دیگر برای ایرانیان بحث حقوق بین‌الملل و مسائل مربوط به سازمان‌های بین‌المللی نظیر شورای امنیت و سازمان ملل متحد است. شاید جمع زیادی از مردم و سیاستمداران ما تصور کنند که شورای امنیت و همچنین مجمع عمومی سازمان ملل می‌توانند در

جلوگیری از جنگ علیه ایران دخالت کنند. البته امریکایی‌ها تلاش می‌کنند سیاست‌های خود را از مجرای حقوق بین‌الملل عبور دهند؛ همچنان که در جریان اشغال عراق توانستند با اتهام اقدام علیه امنیت بین‌المللی و با تصویب قطعنامه علیه عراق و محکومیت آن، اجازهٔ حمله به عراق را به دست آورند. شاید تصور شود وضعیت ایران با عراق متفاوت است، و ممکن نیست در سازمان‌های بین‌المللی اتفاق نظری در این خصوص به وقوع بپیوندد.

طی سالیان اخیر، دیدیم که دولت‌های چین و روسیه، و در مواردی دولت‌های اروپایی سعی کرده‌اند با سیاست‌های تأخیری، امتیازات لازم را در ایران به دست آورند؛ اما در نهایت شاهد تصویب قطعنامه علیه ایران بودیم. باید توجه کرد که تصویب قطعنامهٔ مجمع عمومی و شورای امنیت علیه ایران در واقع هموار کردن مسیری برای تصویب قطعنامه‌های شدیدتر علیه ایران و گذراندن مسیر قانونی برای اقدام علیه ایران خواهد بود. بنابراین، نمی‌توان به‌هیچ‌روی به این مسئله دلخوش بود که بتوانیم با سیاست‌های تأخیری، یا وتوی روسیه یا چین از تصویب قطعنامه‌های شدیدتر و حملهٔ امریکا جلوگیری کنیم.

درست است که ایران همچون بازیگری قدرتمند یا دارای نقش می‌تواند در سازمان‌های بین‌المللی به اقدامات تأخیری دست بزند؛ اما این اقدامات نباید ما را از واقعیت اصلی خطری که در پیش روی ما است، غافل کند، و خود را امان‌یافته از جنگ بدانیم. باید توجه کنیم که خطر برای ما جدی است و در این میان سازمان‌های بین‌المللی تاکنون نقش سیاست مکمل را برای امریکا بازی کرده‌اند، نه برای ما. بنابراین، نمی‌توان به نقش یا مخالفت‌ها و موافقت‌های آن‌ها توجهی کرد؛ همچنان که بازرسان آژانس انرژی اتمی، در زمان دبیرکلی هانس

بلیکس بارها اعلام کردند که در عراق سلاح‌های کشتار جمعی پیدا نکردند؛ با وجود این امریکا به بهانهٔ وجود این سلاح‌ها به عراق حمله کرد، و فریادهای هانس بلیکس و دیگران نتوانست هیچ مشکلی را حل کند؛ جز آنکه در افکار عمومی جهان این سؤال ایجاد شد که امریکا برای تأمین اهداف دیگری به عراق وارد شده است ـ کما اینکه این سؤال و پاسخ به آن برای همگان از پیش روشن بود.

روابط ایران و روسیه

نکتهٔ دیگری که جزء موارد فریبندهٔ ایرانیان است، و سیاستمداران ایران تا حدود زیادی به آن دلخوش کرده‌اند، مسئلهٔ روابط ایران و روسیه است. بارها در حرف‌های سیاستمداران تکرار شده است که روسیه با تصمیمات شورای امنیت، امریکا، و اروپا دربارهٔ مسئلهٔ انرژی هسته‌ای ایران مخالفت کرده است. درست است که روس‌ها در این مسیر گام‌هایی را در مسیر مخالفت برداشته‌اند؛ اما تجربهٔ تاریخی ثابت می‌کند که روس‌ها همیشه در چنین مواردی چانه‌زنان بسیار خوبی بوده‌اند، و ضمن چانه‌زنی منافع کلانی را به دست آورده، و در هر اختلافی نیز با همین فرایند و بازیگری شرکت کرده‌اند. بی‌تردید روس‌ها در جریان تقابل ایران و امریکا نیز به‌هیچ‌روی خود را با امریکا درگیر نکرده، و به طور جدی سعی خواهند کرد با استفاده از این راه حداکثر منافع خود را به دست آورند.

پرواضح است که روس‌ها نیز می‌خواهند امریکایی‌ها در منطقه به چالش کشیده شوند و نفوذشان در منطقه کاهش پیدا کند. اما آیا خواست روس‌ها برای کاهش نفوذ امریکا در منطقه به منزلهٔ پذیرش افزایش نفوذ ایران است؟ قطعاً چنین نیست. آن‌ها ترجیح می‌دهند امریکا و

ایران هر دو در منطقه تضعیف شوند. بنابراین، در چنین وضعیتی به نظر می‌رسد اقدامات تأخیری روسیه در مخالفت با تصمیمات امریکا به وسیله‌ای برای مجاب کردن طرفین و گرفتن امتیازات بیشتر از هر دو طرف تبدیل شده است، و روس‌ها قوانین این بازی را به‌خوبی می‌دانند و در حال انجام آن هستند.

امضای قطعنامه در خصوص تعلیق فعالیت‌های هسته‌ای ایران ثابت کرده است که آن‌ها نیز بر این سیاست هستند که نباید یک قدرت ایدئولوژیک بسیار مهم در جهان شکل بگیرد. چینی‌ها نیز همانند روس‌ها دارای برداشت‌های ایدئولوژیک و انگیزه‌های متعارض در روابط با ایران هستند. آن‌ها ترجیح می‌دهند ایران به عنوان یک کشور اسلامی و دارای تفکر دینی و قدرت برتر در منطقهٔ خاورمیانه مطرح نشود، یا اینکه به قدرت و بازیگر هسته‌ای تبدیل نشود؛ چون هیچ یک از قدرت‌ها در فضای بین‌المللی بازیگر جدیدی را که نقشش برایشان شناخته‌شده و کنترل‌پذیر نیست، نمی‌پذیرند. آن‌ها می‌خواهند ایران برای فعالیت‌های هسته‌ای خود، سوخت و وسایل و تجهیزات اساسی نیروگاه را از روس‌ها و چینی‌ها تهیه کنند، تا با این کار به سود هنگفتی برسند؛ مثل پروژهٔ نیروگاهی که روس‌ها با قرارداد چهارصد میلیون دلاری شروع کردند و تا این مرحله میلیاردها دلار قبل از اتمام این پروژه به جیب برده‌اند، و با اقدامات تأخیری خود همچنان سعی دارند منافع بیشتری به دست آورند.

ما باید بدانیم که در صورت حملهٔ امریکا به ایران، روس‌ها به‌هیچ‌روی به تعارض با امریکا نخواهند پرداخت. آن‌ها ممکن است با هدف باج‌خواهی بیشتر از ایران یا تضعیف امریکا سلاح‌های خود را به ما بفروشند؛ اما نمی‌توان به آن‌ها اعتماد کرد که در اوضاع مخاطره‌آمیز

از ایران دفاع کنند. دفاع آن‌ها فقط در تعارفات دیپلماتیک و در حوزهٔ روابط بین‌المللی و اقدامات تأخیری برای کسب منافع بیشتر خواهد بود.[1]

روابط اروپا و امریکا

مورد فریبندهٔ دیگری که صورت می‌گیرد، بحث روابط اروپا و امریکا است. منطقی است که ما اروپا و امریکا را دارای نوعی رقابت تاریخی بدانیم؛ چون این به صورت واقعیتی تاریخی در گذشته نیز وجود داشته است. رقابت بین فرانسه و آلمان با امریکا و همچنین پیروی انگلیس از سیاست‌های امریکا در طی سال‌های بعد از جنگ جهانی دوم همیشه کاملاً آشکار بوده است. اما واقعیت این است که هیچ‌گاه اروپایی‌ها با امریکایی‌ها بر سر منفعت مشترک به تعارض اساسی نپرداخته‌اند. رقابت و تلاش برای دستیابی به منافع حداکثری را نباید مخالفت یا تصمیم به مخالفت پنداشت.

تا اینجا، مناسبات ایران و اروپا و امریکا ثابت کرده است که همیشه در مواقع خطرناک، این اروپایی‌ها بوده‌اند که در اقدام علیه ایران پیشگام‌تر بوده و قطعنامه‌های جدی‌تری را علیه ایران به تصویب رسانده‌اند؛ اما در واقع اروپا نیز در چنین فرایند و کشمکشی به دنبال تضعیف نقش امریکا و تثبیت نقش خود است. اما این حرکت موجب نمی‌شود که آن‌ها در برخورد با دشمن مشترک، که دارای مخالفت‌های ایدئولوژیک و مخالفت‌های گستردهٔ سیاسی و نظامی و اقتصادی با اروپا است، دست از حمایت امریکا بردارند و از ایران حمایت کنند. بنابراین، ما در جریان رقابت با امریکا حتی نمی‌توانیم به کوچک‌ترین

---

۱. این متن به اواسط سال ۱۳۸۵ مربوط می‌شود، و هم‌اکنون، روسیه و چین چهارمین قطعنامهٔ ضد ایرانی شورای امنیت سازمان ملل، که شرایط تحریم و فشار بر ایران را سخت‌تر می‌کند، امضا کرده‌اند.

مساعدت اروپا دلخوش باشیم.

در جنگ تحمیلی عراق علیه ایران، شاهد حمایت گستردهٔ دولت‌های اروپایی در ارسال سلاح‌های شیمیایی آلمانی و حتی اجارهٔ هواپیماهای سوپراتاندارد و میراژ فرانسوی به عراق بوده‌ایم. تسلیحات مختلف نظامی، که اروپایی‌ها برای عراق فراهم کرده بودند، بیانگر این حقیقت است که آن‌ها در جنگ با ایران می‌توانند پیشگام‌تر و جدی‌تر از امریکا اقدام کنند.

واقعیت دیگری که وجود دارد، این است که آن‌ها چنین قدرتی را در خود نمی‌بینند. ژاندارم بی‌کلهٔ جهان امریکا است، که می‌تواند به این معرکهٔ خطرناک آمده و برای آنان نقش ژاندارم جهان را ایفا کند. پس از آن انگلیسی‌ها، آلمانی‌ها، و فرانسوی‌ها هستند که خود را شرکای قدرت می‌دانند، و در مسیر تقسیم منافع وارد معرکهٔ جدید می‌شوند. بنابراین، به‌هیچ‌روی نمی‌توان به روابط ایران و اروپا از حیث جلب حمایت آنان از ایران دلخوش کرد. اما تعامل در فضای رقابت بین اروپا و امریکا و همچنین عدم تماس مستقیم آن با امریکا می‌تواند فرصت لازم را برای بازی در میان این کشمکش‌ها برای ما فراهم آورد. چنانچه این بازی به کشمکشی خونین تبدیل شود، قطعاً اروپا در صف مقابل ما خواهد بود و بی‌طرف نخواهد نشست.

احتمال پایبندی امریکا به قوانین بین‌المللی

در خصوص کشمکش ایران و امریکا، بحث پایبندی امریکا به قواعد و قوانین بین‌المللی از موارد فریبنده است. امریکا در مواقعی که منافع آن کشور در مخاطره قرار می‌گیرد، به‌هیچ‌روی به هیچ یک از قواعد و قوانین بین‌المللی پایبند نیست. قطعنامه‌های متعددی علیه اسرائیل

به تصویب رسید؛ اما همهٔ آن‌ها را امریکا وتو کرد و بی‌فایده دانست. امریکا هیچ وقت اجازه نداد که شورای امنیت قطعنامه‌ای را علیه جنایات اسرائیل، که جهانیان بر جنایت‌کار بودن آنان وحدت نظر دارند، به تصویب برساند. بنابراین، از چنین دولتی به‌هیچ‌وجه نمی‌توان انتظار داشت که در صورت تجاوز، به قطعنامه‌های بین‌المللی و حتی شورای امنیت یا مجمع عمومی رضایت دهد و آن‌ها را اجرا کند.

در واقع امریکا در سابقهٔ تاریخی خود ثابت کرده است که هرگز به هیچ یک از قواعد بین‌المللی پایبند نبوده، و قواعد بین‌المللی تا آنجایی رضایت امریکایی‌ها را جلب می‌کند که منافع مستقیم آن‌ها را تأمین کند.

احتمال حمایت همسایگان ایران

احتمال حمایت همسایگان ایران و پایبندی آنان به تداوم این مسئله از موارد فریبندهٔ دیگری است. بی‌شک همسایگان ایران در جریان تقابل بین ایران و امریکا، توان اقدام علیه امریکا را ندارند. بهترین فرضیه و خوش‌بینانه‌ترین حالت این است که امریکا به‌رغم همهٔ پایگاه‌هایی که در منطقهٔ خاورمیانه و در حوزه‌های پیرامون ما ـ یعنی در عراق، آذربایجان، قزاقستان، ازبکستان، گرجستان، افغانستان و در قسمت جنوب در قطر، بحرین، و مناطق دیه‌گو گارسیا و همچنین در عربستان و پایگاه اینجرلیک ترکیه ـ دارد، این دولت‌ها به امریکا اجازهٔ اردوکشی علیه ایران را ندهند. اما در واقع این پایگاه‌ها در هر صورت علیه ایران به عملیات جاسوسی، ردیابی، و رهگیری تحرکات نظامی در ایران دست خواهند زد. این کار هم چه با نظر دولت‌های مزبور باشد، چه دور از چشم آنان، می‌تواند انجام پذیرد؛ هرچند ممکن است بعضی از دولت‌ها خود این فرصت را در اختیار امریکا قرار دهند. البته ممکن

است بعضی از کشورها دارای استقلال رأی بیشتری باشند و از دادن این فرصت امتناع بورزند؛ اما نمی‌توان به این مسئله امیدوار بود که امریکا به اعتراض دولت‌های همسایهٔ ایران وقعی بنهد. بی‌تردید امریکا ترجیح می‌دهد از جبهه‌های مختلف به ایران حمله کند. این هجوم سبب خواهد شد ایران دچار بحران شدید، و آشفتگی و سردرگمی در هدایت عملیات تدافعی و مدیریت بحران نبرد شود. وانگهی، در مقابل این مسئله درمانده شود که آیا باید به پایگاه‌های نظامی دشمن در خاک یکی از کشورهای همسایه حمله کند، یا آنکه سایر اهداف را هدف قرار دهد؟ چنانچه به هدفی غیر از هدف نظامی حمله شد، در آن صورت با بحران گسترش جنگ مواجه خواهد بود.

بنابراین، مسئلهٔ همسایگان ایران ما را در جریان جنگ دچار چالش و فریب خواهد کرد. از گام‌هایی که امریکا در مسیر جنگ علیه ما خواهد برداشت، این است که عملیات‌های مختلف را از مرزهای مختلف به انجام برساند؛ چون در این صورت، ایران درگیر پدیدهٔ جنگ در چندین محور می‌شود و فایدهٔ حداکثری برای امریکا خواهد داشت. به علاوه، در صورت درگیری در محورهای مختلف یا حمله به مراکز و پایگاه‌های امریکا در این کشورها، ممکن است آن دولت‌ها نیز به دفاع سرزمینی از خود بپردازند. اگر در موارد هدف‌گیری‌شدهٔ نظامیان ایران در عملیات مقابله به مثل اشتباهی صورت گیرد، قطعاً امریکا دولت‌های منطقه را علیه ایران بسیج خواهد کرد. در چنین وضعیتی امریکا همان فرضیهٔ دائمی و شیوهٔ معمول خود را، یعنی کشتار خونین، در جهان عملی خواهد ساخت؛ به عبارتی آنچه در جریان جنگ اول عراق و جنگ دوم خلیج فارس صورت پذیرفت، یا آنچه در جنگ ویتنام، با عنوان ویتنامی کردن جنگ، اتفاق افتاد.

باید به این نکتهٔ اساسی توجه کرد که ما و کشورهای منطقه در جریان آن جنگ، نباید وارد چنین دامی شویم. اگر در دفاع متقابل بخواهیم دست به مقابله بزنیم، می‌بایست مسئلهٔ پایگاه‌های امریکایی‌ها را از مسئلهٔ نفوذ و حاکمیت دولت‌های منطقه کاملاً منفک کنیم؛ چون امریکایی‌ها ترجیح می‌دهند دولت‌های منطقه به مقابله با ما برخیزند و ما نیز درگیر تقابل با آن‌ها شویم، تا بتوانند با هزینهٔ کمتر و با ارزان‌ترین راه شکست ایران را رقم بزنند. تصور کنید اگر امریکایی‌ها از پایگاه‌های نظامی خود در ازبکستان به ایران حمله کنند، و ایران در پاسخ به آن‌ها موشک‌هایش به هدف‌های دیگری در خاک ازبکستان برخورد کند، تردیدی وجود ندارد که در چنین وضعیتی امریکا، برخلاف جنگ اول امریکا با عراق که اسرائیل را به خویشتن‌داری وادار کرد، دولت‌های منطقه را به جنگ منطقه‌ای با ایران تحریک و تشویق خواهد کرد، تا از این طریق بتواند هم هزینه‌های ناشی از جنگ را کاهش دهد، و هم ایران را با یک جنگ منطقه‌ای درگیر کنند ـ که این درگیری بر اساس قواعد بین‌الملل به نفع این دولت‌ها خواهد بود و حتی اجماع جهانی دفاع متقابل ایران را از مرزهای کشور خود تجاوز تلقی می‌کند.

در این اوضاع و احوال، می‌بایست دولت‌های منطقه را نیز از چنین خطری آگاه کرد، که به‌هیچ‌روی به ترغیب امریکا وارد چنین کشمکش و بازی وحشتناکی نشوند؛ چنان که دولت ترکیه در جریان جنگ دوم امریکا با عراق، پایگاه اینجرلیک و دیگر پایگاه‌های امریکا را در داخل این کشور در اختیار امریکا قرار نداد. این درست است که ترک‌ها هر وقت که خواستند، وارد کردستان عراق شدند و علیه نیروهای مخالف کرد دست به عملیات زدند؛ اما به این مسئلهٔ اساسی توجه داشتند که به‌هیچ‌وجه با دولت عراق درگیر نشوند.

نقاط قوت ایران در صورت تهاجم احتمالی امریکا

برای بررسی وضعیت نیروهای ایرانی در جریان جنگ و تجاوز امریکا، باید به نکات بسیار مهمی توجه کرد. تعریف مدل اختاپوس‌گونه‌ای که ما از قدرت امریکا در جهان ارائه دادیم، و نیز بر اساس نظریه‌ای که بر طبق آن معتقدیم امریکا نمی‌تواند همه یا بخش اعظم نیروهای نظامی خود را در ایران پیاده کند، در صورت امتناع دولت‌های منطقه از مساعدت و واگذاری امکانات نظامی خود به امریکا، ایران دارای موقعیت مناسب‌تری در مقایسه با مساعدت آن‌ها در جریان جنگ خواهد بود؛ هرچند معتقدیم که امریکایی‌ها ترجیح می‌دهند با منطقه‌ای کردن جنگ و ایجاد بحران به اهداف خود برسند.

با این وجود، باور داریم که ایران در برابر یک موقعیت بحرانی و نظامی دارای ظرفیت‌های ویژه‌ای است، که این ظرفیت‌ها می‌تواند

توازن قوا و وحشت را، در عین امکان سیطره یافتن یا مبارزهٔ برد ـ برد یا مبارزهٔ باخت ـ باخت، برای طرفین به ارمغان بیاورد:

دفاع در سرزمین خودی

اولین نقطه‌قوت ایران آن است که در سرزمین خود می‌جنگد و دفاع می‌کند. همیشه موقعیت نیروهای مهاجم در سرزمین بیگانه موقعیتی متزلزل است، و مهاجمان به‌آسانی نمی‌توانند بر مدافعانی که فداکارانه از سرزمینشان دفاع می‌کنند، سیطره پیدا کنند؛ مگر آنکه مدافعان مرتکب اشتباهات استراتژیک مهمی شوند، یا توازن قوا وجود نداشته باشد. استراتژی همهٔ دولت‌های مهاجم در برخورد با کشورهایی که سعی دارند به آن‌ها حمله کنند، همیشه این بوده است که قبل از هر گونه اقدام و آماده‌سازی نیروهای مدافع، دست به عملیات بزنند؛ چون دفاع در سرزمین خود بیشتر از تهاجم دشمن مقابل مؤثر خواهد بود. اما این مسئله باید از چند حیث مهم بررسی شود:

۱. ضرورت فریب نخوردن در برابر برنامه‌های دشمن

این شیوه امری کاملاً پذیرفته‌شده است، که نظامیان و استراتژیست‌های مهاجم در طول تاریخ همیشه سعی کرده‌اند با پیش‌دستی در عملیات، یا اغوای طرف مقابل و تحلیل موقعیت او نیروهای آن کشور را در دفاع دچار مشکل کنند.

اگر به تاریخ صدر اسلام بازگردیم، متوجه این مسئله می‌شویم که پیامبر اسلام(ص) در بیشتر جنگ‌های خود، جز فرماندهان خاص، بقیهٔ نیروها را متوجه موقعیت نهایی هدف خود نمی‌کرد؛ چون امکان داشت عوامل نفوذی دشمن یا افرادی که به مجموعه‌های مهاجم وابستگی

داشتند، خبر حمله را به دشمن برسانند، و در نهایت سبب آمادگی در دشمن شوند؛ زیرا در صورت عدم آمادگی دفاعی، شاهد جنگی بدون خونریزی و پیروزی بدون درگیری می‌شدند. اما در نقطه مقابل، هر وقت اعراب تهاجمی را علیه مدینه و حکومت پیامبر(ص) انجام دادند، پیامبر(ص) توانست با دسترسی به اطلاعات، با وجود نفرات کم ـ که معمولاً یک‌سوم و در مواردی نظیر جنگ خندق (احزاب) چیزی در حدود یک‌هفتم نیروهای مهاجم بود ـ به دلیل دفاع هوشمندانه در سرزمین خودی، با اقدامی سریع دشمن را از رسیدن به اهداف خود ناکام بگذارد. در عوض، هنگامی که پیامبر(ص) تصمیم گرفت به مکه حمله کند، اقدامات آن حضرت در برخورد با نیروهای نظامی مکه به گونه‌ای بود که اعراب مکه حتی در نزدیک‌ترین نقطه به سپاه پیامبر(ص)، از تصمیم نهایی پیامبر(ص) برای فتح مکه اطلاع نداشتند. این مسئله چه در سنت نبوی(ص) و چه در سایر جنگ‌های معمول دنیا امری کاملاً پذیرفته‌شده است.

بنابراین، هیاهوی دشمن در اینکه «هیچ‌گاه دست به حملهٔ نظامی نخواهد زد»، بدان دلیل است که ما را در موقعیت دفاع در سرزمین خود دچار مشکلِ اساسی کند؛ چون اگر ما در موقعیت دفاعی لازم قرار بگیریم، قطعاً نابرابری نیروهای ما می‌تواند تا حدود زیادی جبران شود.

۲. ضرورت بهره‌گیری از تمامی عناصر دفاعی

وحشت نیروهای نظامی از سرزمین‌های ناشناخته امری طبیعی و بدیهی است. نیروهای خودی معمولاً با وضعیت فضا و مکان و شرایط جوی سرزمین خود هماهنگ‌ترند؛ بنابراین دفاع در سرزمین خودی این امکان را برای ایران ایجاد می‌کند که بتواند از ظرفیت‌های بیشتری

در دفاع بهره ببرد. این ظرفیت‌های بیشتر در دفاع می‌تواند برای ایران عامل بسیار مهمی در پیروزی باشد.

۳. ضرورت بهره‌گیری از عناصر خارج عرصهٔ کارزار

نکتهٔ دیگری که در بحث دفاع در سرزمین خودی باید بدان توجه کرد، این است که دفاع در سرزمین خودی ظرفیت‌هایی را وارد میدان نبرد خواهد کرد که ممکن است از محاسبهٔ استراتژیست‌ها خارج باشد. امکانات و فرصت‌های مناسب برای عملیات‌های استشهادی، عملیات‌هایی که می‌توان با پوشش‌های عملیاتی سازمان داد، یا امکان دسترسی به اطلاعات خاصی از نیروهای دشمن، همهٔ این‌ها ظرفیت‌های نیروهای خودی را بالا می‌برد. افزون بر این‌ها، در جامعهٔ ایران طیف وسیعی از زنان نیز آموزش نظامی دیده‌اند و در زمان جنگ می‌توانند بخش مهم امنیت درون‌شهری را تأمین، و نیروهای نظامی مرد را برای دفاع در مقابل دشمن خارجی آماده کنند.

۴. ضرورت جلوگیری از نفوذ سرزمینی و درون خاک

از نکات اساسی در بحث دفاع در سرزمین خودی آن است، که نباید به‌هیچ‌روی به دشمن فرصت و اجازه داده شود که به داخل سرزمین ما نفوذ نظامی کند؛ چون نفوذ نظامی دشمن در داخل سرزمین‌های خودی موجب کاهش توان دفاعی و از هم گسیختن نیروهای خودی می‌شود. حضرت علی(ع) می‌فرمایند: «ملتی که اجازه داده است سرزمین آن‌ها محل تهاجم دشمنان خارجی شود، قطعاً روی ذلت را خواهند دید.»

حضور دشمنان خارجی در داخل سرزمین برای آن‌ها ذلت را به همراه خواهد آورد. نیروهای امریکایی در جریان جنگ دارای برتری

هوایی بوده و نیروی زمینی امریکا به لحاظ استراتژی، زمینه و ظرفیت جنگ نظامی را ندارند؛ بنابراین سعی خواهد کرد با کمک عملیات هلی‌برد به اهداف خود دسترسی پیدا کند. به همین دلیل، باید نهایت دقت و توجه را داشته باشیم و اجازه ندهیم نیروهای نظامی دشمن وارد مناطق شهری یا مناطق داخلی کشور ما شوند.

۵. ضرورت جلوگیری از تغییر وضعیت دشمن از موقعیت تهاجمی به دفاعی

ممکن است به هر صورت بتوان از ورود نیروهای مهاجم جلوگیری کرد، چه با توزیع سلاح در سطح شهر و بین نیروهای معتقد و معتمد در شهرستان‌ها، و چه با مراقبت دائمی از مناطق هوایی، تا دشمن امکان و اجازهٔ ورود به درون شهرها یا مراکز مهم اقتصادی را نیابد. بی‌شک اگر ورود نیروهای دشمن به مناطق شهری یا مراکز اقتصادی ممکن شود، دفاع در برابر آن قطعاً مشکل‌تر خواهد بود و دشمن می‌تواند از موقعیت تهاجمی به موقعیت تدافعی تغییر وضعیت بدهد. این مسئله موجب کاهش ضریب قدرت ما در دفاع از سرزمین خودی خواهد شد. با این وجود، باز هم مسئلهٔ دفاع در سرزمین خودی موضوعی اساسی و نقطه‌قوتی بنیادی برای نیروهای خودی است.

۶. ضرورت حفظ روحیهٔ فداکاری

مسئلهٔ مهم دیگری که نقطه‌قوت ایران تلقی خواهد شد، حفظ روحیهٔ فداکاری در نیروهای خودی است؛ وگرنه انسان یا هر موجود زنده‌ای در برابر تهاجم دشمن از خود واکنش دفاعی نشان می‌دهد. حفظ روحیهٔ فداکاری باید به صورت امری دینی و ملی درآید. اما سیاست‌های

یک‌سونگرانه و خودخواهانهٔ سیاستمداران و نظامیان می‌تواند در کاهش قدرت فداکاری نیروها مؤثر باشد. در واقع، اساسی‌ترین راه حفظ روحیهٔ دفاعی و پیشگامی مسئولان و فرزندان آن‌ها در عرصهٔ خطر و دفاع است. مهم‌تر اینکه در روند زندگی اجتماعی و اقتصادی با سوءاستفاده‌کنندگان از اموال و نوامیس مردم در وضعیت جنگی برخورد شدید شود؛ چون هر گونه کوتاهی در این زمینه موجب تضعیف روحیهٔ فداکاری خواهد شد. همچنین، در این میان باید در مقابل مشکلات خانواده‌های نیروها رفتار مناسبی نشان داد، تا مسائل روانی و اجتماعی گذشته در خانواده‌های رزمنده و شهدا تکرار نشود.

۷. ضرورت دفاع همگانی و مشارکت عمومی

واقعیت این است که هر شخص، چه با ایمان و چه بی‌ایمان، برای حفظ سرزمین، خانواده، ناموس، جامعه، و امنیت خود حاضر است بزرگترین فداکاری‌ها را از خود نشان دهد. در صورت بروز جنگ میان ایران و امریکا، صدمات ناشی از آن فقط شامل طیف خاصی از مردم و به عبارت بهتر فقط شامل نیروهای حزب‌اللهی و انقلابی نخواهد شد. طبیعی است که بخش اعظم جامعهٔ ایرانی، با توجه به روحیهٔ دینی و سیاسی فعلی و همچنین غیرت ملی حاکم بر آن، به‌هیچ‌وجه حاضر به تحمل حضور نیروهای خارجی در کشور نمی‌شوند. حملهٔ مغولان به ایران، که به اشغال کشور منجر شد، به جهت ضعف دولت مرکزی و اشتباه استراتژیک قدرت حاکم در جریان جنگ، یعنی به سبب تجزیه و تقسیم نادرست نیروها در برابر مغولان، بوده است.

البته مغولان در جریان جنگ داخلی ایران، هضم و تجزیه شدند؛ اما واقعیت آن است که همین ورود مغولان در جامعهٔ ایران سبب شد

روحیهٔ دشمن‌ستیزی و نگرانی از ورود دشمن به خاک خودی در جامعه و مردم ایران حفظ، و همچون خصلتی ایرانی در مردم نهادینه شود. هرچند روحیهٔ دفاع عمومی در دوران قاجار و عصر پهلوی تضعیف شد؛ دفاع مقدس و انقلاب اسلامی توانست همهٔ مشکلات روحی ناشی از شکست‌های تاریخی در جامعهٔ ایران را اصلاح کند و آغاز نوینی از تاریخ جامعهٔ ایران برای ناکامی‌ها و شکست‌های گذشته باشد.

در واقع، اشتباه استراتژیک دشمنان ایران، که به شروع جنگ تحمیلی عراق بر ضد ایران منتهی شد، بر این فرضیه مبتنی بود که جامعهٔ ایران طی یکصد و پنجاه سال اخیر، در برابر تهاجمات خارجی شکست خورده است، و روحیهٔ دفاع در برابر تجاوز خارجی را ندارد. به همین دلیل بعید به نظر می‌رسد که در تهاجم جدید مجموعه‌ای از مقاومت کارآمد در ایران شکل بگیرد؛ با این فرض که ارتش به سبب وقوع انقلاب کارایی خود را از دست داده است و نیروهای سپاه نیز تعدادشان از سی‌هزار نفر بیشتر نیست، و با توجه به درگیری‌هایی داخلی با گروه‌ها امکان ایجاد یک مقاومت نیرومند وجود ندارد؛ خاصه آنکه منطقهٔ خوزستان و کردستان دارای روحیات ناسیونالیسم قومی مسلح و غیر مسلح مخالف حکومت مرکزی ایران است؛ بنابراین ایران توان دفاع در برابر چنین تهاجم گسترده‌ای را نخواهد داشت.[1] این تصور از جامعهٔ ایران و ارتش و سپاه بعد از انقلاب اسلامی به تهاجم عراق منتهی شد ـ البته با اشاره و حمایت امریکا.

جنگ تحمیلی ثابت کرد که ایرانیان در جریان انقلاب اسلامی، تحول روحی عظیمی را تجربه و تحصیل کردند، که به‌رغم نداشتن آمادگی و امکانات لازم برای دفاع در برابر یک تجاوز گسترده و

۱. تحلیل طارق عزیز، نخست‌وزیر عراق، از وضعیت ایران در زمان آغاز جنگ پخش‌شده از تلویزیون عراق و ایران

همه‌جانبۀ بین‌المللی، با تکیه بر روحیۀ فداکاری و حمیت و غیرت دینی و ملی، توانستند دشمن متجاوز را از سرزمین خود اخراج کنند و شکست آنان و پس گرفتن سرزمین‌های اشغالی را رقم بزنند. البته این پیروزی نافی فریب استراتژیک ایران و حمایت همه‌جانبۀ بین‌المللی و تسلیحاتی از عراق و فقدان عمل به وظیفۀ دفاع در همۀ سطوح مردم جامعۀ ما نیست.

در جامعۀ کنونی ایران قطعاً با گسترش آموزش‌های نظامی و فرهنگی، ترویج روحیۀ شهادت‌طلبی، آگاهی به عملیات‌های نظامی در بین طیف وسیعی از نیروها، و همچنین تحلیل عملیات‌های مختلف، سبب شده است که هم جامعۀ ایران از روحیۀ فداکاری بیشتر و بهتری در مقایسه با زمان آغاز جنگ برخوردار باشند، و هم اینکه این فداکاران و کسانی که حاضرند برای دفاع از مملکت خود دست به دفاع و مقاومت بزنند، از دانش نظامی بهتری بهره گیرند.

تجربۀ حضور در دفاع مقدس علاوه بر واکاوی و بازخوانی دفاع مقدس و بازگویی خاطرات و بازبینی عملیات‌های متفاوت توانسته است آموزش‌های عمومی و دانش به نسبت گسترده‌ای را به جامعۀ ایران منتقل کند. با وجود این، باید به این نکتۀ اساسی توجه داشت که وجود نیروی فداکار در جامعۀ ایران و نیروی عملیاتی که حاضر است برای دفاع از کشور خود همۀ هستی‌اش را در راه دفاع از دین، میهن، و انقلاب اسلامی به میدان بیاورد، نباید تحت تأثیر استراتژی‌های ناشی از دفاع مبتنی بر کثرت نفرات و تهاجم نیروی انسانی قرار گیرد.

به عبارتی، ما باید تلاش کنیم با وجود حفظ روحیۀ فداکاری در مردم و آموزش‌های جدی نظامی، تلفات بیشتری را از دشمن بگیریم؛ بدون آنکه تلفات گسترده‌ای را در برابر دشمن بدهیم. ما باید با استفاده

از تجهیزات جدیدتر و اتخاذ استراتژی‌های پیرامونی، فشار سیاسی، اقتصادی، و نظامی بر متجاوزان را به گونه‌ای افزایش دهیم، که دشمن به خروج از کشور ملزم شود. باید به این نکتهٔ اساسی نیز توجه کرد که فداکاران در برابر دشمن خارجی معمولاً چند گروه هستند: برخی فداکاران معتقدی هستند که با اعتقاد به دفاع از وطن و دین، دست به فداکاری می‌زنند؛ گروه دیگر فداکاران متقاعدی هستند، که با تفهیم اوضاع و مخاطرات موجود، دست به فداکاری خواهند زد؛ و تعدادی دیگر هم فداکارانی هستند که بر حسب الزام حاکمیت جامعه و به سبب ضرورت مجبور به فداکاری می‌شوند.

تجربه ثابت کرده است که در بسیاری از کشورها، از فداکاران متوقع و مزدور نیز بهره می‌گیرند. ما در جریان دفاع در برابر تهاجم احتمالی امریکا نباید مانند جریان دفاع در برابر تهاجم عراقی‌ها دچار اشتباه شویم، و فقط حامیان فداکار و معتقد به انقلاب اسلامی را به میدان جنگ بیاوریم؛ چون نتیجه آن شد که چیزی بیش از ۲۶۰ هزار نفر از بهترین نیروهای اسلام‌گرا در دورهٔ معاصر، که محصول جریان طولانی‌مدت تاریخ تشیع بودند، در جریان جنگ تحمیلی به شهادت رسیدند؛ حال آنکه وظیفهٔ دفاع در مقابل تهاجم کشور خارجی وظیفه‌ای همگانی بود.

به عبارتی، در شیوهٔ توزیع نیروی انسانی رزمنده در جریان جنگ اشتباهی اساسی و استراتژیک رخ داده بود. ما در این شیوهٔ توزیع همانند دوران قاجار عمل کردیم. نیروهای کشور برای دفاع از مرزها به چهار استان شمال، مرکز، جنوب، و غرب تقسیم شدند؛ چنان که دفاع در برابر تجاوز روسیه را به نیروهای مناطق شمالی ایران واگذار کرده و سایر ایالات از حمایت نیروهای حاضر در جنگ دست کشیده بودند

و در برابر آن حمایتی نمی‌کردند.

ما در جریان جنگ تحمیلی در میهنی کردن جنگ مرتکب اشتباهی از نوع دیگر شدیم. آن اشتباه این بود که در طول سال‌های اولیهٔ نبرد، و حتی تا آخرین روزهای جنگ، بخش اعظم دفاع از جامعهٔ ایران را فقط بر دوش مؤمنان داوطلب ویژه گذاشتیم. در واقع این مؤمنان خاص بودند که توانستند در برابر تجاوز دشمن بایستند. اما این بار، در صورت وقوع جنگ احتمالی، ما باید همهٔ بخش‌های کشور را در مسیر دفاع بسیج کنیم، و فقط به یک جریان خاص از اسلام‌گرایان بسنده نکنیم؛ چون از اهداف بسیار مهم امریکا در جریان جنگ، حذف همین دسته از نیروها و از میان بردن اندیشهٔ احیای اسلام در جهان اسلام است، که سقوط نظام جمهوری اسلامی را به دنبال دارد.

پس تمامی نیروهای حاضر در جامعهٔ ایران از همهٔ طیف‌ها و گروه‌ها باید در دفاع از کشور حضور پیدا کنند، و بسیج عمومی و سراسری در این خصوص صورت گیرد؛ نه فقط بسیج اسلام‌گرایان. بی‌تعارف باید گفت که در بخش‌های دیگری از جامعهٔ ایران، که ممکن است در گام‌های اولیهٔ حضور در میدان نبرد روحیهٔ دفاعی یا فداکارانه پیدا نکنند، قطعاً پس از حضور در نبرد متقاعد یا مجبور خواهند شد برای حفظ مرزها و جان خود در برابر دشمن بایستند. طبیعی است جامعهٔ ایران نمی‌تواند نیروهای مزدور را به خدمت بگیرد؛ اما قطعاً ظرفیت دفاعی نیروهای معتقد، متقاعد، و مجبور از ظرفیت دفاعی نیروهای مزدور به مراتب بیشتر است. این امریکایی‌ها هستند که چاره‌ای جز جذب نیروهای مزدور برای جنگ با ایران نخواهند داشت؛ مگر آنکه آشکارا بتوانند از احزاب و گروه‌ها و باندهای سیاسی و نظامی، که خودشان در اطراف ایران سازماندهی کرده‌اند ــ نظیر گروه عبدالمالک

ریگی، گروه پژاک، احزاب کومله و دموکرات کردستان، سازمان منافقین، حزب‌التحریر خوزستان، و غیره ـ به صورت نیروهای مزدور و نیروهایی که در این روند به امید و آرزوهایی نشسته‌اند، استفاده کنند.

به طور کلی، وضعیت فداکاری در بین نیروهای خودی به مراتب بالاتر و فراتر است، و ما باید این ظرفیت را به ظرفیتی کامل تبدیل کنیم، و با اطلاع‌رسانی درست و آگاهی‌بخشی صحیح از مقابله با جنگ احتمالی دشمن و نیروهای متجاوز بتوانیم فداکاران بیشتری را در حوزه‌های مختلف جامعهٔ ایران به عرصهٔ دفاع و نبرد وارد کنیم.

۸. ضرورت برخورد و تعامل منطقی با جنگ‌ترسان و عافیت‌طلبان

به این مسئلهٔ روانی نیز باید توجه کرد، که تجربهٔ جنگ برای کسانی که روحیهٔ فداکاری و دفاع از کشور را ندارند، تجربه‌ای بسیار تلخ خواهد بود، و آن‌ها که از جنگ می‌ترسند، به‌آسانی در برابر شلیک کوچک‌ترین گلوله تسلیم خواهند شد. این مسئله می‌تواند گاهی برای ما چالش‌آفرین باشد. ما باید برای ایجاد ثباتِ احساس امنیت و استقرار امنیت در جامعه از امکانات تبلیغی بسیار گسترده‌ای بهره بگیریم، تا به بخشی از جامعهٔ ایران، که از تجربهٔ نبرد ترس به دل دارد و احساس شجاعت و توانایی خود را از دست داده و دچار حسّ جبن و ترس می‌شود، کمک و مساعدت روحی کنیم. در عین حال باید آموزش و تبلیغات برای این دسته از نیروهای اجتماعی انجام شود، تا جامعه دچار اضمحلال و پراکندگی نشود.

این موضوعی بود که متأسفانه در جریان جنگ ایران و عراق، تا حدود زیادی در کاهش توان دفاعی کشور مؤثر واقع شد. جنگ‌ترسان و عافیت‌طلبانی که سعی می‌کردند به نوعی خود را از معرکهٔ خطر دور

کنند، همیشه اصل دفاع و مبارزه را زیر سؤال می‌بردند. آن‌ها ترجیح می‌دادند ایران حتی از خوزستان و بخش وسیعی از سرزمین خود بگذرد و فقط جنگ را به اتمام برساند، تا عافیت آن‌ها دچار آسیب و مشکل نشود.

وجود تجربهٔ عملی یک جنگ بزرگ طولانی‌مدت

از دیگر نقاط قوت نیروهای ایرانی در جریان جنگ احتمالی آن است که تقریباً چیزی حدود دو میلیون نفر از مردم ایران جنگ را تجربه کرده و در آن حضور داشتند. این دسته از نیروها در حال حاضر در سنین بلوغ فکری و نظری قرار دارند. افزون بر این، بخش وسیعی از این نیروها بعد از جنگ توانستند دانش نظامی خود را کامل، و به مراحل بالاتری از دانش نظامی دست یابند. افزایش و گسترش تحصیلات و آموزش‌ها، سازماندهی، مراکز و مقرهای نظامی، و تجربهٔ فداکاری و فرماندهی این امکان را برای ایران ایجاد کرده است که در جریان جنگ از نیروهایی بهره گیرد، که برای اولین بار در معرض نبرد واقعی و گلوله‌های دشمن قرار نمی‌گیرند. این مسئله که نیروی نظامی خودی از صدای شلیک گلوله نهراسد و خود را نبازد و گوشش با صدای گلوله و انفجار آشنا بوده باشد، ظرفیت بسیار مهمی است که در ایرانیان دیده می‌شود.

در واقع ایران، چه در نبرد دریایی چه در نبرد موشکی و چه در نبرد ضد تانک و هوایی، دارای تجربه‌های بسیاری است. قطعاً این تجربه در میان نیروهای دیگر دیده نمی‌شود. اگرچه عراقیان نیز از چنین تجربیاتی برخوردار بودند و در سرزمین خودی می‌جنگیدند؛ مسئله‌ای اساسی آن‌ها را می‌رنجاند؛ اینکه آن‌ها جامعه و حکومتی نداشتند که برای آن حکومت دست به فداکاری بزنند. اگرچه بعدها در جریان

شکست در جنگ با امریکا، دیدیم که بعد از جنگ، طیف‌های وسیعی از همان عراقیانی که در آغاز اشغال مقاومت نکردند، در مراحل بعدی به مقاومت و اقدامات نظامی علیه امریکایی‌ها اقدام کردند؛ تا آن حد که اوضاع را برای امریکایی‌ها و نیروهای نظامی دیگر در عراق تنگ کردند؛ هرچند دخالت نیروهای خارجی و همچنین ناملایمات ناشی از اشغال برانگیختگی‌های متفاوتی را در عراق علیه نیروهای امریکایی ایجاد کرد.

تجربهٔ ملی پیروزی و شکست در جنگ

واقعیت این است که ما در ایران شاهد حضور نیرویی هستیم که هم در سرزمین خودی می‌جنگد، هم دارای روحیهٔ فداکاری و ایثار و غیرت و حمیت، و هم دارای تجربهٔ نبرد با نیروی‌های دشمن است. مهم‌تر از همه اینکه ایرانیان در جریان جنگ عراق، تجربهٔ شکست و پیروزی را با هم چشیدند. جامعه‌ای که همیشه در جنگ پیروز می‌شود، به‌آسانی نمی‌تواند به پیروزی دست یابد. شیرین‌ترین واقعه در جریان این جنگ سوم خرداد و فتح خرمشهر بود، و تلخ‌ترین آن روز ورود دشمن به داخل سرزمین ما و تجاوز آنان. بنابراین، تجربهٔ نبرد و حضور در میدان به همراه تجربهٔ روحی ناشی از شکست و پیروزی، آموختن درس‌های مختلف از این واقعیت‌ها، آموختن راه‌هایی برای دفاع، و همچنین دلداری از نیروهایی که در جنگ حضور دارند یا از خانواده‌های آنان، همگی ظرفیت‌های دفاعی ایران را افزایش می‌دهند.

تجربهٔ مدیریت و سازماندهی نیروها در ایران

این ساده‌لوحی است، اگر امریکا تصور کند که با ایران می‌شود همانند

اوایل جنگ عراق با ایران برخورد کرد. همین ساده‌لوحی هم ممکن است موجب فریب آنان در ورود به جنگی گسترده شود. جامعهٔ ایران، علاوه بر اینکه دارای ظرفیت بسیار بالای نیروی آموزش‌دیده است، به دلیل تجربهٔ آموزش نیروهای نظامی و فرصت‌سازی و پادگان‌سازی‌های بسیار این امکان را دارد که در مدت‌زمان کوتاهی بتواند نیروهایش را بیش از آنچه امریکا به نیروهای خود در جریان جنگ تزریق خواهد کرد، آموزش داده و آن‌ها را به میدان نبرد بفرستد. این تجربه حوزه‌های مختلف نبرد را در بر خواهد گرفت، و شامل راه‌ها و مسیرهای متعددی در جریان جنگ می‌شود. مقاومت، چگونگی عبور از موانع و پذیرش خطر، چگونگی عبور از میدان‌های مین، و چگونگی عبور از بحران‌ها و مشکلات ناشی از اقتصاد جنگی، همهٔ این‌ها تجربه‌ای گران‌بها است، که می‌تواند قدرت و توان دفاعی ایران را افزایش دهد. پس جامعهٔ ایران باید بتواند از این فرصت ارزشمند نهایت استفاده را ببرد؛ مشروط بر اینکه تصور جنگ با عراق ما را درگیر خود نکند؛ چون جنگ با عراق در نقطه‌ای معین و با اهداف محدود عراق انجام گرفته بود. علاوه بر این، ابزار جنگی عراق برای دسترسی به اهداف مورد نظرش بسیار کوچک‌تر از اهداف آن بوده است. حال آنکه چنین وضعیتی در حملهٔ احتمالی امریکا تصورناشدنی است و ما مشکلات گوناگون بسیاری خواهیم داشت، که حتماً باید از مدت‌ها قبل به آن فکر کرده، و آماده‌سازی و سازماندهی لازم را در این باره انجام دهیم.

دسترسی ایران به انواع سلاح‌های دوربرد

نقطه‌قوت دیگر ایران در جریان جنگ احتمالی با امریکا، دسترسی ایران به سلاح‌های دوربرد است. ایران در گذشته امکان دسترسی به

انواع سلاح‌های موشکی و دوربرد را نداشت. نمی‌توانست توپخانه‌ای بسازد یا اسلحه‌ای را آن چنان که در جنگ نیاز است، به کار گیرد. برای تهیهٔ انواع سلاح‌ها از بازارهای اروپا و کشور روسیه و همچنین آسیا ناچار بود هزینه‌هایی گزافی بپردازد.

اما در حال حاضر، ایران وضعیت بسیار مساعدی در ساخت سلاح و تجهیزات نظامی دارد، و به اندازهٔ نیاز دفاعی متعارف جامعهٔ ایران ابزار نظامی در کشور ساخته می‌شود. انواع موشک‌هایی که آزمایش شده‌اند، ظرفیت دفاعی ایران را در برابر امریکا افزایش خواهند داد. ایران امروز، ایران سال‌های ۱۳۶۷ ـ ۱۳۵۹ نیست، که فقط به موشک‌های کرم ابریشم چین اعتماد کند. بلکه برعکس، موشک‌های ایران دیگر موشک‌های کرم ابریشم نیستند، که با توان ضد موشکی امریکا رهگیری شوند. این ظرفیت‌ها امکان برخورد متقابل شدید را برای ایران فراهم می‌کنند، و می‌توانند به ایران کمک کند تا در تقابل با امریکا، تقابلی منطقی و مناسب را به معرض آزمایش بگذارد.

از طرفی، کشورهای منطقه نیز از چنین توانایی آگاه‌اند. همین مسئله ارادهٔ آنان را در تحویل پایگاه‌های نظامی به امریکا دچار اختلال خواهد کرد. با وجود این، باید پذیرفت که ظرفیت تکنولوژیک و تسلیحاتی ما را نمی‌توان با امریکا مقایسه کرد. این برتری در تجهیزات انفرادی، توپخانه، سلاح‌های دوربرد، قدرت تهدید هسته‌ای، و ظرفیت نیروی هوایی و دریایی امری جدی است.

با این وصف، تصور ناتوانی ایران ـ چه در داخل و چه در خارج، و چه در ارزیابی موقعیت استراتژیک ایران ـ ممکن است برای هر یک از طرفین فریبنده باشد. آگاهی از ناتوانی در پاره‌ای از زمینه‌ها، نیروها و اندیشه‌ها را به سمت درک درست از ظرفیت‌های نیروهای خود و

نقاط ضعف دشمن پیش خواهد برد، و درک درست و کاربرد صحیح آن در استراتژی و شیوه می‌تواند نقطهٔ اصلی پیروزی بر دشمن باشد.

قدرت ایدئولوژیک فراملی

ششمین نقطه‌قوت ایران قدرت ایدئولوژیک ایران در سطح بین‌المللی است. ایران فعلی نه عراق است، نه افغانستان، و نه بوسنی یا کشورهایی که امریکا آن‌ها را به اشغال خویش درآورد. همان طور که قبلاً گفتیم، ایران دارای قدرت ایدئولوژیک گسترده و فراملی در سطح جهان است؛ قدرت ایدئولوژیکی که فقط ناشی از قدرت تشیع نیست؛ بلکه از توجه فرهنگی و تعلقات فرهنگی جامعهٔ جهانی به فرهنگ ایرانی سرچشمه می‌گیرد. مهم‌تر از همه، ما شاهد این مسئله هستیم که طیف وسیعی از شیعیان در جهان ایران را کانون رهبری خود می‌دانند. شیعیان پاکستان، آذربایجان، لبنان، عراق، و همچنین شیعیانی که در نقاط مختلفی از جهان وجود دارند، چه در اروپا و چه در امریکا، و حتی مسلمانان سنی و نسل جدیدی از مسلمانانی که نه شیعه‌اند و نه سنی ـ بلکه فقط مسلمان هستند ـ همگی ایران را کانون دفاع از اسلام می‌دانند. به طبع وقتی این کانون در معرض خطر قرار گیرد، نیروهای ایدئولوژیک در جهان به دفاع از ایران برخواهند خاست؛ هرچند ما واقعاً نمی‌دانیم دفاع آن‌ها از ما در برابر امریکا چگونه خواهد بود، و چه میزان می‌توان بر فشارهای فرهنگی و سیاسی آن‌ها در جریان جنگ حساب کرد؟

البته این مسئله نباید در وضعیت دفاعی ما پارامتر مهمی باشد و ما نباید در دفاع از خویش به انتظار دیگران بنشینیم؛ اما بحرانی در عرصهٔ جهانی برای ما به همراه خواهد داشت، که برای رهایی از آن از ابتدا

باید برنامه‌های خود را بر پاهای خود استوار کنیم.

با این وصف، واقعیت آن است که این نیروها حمله به ایران را تحمل نخواهند کرد. این بی‌صبری ممکن است تظاهرات و برخوردهای مختلفی را به همراه داشته باشد. ما می‌دانیم که برای اجرای فرمان حضرت امام خمینی(ره) راجع به ارتداد سلمان رشدی، افرادی حاضر شدند جان خویش را فدا کنند. افرادی نیز در لبنان برای اخراج امریکایی‌ها از سرزمین خود و همچنین کاهش نفوذ آن‌ها در لبنان جان خود را فدا کردند. آن‌ها که این اقدام را انجام دادند، به‌صراحت اعلام کردند که این ظرفیت و توان روحی را از شهدای ایرانی گرفته‌اند. بنابراین، ایران این قدرت ایدئولوژیک را در جهان دارد که در زیر چتر حمایت دوستان خویش به شیوه‌های مختلف قرار بگیرد؛ بدون آنکه در هدایت آن‌ها سهم و نقشی داشته باشد. افزون بر این‌ها، شیعیان و ایرانیان در سراسر دنیا و در حوزه‌های مختلف، افراد فرهیخته، فرهنگی، و دانشمندی هستند. در ادامهٔ بحثِ قدرت ایدئولوژیک فراملی ایران، لازم است به واقعیت بسیار مهم دیگری نیز توجه کنیم.

اقدامات مخاطره‌آمیز علیه ایرانیان و شیعیان

اقدامات امریکا علیه ایرانیان و شیعیان در خارج از کشور و به بهانهٔ حمایت از ایران می‌تواند به شکل‌های ذیل صورت گیرد:

الف) عملیات محدودسازی و مراقبت

قطعاً ایرانیان خارج از کشور، تجاوز دشمن خارجی به ایران را تحمل نخواهند کرد. البته ما نیز مرز بی‌صبری آن‌ها را نمی‌دانیم و نمی‌توانیم برای تحمل آن‌ها حدّ و تعریفی بیان کنیم. امریکا نیز از مرز بی‌صبری

ایرانیان و شیعیان خارج از کشور آگاه نیست و نمی‌داند چگونه ممکن است در اعتراض یا تهاجم داوطلبانهٔ دوستان ما قرار گیرد. اما باید به این واقعیت توجه کرد که ایرانیان و مسلمانان، و به‌خصوص شیعیان جهان اسلام و غرب، قطعاً در جریان تجاوز امریکا به ایران در سوءظن جدی و اساسی قرار خواهند گرفت؛ سوءظنی که به افزایش ضریب مخالفت و روحیهٔ فداکاری مسلمانان می‌انجامد و اتفاقاً به نفع ما خواهد بود و نیروهای جبههٔ ما را خود به خود افزایش خواهد داد.

ب) بلوکه کردن اموال و دارایی‌های ایرانیان

پیش‌بینی ما این است که در اولین اقدام و فرصت، امریکا پول‌ها و سرمایه‌های همهٔ شرکت‌ها و سازمان‌ها و مؤسساتی را که به نوعی به نام ایرانیان ثبت شده است، مصادره خواهد کرد. ممکن است این اقدام در وضعیت فعلی اعلام نشود؛ ولی این خطر به طور جدی امنیت اقتصادی ایرانیان خارج از کشور و سرمایه‌داران ایرانی را در اقصی نقاط دنیا تهدید می‌کند.

بی‌شک، همچنان که امریکا در جریان جنگ عراق و به اصطلاح مبارزه با تروریسم، به بلوکه کردن پول‌های هنگفتی از اعراب دست زد، و به بهانهٔ ارتباط گروه‌ها و شرکت‌های مختلف با القاعده، اموال آنان را مصادره، و دندان‌های طمع خود را برای غصب اموال اعراب بی‌دفاع در امریکا و اروپا تیز کرد، در جریان حملهٔ امریکا به ایران نیز با ایرانیان خارج از کشور چنین برخوردی خواهد کرد. به نظر می‌رسد مبلغ دوهزار میلیارد دلار پول اعراب، که در امریکا و کشورهای اروپایی دپو شده است، دندان طمع جنگ‌سالاران امریکایی را به بهانهٔ احتمال حمایت از ایران تحریک کند و اعراب فاقد قدرت دفاع را در

برابر عمل مصادره و غصب پول‌های موجود در بانک‌ها و مؤسسات امریکایی و اروپایی قرار گیرند؛ هزینه‌هایی که با فروش سلاح و کالاهای نظامی به جیب سرمایه‌داران جنگ‌طلب امریکا خواهد رفت. بنابراین، قدرت ایدئولوژیک ایران برای جهان، همچنان که برای ایران فرصتی کارآمد و مهم به شمار می‌رود، امکان آزار و اذیت و مصادرهٔ اموال نیروهای مسلمان خارج از کشور را برای دشمن فراهم می‌کند.

قدرت برانگیزش مخالفان ایدئولوژیک امریکا

ایران می‌تواند از نفوذ خود در نقاط مختلف جهان استفاده کند و مخالفان ایدئولوژیک امریکا را برانگیزاند. نادیده گرفتن این نفوذ به معنای نادیده گرفتن یک واقعیت است؛ چون قدرت ایدئولوژیک ایران مبتنی بر اندیشه، عقیده، و دین است، و ایران در صورت لزوم می‌تواند از همکاری هم‌دینان و هم‌کیشان خود در جهان بهره ببرد. این مسئله سبب خواهد شد ایران حوزهٔ جنگ را در جهان گسترش دهد، یا شماری از مخالفان امریکا را، که هیچ رابطه‌ای با ایران ندارند، برانگیزاند تا از فرصت لازم بهره گرفته و با فرار حقوقی از سوءظن پلیس و نیروهای امنیتی به اقدامات گسترده علیه امریکا دست بزنند.

اگر در جریان جنگ امریکا علیه عراق، در مخالفت با حضور نیروهای اسپانیایی در عراق، گروه مخالفان دولت موسوم به «اتا» توانست با انجام عملیاتی در اسپانیا دولت این کشور را سرنگون کند و ماجرا به نام القاعده تمام شد، نتیجه آن شد که دولت بعدی اسپانیا در اولین اقدام سربازان نظامی اسپانیا را از عراق خارج کرد. این قدرت برانگیزش علاوه بر اینکه به ایران امکان استفاده از ظرفیت نیروهای مسلمان را در جهان می‌دهد ـ که قطعاً ایران از چنین ظرفیتی در خارج

از کشور استفاده خواهد کرد و بهانهٔ لازم را به دشمنان در برخورد با مسلمانان نخواهد داد ـ این فرصت را نیز برای مخالفان امریکا و آن‌هایی که می‌خواهند امریکا را در جهان دچار مسئله و بحران کنند، فراهم خواهد کرد که بتوانند از این مسیر بهره‌های لازم را ببرند.

از باب مثال، حتی روسیه نیز می‌تواند در جریان نبرد امریکا علیه ایران، به بهانهٔ انفجار لوله‌های گاز خود، قیمت نفت و گاز را در دنیا افزایش دهد، یا می‌تواند با انفجارهای مصنوعی بر حوزهٔ بحران بیفزاید و اراده امریکا و ناتو را در تداوم جنگ دچار اختلال کند؛ چون کاهش توانایی امریکا و ناتو به منزلهٔ ایجاد توازن قدرت برای روسیه خواهد بود. روسیه می‌تواند این عملیات‌ها را به نام مخالفان خود یا گروه‌های مخالف امریکا در روسیه تمام کند.

امکان فشار مستقیم بر اسرائیل

اسرائیل در وضعیتی است که ایران می‌تواند از ظرفیت‌های خود برای فشار بر آن دولت اشغالگر استفاده کند. اگر موشک‌های ایران به امریکا نمی‌رسد، در صورت عملیات موشکی و کروزباران ایران، ممکن است موشک‌های ایران به اسرائیل برسد. ولی واقعیت این است که امریکایی‌ها ترجیح می‌دهند در جریان جنگ ایران و امریکا، اسرائیل وارد صحنه نشود؛ چون با توجه به خطرپذیری اسرائیلی‌ها و شناختی که امریکایی‌ها و اسرائیلی‌ها از انواع موشک‌های ساخت ایران دارند، به‌خوبی می‌دانند که بمباران و موشک‌باران‌های گستردهٔ سرزمین‌های اشغالی، قطعاً به فرار مهاجران مهاجم منتهی خواهد شد، و سرمایه‌پذیری، توریسم، و امنیت را در اسرائیل به طور جدی به مخاطره خواهد انداخت. این نقطه‌قوت ایران در دسترسی به خاک

اسرائیل گزینهٔ بسیار مهمی است که باید به آن توجه اساسی کرد.

اگر امریکا علیه نیروهای غیر مسلح و غیر نظامی در ایران دست به اقداماتی بزند، ایران نیز می‌تواند عملیات تدافعیِ خود را علیه دولت اسرائیل به انجام برساند؛ چون فشار بر تل‌آویو قطعاً از فشار بر لندن یا هر جای دیگر برای امریکا مهم‌تر و حساس‌تر خواهد بود.

خودکفایی نسبی تسلیحاتی و موشکی

ایران در سال‌های پس از جنگ، توانست در ساخت انواع سلاح‌های متعارف دفاعی به خودکفایی درخور توجهی برسد. این مسئله می‌تواند تا حدود زیادی توازن قوا را برای ما فراهم کند. از طرفی، نیاز ما را در بازارهای بین‌المللی به سلاح‌های خارجی کاهش می‌دهد. مهم‌تر اینکه در جریان جنگ، توان اقتصاد ملی را از اضمحلال و فروپاشی نجات می‌دهد.

دسترسی به کانون‌های مهم تولید نفت جهان

از دیگر نقاط قوت ایران دسترسی به کانون‌های مهم سوخت فسیلی نفت و گاز است. بی‌شک اگر کشورهای اطراف ما در منطقه پایگاه‌های خود را در اختیار امریکا قرار دهند، در خطر حملهٔ ایران قرار خواهند داد. بهترین مکان هم برای تعرض، که بتواند هم بر امریکا و هم بر اروپا و حتی جهان برای خاتمهٔ جنگ فشار وارد کند، در خطر افتادن کانون‌های تولید سوخت فسیلی و کانون‌های صدور سوخت به اروپا و امریکا است.

امکان انتقال فشار جنگ بر همهٔ جهان برای تسریع در خاتمهٔ جنگ

اگر بنا است ملت ایران در جریان بمباران امریکا نابود شود، بهتر است امکان صدور سوخت فسیلی در جهان به حداقل ممکن برسد و شرکای اروپایی در سرما بلرزند و اقتصاد کارخانه‌ها و صنعت آن‌ها تعطیل شود. اگر قرار است ملت ایران بابت دفاع از خود هزینهٔ سنگین بپردازد، شرکای سیاسی و نظامی این کشور نیز باید برای سکوت در برابر ترک‌تازی و سیاست‌های احمقانه و جنگ‌افروزانهٔ دولت امریکا و دیگر اروپاییانِ هم‌دست هزینه‌های سنگین‌تری را برای تهیه و تأمین سوخت فسیلی بپردازند.

بنابراین، در صورتی که هر یک از کشورهای همسایه پایگاه‌های نظامی در اختیار امریکا قرار بدهند و موشکی از آن کشورها به سمت ایران شلیک شود، ایران می‌تواند در اولین فرصت، مراکز تولید سوخت فسیلی آن‌ها را هدف قرار دهد، و با این کار فشار جنگ را به‌سرعت هم بر دولت‌هایی که پایگاه در اختیار ارتش امریکا قرار دادند، و هم بر امریکا وارد کنند.

بی‌تردید خطوط لولهٔ نفت و گاز و همچنین پالایشگاه‌های نفتی مستقر در آن مناطق آن‌قدر اهمیت دارند که دولت‌های حاکم بر آن‌ها هیچ وقت راضی نشوند مزیت‌های بسیار بزرگ خود را، که با زحمت زیاد به دست آورده‌اند، در اختیار امریکا قرار دهند. آن‌ها به‌خوبی می‌دانند که ورود به جنگ علیه ایران به نفع آنان نیست، و در واقع «تلاش برای هیچ» است؛ پس بهتر است عاقلانه رفتار کنند.

منطق جنگ اقتضا می‌کند که ایران در اولین حملهٔ موشکی از جانب سرزمین‌های مقابل، بلافاصله خود نیز موشکی به سمت پایگاه‌های نظامی امریکا و مراکز تولید سوخت فسیلی پرتاب کند؛ چون ضربه

به این مراکز در واقع به امریکا ضربه وارد خواهد ساخت. بنابراین، کشورهای منطقه باید به این نکتهٔ اساسی توجه کنند که همهٔ مراکز تولید سوخت فسیلی، که بیشتر در اطراف ما است، در معرض موشک‌های ایران قرار دارند. عقل حکم می‌کند در برابر هجوم امریکا به ایران، کاملاً بی‌طرف باشند. این بی‌طرفی قطعاً به نفع همهٔ ملت‌های منطقه و به زیان نیروهای متجاوز فرامنطقه‌ای تمام خواهد شد.

دولت‌ها و ملت‌های منطقه باید بدانند حضور یک قدرت فرامنطقه‌ای نه تنها به نفع آن‌ها نیست؛ بلکه روند اشغالگری را نیز به سمت آن‌ها پیش خواهد برد. پس امریکا هیچ پایگاه نظامی مستقری را در این کشورها نباید داشته باشد. اگر این امر در گذشته صورت گرفته است، و اگر از این پایگاه‌ها علیه ایران عملیاتی انجام شود، قطعاً به پایگاه‌های امریکا و مراکز سوخت فسیلی آن کشورها حمله خواهد شد. در آن صورت بازار نفت جهان آسیب جدی و سنگینی خواهد دید.

بنابراین، تصویر ایرانِ مورد هجوم تصویر کشوری نیست که در بین ضربات دشمنان خود به ستوه بیاید و هیچ قدرت دفاعی در برابر تهاجم متقابل از خود نداشته باشد. دولت‌های منطقه و حامی امریکا باید به این نکتهٔ بسیار مهم توجه کنند که در صورت تصمیم امریکا به جنگ در منطقه، امریکایی‌ها نباید در هیچ یک از کشورهای پیرامون، پایگاه نظامی داشته باشند. اگرچه ممکن است در عراق و افغانستان این فرصت برای آن‌ها ایجاد شده باشد؛ اما این امکان در خلیج فارس وجود ندارد؛ چون در خلیج فارس اهداف کاملاً روشنی هستند که امکان دسترسی به آن‌ها برای ایران بیشتر است. مهم‌تر از همه اینکه، شلیک اولین موشک و گلوله در خلیج فارس صدور نفت را در منطقه با بحران اساسی مواجه خواهد کرد. قطع صدور نفت و افزایش بسیار

شدید قیمت آن در منطقه قطعاً به زیان همهٔ کشورهای طرفدار امریکا خواهد بود. خطوط لولهٔ نفت و گاز نیز به تنهایی نمی‌توانند مشکل سوخت کشورها را در دسترسی به سوخت فسیلی برطرف کنند.

بنابراین، با شروع هر عملیاتی علیه ایران بحرانی بزرگ و بین‌المللی به وجود خواهد آمد. مشکلات احتمالی مردم ایران به در خانهٔ همهٔ مردم امریکا و اروپا می‌رود. انعکاس این تجاوز فقر، گرسنگی، مشکلات اقتصادی، و بیکاری در اروپا و امریکا خواهد بود. پس، بی‌تردید وضعیت کنونی برای انجام چنین کاری اصلاً برای امریکا مناسب نیست.

دسترسی موشک‌های ایران به پایتخت‌های کشورهای اروپایی و اسرائیل

از نقاط قوت ایران در جریان جنگ احتمالی امریکا با ایران این است که دولت‌های اروپایی امکان مقاومت جدی را با امریکا در جریان جنگ ندارند؛ زیرا این دولت‌ها نگران امنیت خود نیز هستند. معمولاً در جنگ‌هایی که در دوره‌های اخیر اتفاق افتاد، این دولت‌ها نتوانستند جز چندهزار نفر نیرو یا چندصد نفر به همراه امریکایی‌ها به جنگ بفرستند.

در جنگ‌هایی که غرب علیه اسلام داشت، نوعی وحدت رویه و وحدت همکاری دیده می‌شد؛ چنانچه در جنگ‌های صلیبی، در هر دوره، یکی از قدرت‌های اروپایی فرمانده جنگ بود. حتی پادشاهان دولت‌هایی که در جنگ شرکت داشتند، تحت فرماندهی یک فرمانده عمل می‌کردند؛ مانند ریچارد شیردل، پادشاه انگلستان، که در جنگ‌های صلیبی فرمانده نیروهای اروپایی بود.

به طبع، وقتی غرب به این اتحاد نظر برسد، چاره‌ای ندارد جز آنکه با امریکا همکاری مستمر داشته باشد؛ اما در فرض حملهٔ امریکا به

ایران در این دوره، امریکا دچار نقطه‌ضعف اساسی است. چنانچه اروپا در جریان جنگ علیه ایران وارد عمل شود ـ مثل انگلیس، فرانسه [که در جنگ عراق شرکت نکرد] یا اسپانیا ـ مناطق جغرافیایی آن کشورها از برد موشک‌های ایران دور نیست، که این مسئله هشدار جدی برای دولت‌های اروپایی است. بسیاری نیز معتقدند که همهٔ کشمکش‌هایی که اروپا با جریان هسته‌ای ایران دارد، به این دلیل است که برد موشک‌های ایرانی به پایتخت‌های اروپایی می‌رسد. موشک‌های شهاب ۳ و موشک‌هایی که به‌تازگی ساخته شده‌اند، بردی بیش از ۲۵۰۰ کیلومتر دارند ـ که البته خود این مسئله نوعی قدرت بازدارنده برای حمله به ایران ایجاد کرده، و اتفاق و اجماع علیه ایران را در بر داشته است.

بی‌تردید در صورت شروع جنگ، دولت انگلیس به صورت دولتی تابع، با امریکا همکاری خواهد داشت. در این صورت، حداقل انگلستان از برد موشک‌های ایران دور نیست. خود این مسئله امکان فشار ایران را بر دول متخاصم و مهاجم اروپایی افزایش می‌دهد.

فرصت‌طلبی اسرائیل و امکان گسترش بحران نظامی

با ورود اسرائیل به جنگ با ایران، دو مشکل اساسی به وجود خواهد آمد؛ نخست اینکه اتفاق و اجماع جهان اسلام علیه اسرائیل خواهد بود. این کار سبب خواهد شد بخش وسیعی از نیروهایی که در شرایط عادی ممکن است با ایران همراهی نداشته باشند، به سمت ایران جذب شوند. دوم اینکه اسرائیل زیر برد موشکی حزب‌الله لبنان قرار دارد. با اینکه هنوز نمی‌دانیم با شروع جنگ، حزب‌الله لبنان یا کشورهای دیگر به این ماجرا کشیده می‌شوند یا خیر، به نظر نمی‌رسد در این وضعیت

اسرائیلی‌ها بتوانند فرصت‌طلبی خود را کنترل کنند؛ چون سابقهٔ تاریخی به ما نشان می‌دهد که هر جا بحرانی ایجاد شده، اسرائیلی‌ها به تجاوز و کشتار گسترده در بین فلسطینی‌ها و لبنانی‌ها دست زده‌اند. در این صورت، اسرائیل در بخشی از سرزمین خود قطعاً با مشکل نیروهای مقاومت روبه‌رو خواهد بود.

وانگهی، اسرائیل به لحاظ جغرافیایی در دسترس موشک‌های ایران قرار دارد. این بدان معنا نیست که هر دو طرف هم‌دیگر را هدف قرار ندهند؛ بنابراین نیروی بازدارندهٔ مهمی برای جمهوری اسلامی وجود دارد، تا طرف مقابل خود را در معرض مخاطرات جدی قرار ندهد. ما دارای سامانهٔ قدرتی جدیدی هستیم، که می‌تواند در مواقع اضطراری فشار لازم را بر طرف مقابل ما وارد کند. بنابراین، در برخورد موشکی وضعیت یک‌طرفهٔ شکست‌پذیری را نداریم، که فقط پذیرای موشک‌های دشمن باشیم. ما می‌توانیم دشمنانمان را در معرض خطر جدی قرار دهیم و تجربهٔ جنگ در خانه را برای آن‌ها نیز به ارمغان آوریم.

تجربهٔ جنگ دریایی متفاوت ایران

از دیگر نقاط قوت ایران تجربهٔ جنگ‌های دریایی متفاوت است. ایران در جریان جنگ‌های دریایی، تجربهٔ متفاوتی از جنگ‌های معمول دنیا را نشان داده است. استراتژی ناوچه‌های توپدار، که سالیان طولانی انگلیسی‌ها از آن استفاده می‌کردند، و همچنین استراتژی ناوهای هواپیمابر امریکایی‌ها وقتی به مرزها و سواحل کشورها نزدیک می‌شدند، طی سال‌های اخیر در ایران تأثیرگذار نبوده است.

ایران، چه در جریان جنگ عراق و چه در جریان مانورهایی که تاکنون انجام داده، توانسته است در نبرد دریایی به نوعی متفاوت از

تجربه‌ها دست یابد، که با طراحی‌های عملیاتی که در جنگ‌های مدرن اتفاق می‌افتد، هم‌خوانی ندارد. این ناهم‌خوانی برای ایرانی‌ها فرصت و امتیازی بسیار مهم به شمار می‌رود.

ما در اینجا درصدد بیان تجربیات نیستم؛ اما این یک واقعیت است که جنگ دریایی برای امریکا در منطقهٔ خلیج فارس همانند ورود به جنگلی ناشناخته است. شاید امریکا در جنگ‌های دریایی خود همیشه پیروز میدان بوده و انگلستان قوی‌ترین نیروی دریایی تاریخ را داشته باشد؛ اما در واقع ایران دارای قدرت مبهم و ناشناخته‌ای در جنگ دریایی است.

البته ممکن است برخی بر این باور باشند که ایران از امکانات و تجهیزات پیچیده و مدرن نظامی غرب مثل انواع زیردریایی‌های مدرن یا موشک‌های ساحل به دریا یا ضد زیردریایی بی‌بهره است ـ که البته این چنین نیست ـ اما آنچه متفاوت است، شیوه و روش کاملاً ناشناخته و مبهم ایرانی‌ها است. بنابراین، منطقی است که امریکا وارد فضای عملیاتی مبهم نشود؛ چون این فضا می‌تواند برای آن‌ها بسیار مخاطره‌آمیز و مایهٔ سرافکندگی باشد.

تعارض جنگ مدرن با جنگ‌های ساده و نامنظم

نقطه‌قوت دیگری که ایرانی‌ها در جریان جنگ احتمالی با امریکایی‌ها خواهند داشت، تعارض جنگ مدرن با جنگ‌های ساده و نامنظم است. اصول و شیوه‌های جنگ مدرن با جنگ‌های ساده‌تر و در عین حال نامنظم هم‌خوانی ندارد. بی‌تردید جنگ نامتقارن و غیر کلاسیک اصول و قواعد خاص خود را دارد. البته غیر کلاسیک بودن عملیات به معنای غیر اصولی بودن آن نیست.

در واقع، نقطه‌قوت ما در ناهم‌خوانی و به‌کارگیری اصول جنگ‌های نامتقارن غیر کلاسیک در برابر جنگ کلاسیک، آن هم در سرزمین خودی است. این تجربه در جنگ ایران و عراق به کار گرفته شد، و همه جا سعی شد برخلاف اصول مدون جنگ‌های کلاسیک، عملیاتی صورت بگیرد که با ساخت معمول جنگ مدرن تقابل داشته و هماهنگ نباشد. در نتیجه پیروزی از آنِ ایرانی‌ها بوده است.

واقعیت این است که ایرانی‌ها شیوهٔ خاص جنگی خودشان را دارند، که این شیوه‌ها در زمان جنگ به طور گسترده تجربه شده است. این تجربه در هر حال، به نیروهای مختلف آموزه‌های فراوانی را منتقل کرده است.

ظرفیت روحی بالای ایرانیان

در طول تاریخ معاصر، ایرانی‌ها ثابت کرده‌اند که دارای ظرفیت‌های بسیار زیاد روحی هستند، که این ظرفیت می‌تواند مدل جنگ را برای آن‌ها متفاوت کند. وقتی از ظرفیت روحی سخن می‌گوییم، منظور ما حتماً عملیات شهادت‌طلبانه نیست؛ بلکه روحیهٔ شهادت‌طلبی می‌تواند قدرت نبرد را در نیروی مسلمان ایرانی افزایش دهد. طی سال‌های اخیر، ایرانیان توانسته‌اند این تجربیات را در ساختار نظامی خود به صورت سازمان‌یافته و مدون ارائه دهند.

نکتهٔ اساسی دیگر این است که در این سال‌ها ایرانی‌ها توانستند با گسترش ادبیات جنگ تحمیلی و دفاع مقدس در آموزه‌های نسل جوان، آن‌ها را در جریان وقایع تاریخی قرار دهند. با این کار، طیف گسترده‌ای از نسل جوان در اثر این آموزه‌ها دارای دانش نظری درخور توجهی در این زمینه شده‌اند. مهم‌تر از همه اینکه انگیزهٔ روحی

برتر و اندیشه‌ای فراتر برای دفاع از کشور و ساخت ایرانی جدید در ذهن آن‌ها شکل گرفته است. بنابراین، در وضعیت موجود، جامعهٔ ایران را نمی‌توان به‌هیچ‌روی با جوامع دیگر مقایسه کرد.

رهبری دینی و فرایند جهاداندیشی

مسئلهٔ رهبری دینی و مقولهٔ جهاد و دفاع اساسی‌ترین کانون قدرت ایران به شمار می‌رود. رهبری دینی در ایران با رهبری سیاسی و فرماندهی‌هایی از نوع اروپایی کاملاً متفاوت است. سربازی که در جریان جنگ وارد میدان نبرد می‌شود، به اعتبار فرماندهی رهبری دینی وارد عمل می‌شود. او خود را شهید و «احدی الحسنیین» می‌داند؛ یعنی در هر صورت ـ چه کشته شود، چه پیروز ـ رضایت خداوند را به همراه دارد.

رهبری دینی در ایران می‌تواند همهٔ امکانات و نیروها را، از نیروهای غیر نظامی گرفته تا نظامی، در این مسیر بسیج کند. مهم‌تر اینکه مقام رهبری توان آن را دارد که ظرفیت‌های ناشناخته‌ای را، که تاکنون در بین نیروهای اروپایی شناخته‌شده نبود، به میدان بیاورد. قدرت رهبری دینی قدرت کاملاً ناشناخته‌ای است؛ همچنان که این ناشناختگی در بین اسرائیلی‌ها برای نیروهای حزب‌الله لبنان باقی مانده است. تا آن اندازه که هر چه تلاش کردند، به قول ران استروپ، نوع رابطهٔ رهبری دینی و ویژگی‌های آن را در حزب‌الله کشف کنند،[1] نتوانستند.

بنابراین، باید توجه داشت که در ایران اتفاقات بزرگ و مهمی افتاده است که ابعاد آن ناشناخته و مبهم و نیز بسیار گسترده، عمیق، و دارای پوشش وسیع در سطوح مختلف اجتماعی است. باید به این

---

۱. استروپ، ران، همان.

مقوله توجه داشت که این فقط مقام رهبری در ایران است، که می‌تواند گام‌هایی چنین بزرگ بردارد.

هویت و ملیت ایرانی

نقطه‌قوت دیگر ایرانی‌ها هویت و ملیت ایرانی است. جامعهٔ ایران تاکنون در برابر تجاوزات متعدد ایستادگی کرده است. این درست است که در یکصد و پنجاه سال گذشته به دلیل حکومت افراد فاسد و نالایق در ایران، تجزیه‌های مختلفی با عملیات مشترک روسیه و انگلیس و وحدت رویهٔ این دو قدرت برتر جهانی صورت گرفته است؛ اما واقعیت این است که روح، احساس، و ملیت ایرانی همچنان در بخش‌های تجزیه‌شدهٔ ایرانی وجود دارد، و جامعهٔ ایران معاصر، به‌خصوص بعد از انقلاب اسلامی، دیگر هیچ تجزیه‌ای را در خاک خود نمی‌پذیرد.

تجربهٔ جنگ تحمیلی هشت‌ساله ثابت کرده است که ایرانیان، چه شهادت‌طلبان فداکار و چه سایرین، به‌هیچ‌روی به تجزیهٔ کوچک‌ترین جزئی از کشور خود رضایت نخواهند داد. آن‌ها هشت سال جنگیدند، تا حتی کوچک‌ترین بخش‌های سرزمینمان را، که در دست اشغالگران عراقی بود، آزاد کنند. بنابراین، نیروهای مهاجم امریکا باید این خطر را درک کنند، که روح حاکم بر ایرانی نه تنها در مرزهای ایران، بلکه در همه جای جهان وجود دارد. ما حتی شاهد این هستیم که در جریان جنگ عراق علیه ایران، با اینکه جمعی از سلطنت‌طلبان علیه ایران اتفاق کرده بودند و شمار دیگری از مخالفان نظام هم نظیر منافقین به اردوی صدام پیوسته بودند؛ تعدادی از مخالفان به‌هیچ‌روی این همکاری را نپذیرفتند و با آن‌ها مقابله کردند. حتی در مواقعی نیز به مساعدت با ایران پرداختند.

بنابراین، امریکایی‌ها نباید به طیفی از نیروهای سیاسی، که در شرایط عادی ممکن است ترجیح بدهند جیب آن‌ها را خالی کنند، اعتماد داشته باشند؛ چون آن‌ها برای گذراندن زندگی و زنده ماندنشان ممکن است دست به کارهای متفاوت بزنند؛ اما در مواقع خطر به‌هیچ‌روی نمی‌توان به آن‌ها اعتماد کرد. باید پذیرفت که روح ایرانی و احساس ملیت در همهٔ آن‌هایی که به نوعی حتی مخالف جمهوری اسلامی هستند، وجود دارد. در واقع خود این جریان می‌تواند به قدرت و جریانی مخالف با حضور اشغالگران در ایران تبدیل شود.

بایستگی‌های اقدامات ایران در تقابل با نیروهای متجاوز امریکایی

با اینکه ممکن است در واقعیت‌های موجود در منطقه یا هر یک از عناصری که توضیح داده‌ایم تغییراتی حاصل آید؛ مسئلهٔ تجاوز احتمالی امریکا موضوع بسیار خطرناکی است. بنابراین، باید در خصوص اهداف، سیاست‌ها، و استراتژی‌های سازمان‌یافته و دارای برنامه‌ریزی درازمدت و کوتاه‌مدت منطقی و مبتنی بر اهداف و اصول و ابزار و توانایی‌های داخلی و ملی نهایت هوشمندی و درایت را به خرج دهیم و در صورت تجاوز امریکا، متحدانش، و اسرائیل، اقدامات ذیل را در جریان دفاع به کار گیریم:

بسیج و گردآوری عمومی نیروها

برای دفاع از کشور، می‌بایست با بسیج امکانات و نیروهای گستردهٔ

کشور در تمامی حوزه‌ها و منابع امکان دفاع کافی و لازم فراهم شود؛ چون جنگ پدیده‌ای خطرناک است و حس گریز را در انسان‌ها به وجود می‌آورد. انسان به خودی خود از جنگ گریزان است و برای حفظ امنیت خود ترجیح می‌دهد درگیر چنین پدیده‌ای نشود. طبیعی است تعداد زیادی از مردم ممکن است از وقوع جنگ و درگیری‌هایی این‌چنین به دلایل مختلف نگران باشند. اما در این میان هستند افرادی که حاضرند برای دفاع از کشور، انقلاب، و جان و مال مردم خود را فدا کنند.

اگر ما نتوانیم قدرت بسیج عمومی و قدرت گردآوری منابع مختلف در این مسیر را به راه بیندازیم، به طبع دچار مشکلات متعددی خواهیم شد. بنابراین، باید راهی برای گردآوری همهٔ نیروها یا بسیج عمومی در پیش بگیریم، تا در نتیجهٔ آن، قدرت دفاعی به حداکثر توان لازم برسد و بتواند در برابر هجوم دشمن مقاومت و ایستادگی کند. مهم‌تر آنکه این بسیج منابع و نیرو باید مدت‌ها قبل از آغاز جنگ احتمالی انجام شود؛ نه اینکهَ با امید و خوش‌باوری تا زمان حملهٔ دشمن اقدامی نکنیم. بی‌تردید در صورت آغاز حملهٔ دشمن، ممکن است قدرت گردآوری و بسیج منابع به‌شدت کاهش یابد؛ یا اصلاً فرصتی برای بسیج نیرو فراهم نیاید.

نکتهٔ اساسی این است که اگر ما در جریان جنگ بخواهیم فقط از نیروهای فداکار، مؤمن، و حامی نظام بهره بگیریم، اتخاذ این روش به فدا شدن خود نظام و جامعه خواهد انجامید. کسانی که حاضرند برای حفظ اسلام، کشور، و انقلاب فداکاری کنند، ممکن است جمعیت زیادی باشند؛ اما این جمعیت در برابر کل کشور ممکن است زیاد نباشد. تخصیص دفاع از کشور به این جمعیت به معنای گذاشتن بار سنگین دفاع بر دوش آنان است؛ به عبارتی ما نباید همانند جنگ با

عراق، به‌خصوص مثل سال‌های اول آن، نیروهای مسلمان و فداکار کشور را در دفاع از انقلاب اسلامی تنها بگذاریم و فقط به عامل بسیج داوطلبانهٔ نیروهای مؤمن و فداکار اکتفا کنیم؛ چون ضریب افزایش قدرتمان در جنگ دچار اختلال می‌شود؛ چنان که دشمن با دوازده لشکر وارد خاک ایران شد و ایران نیز با یکی دو لشکر منهدم و منهزم‌شدهٔ ارتش و چند گروه از نیروهای بسیجی و طیف‌های نامنظم و نیروهای ژاندارمری در برابر ارتش عراق ایستادگی کرد!

در طول زمان، نظام جمهوری اسلامی ایران توانست با بسیج نیروهای مسلمان و حذف جریان لیبرالیسم از مدیریت کشور و جنگ، با چند تیپ در اندازه‌های معمول یک لشکر، خرمشهر و دیگر بخش‌های اشغالی کشور را آزاد کند. این بسیج ویژهٔ نیروهای فداکار مؤمن و معتقدی بود که حاضر بودند برای دفاع از کشور جان خود را به قربانگاه ببرند. بسیجی، پاسدار، سپاهی یا ارتشی، و کسانی در این عملیات‌ها شرکت داشتند و فداکاری کردند، حاضر بودند دست از همه چیز بشویند ـ که متأسفانه این روند مدت زیادی در جریان جنگ تداوم پیدا کرد؛ به طوری که بخش‌های وسیعی از جامعه از واقعیت جنگ دور مانده بودند؛ مانند بخش‌های مهمی از دانشگاه‌ها، مراکز اداری، مؤسسات، و سازمان‌های خصوصی یا دولتی. همهٔ این‌ها خود را با جنگ بیگانه می‌دیدند. زمانی دولت جمهوری اسلامی به این نتیجه رسید که امکانات خود را در جبهه به حداکثر برساند، که جنگ روزهای پایانی خود را می‌گذراند، و هر چقدر امام(ره) تأکید کردند: «جنگ در رأس امور است»، در زمانی که می‌بایست انجام می‌شد، شکل عملی به خود نگرفت.

متأسفانه ما شاهد این ماجرای تلخ هستیم، که از وقتی خرمشهر

آزاد شد، تا زمانی که جنگ پایان یافت، تعداد نیروهای بسیج‌شده و لشکرهایی که ایران توانست سازماندهی کند، به همان اندازهٔ محدودی بود، که در جریان عملیات آزادسازی خرمشهر حضور داشت. جز در موارد خاص، نظیر عملیات والفجر مقدماتی، والفجر هشت، و کربلای پنج، در بقیهٔ ایام کمیت نیرو افزایش چندانی پیدا نکرد. اگر هم افزایش می‌یافت، به صورت مقطعی بود. اما عراق، که جنگ را با دوازده لشکر شروع کرده بود، توانست تا پایان جنگ با پنجاه لشکر، با امکانات کامل و بسیج همهٔ نیروها در داخل کشور، و استفاده از نیروهای مزدور خارجی و حمایت‌های بین‌المللی جنگ را تداوم ببخشد.

بنابراین، اگر ما در روزهای اول جنگ به این واقعیت توجه می‌داشتیم، صرف نظر از آنچه اتفاق افتاد، امکانات و نیروهای گسترده‌ای فراهم می‌کردیم، قطعاً جنگ کمتر طول می‌کشید؛ در حالی که نیروی مقابل ما درختچهٔ خاری بود که هر روز رشد می‌کرد و به درخت خار بزرگی تبدیل می‌شد. ما هم به این دلیل که فقط به نیروهای فداکار اکتفا کرده بودیم، قدرتمان تحلیل رفت. این در حالی بود که طیف‌های مختلف جامعه سعی می‌کردند از جنگ کنار بکشند، یا در فرایند دفاع اختلال ایجاد کنند.

پس باید در صورت وقوع جنگ، هیچ تفاوتی میان نیروی فداکار و مؤمن با نیروهای غیر فداکار و عادی وجود نداشته باشد. همگان باید در این مسیر فداکاری کنند. بخشی از این فداکاری باید با الزام، و بخشی هم با علاقه‌مندی و روحیهٔ فداکاری باشد. چنانچه ما در این مسئله کوتاهی کنیم و بخواهیم فقط با دفاع نیروهای مسلمان در جریان جنگ وارد عمل شویم، در واقع آن چیزی را عملی می‌کنیم که دشمن می‌خواهد. همچنان که در بحث اهداف حملهٔ امریکا به ایران گفته‌ایم، از

اصلی‌ترین اهداف دشمن نسل‌کشی نیروهای مسلمان و از بین بردن نیروهای اسلام‌گرا در کشور است. اگر ما در جنگ به این انتخاب نادرست دست بزنیم، به طبع با توجه به احتمال فرسایشی شدن جنگ، آنچه را انجام داده‌ایم که خود امریکایی‌ها به دنبال آن هستند. قطعاً فدا شدن نیروهای مسلمان و اسلام‌گرا فدا شدن کشور و انقلاب اسلامی، و همچنین سیطرهٔ دشمن بر سرزمین ما و پیروزی دشمن را به دنبال خواهد داشت.

ضرورت وسیع شدن حوزهٔ دفاع در کشور

نکتهٔ دیگری که ما باید در جریان جنگ به آن توجه اساسی کنیم، این است که نباید به‌هیچ‌وجه اجازه دهیم جنگ و تجاوز دشمن به جریان سیاسی و جناحی در کشور تبدیل شود. در واقع، امریکایی‌ها با هدف‌های سقوط نظام، سیطره بر منطقه، و تجزیهٔ کشورهای منطقه مثل ایران وارد منطقه شده‌اند. آن‌ها در حال حاضر نه فقط با جمهوری اسلامی خصومت دارند؛ بلکه حتی در زمانی که حکومت پهلوی هم روی کار بود، بخشی از ایران را تجزیه کردند؛ چنان که در زمان قاجار نیز چنین تجزیه‌ای صورت گرفت.

هدف درازمدت و استراتژیک غرب تجزیه و نابودی قدرت‌های منطقه‌ای در خاورمیانه است. این پدیده به زمان ما و فلسطین یا لبنان منحصر نیست. فقط ماجرای انتفاضه در فلسطین و نیروهای دفاعی حزب‌الله در لبنان در عمل مانع از فرصت یافتن اسرائیل برای جنگ علیه ایران شدند. در واقع، پروژهٔ قطعه‌قطعه کردن خاورمیانه یا بالکانیزه کردن منطقه هیچ تناسبی با وضعیت جمهوری اسلامی ندارد؛ فقط پیروزی انقلاب اسلامی ضرورت انجام چنین طرحی را در اذهان

غربی‌ها تشدید کرده است. بحران‌های گریز از مرکز در اواخر دهۀ ۱۳۵۰ در ایران و تهاجم عراق از سیاست‌های غرب در این جهت بوده است.

بنابراین، در حال حاضر حتی اگر جمهوری اسلامی دست از غنی‌سازی بردارد و فعالیت‌های هسته‌ای خویش را تعلیق، محدود، یا نامحدود کند، یا کاملاً کنار بگذارد، تغییری در تصمیم و اجرای این طرح و طرح جنگ با جهان اسلام ایجاد نخواهد شد.

اظهارنظر علنی سیلویو برلوسکونی، نخست‌وزیر ایتالیا، و جورج بوش در اعلام آغاز جنگ صلیبی، اظهارنظری مبتنی بر اهداف سیاست‌گذاری‌شده بوده است؛ حرفی که آن‌ها از سر توجه تاریخی به آن اقرار کرده‌اند. اما این اقرار در افکار عمومی می‌توانست به زیان آن‌ها تمام بشود ـ که چنین نشد.

بنابراین، جنگ در داخل کشور نباید به پدیده‌ای سیاسی و جناحی تبدیل شود و این طور مطرح نشود، که در صورتی که دولت دیگری وجود می‌داشت، ممکن بود جنگ اتفاق نیفتد. بی‌شک امریکایی‌ها زمانی دست به جنگ خواهند زد، که مطمئن باشند طرف مقابل آن‌ها وارد عملیات مخاطره‌آمیزی علیه آنان نخواهد شد. و زمانی حمله خواهند کرد که مطمئن باشند پیشاپیش به پیروزی خواهند رسید، و مردم و نظام در برابر آن‌ها ارادۀ دفاع ندارند.

بنابراین، باید به مفهوم گسترده شدن حوزۀ دفاع جدی فکر کنیم، و به‌هیچ‌روی اجازه ندهیم مقولۀ دفاع به اغراض سیاسی و گروهای هم‌سو با غرب آلوده شود، یا تردیدی در واقعیت گسترده شدن آن به وجود آید. وسیع شدن حوزۀ جنگ ظرفیت عمومی دفاع را در داخل و خارج از کشور به مراتب افزایش خواهد داد.

اگر این واقعیت را بتوانیم برای جامعه بیان کنیم، که تهاجم برای دشمن ضرورتی تاریخی و استراتژیکی است، و دشمن در هر صورت دست به تهاجم خواهد زد، خواهیم توانست مفهوم جنگ را در ذهن مردم از دعوای سیاسی و جناحی و منوط دانستن به این دولت و گروه حاضر در دولت خارج، و ماجرای جناحی و گروهی تغییر دهیم؛ همان طور که در جریان جنگ عراق علیه ایران عده‌ای سعی کردند ماجرای جنگ را به ماجرایی جناحی تبدیل کنند. همان طور که اکنون در تاریخ جنگ ایران شاهد هستیم، ملی‌گرایانی که در جریان جنگ هیچ دفاع و فداکاری نکردند، مدعی این مسئله هستند که چرا جنگ بعد از آزادسازی خرمشهر تداوم پیدا کرد؟ باید از همین افراد پرسید: «شما قبل از فتح خرمشهر و زمانی که کشور در اشغال دشمن بود، کجا بودید؟ کجا فداکاری کردید؟ و چه فداکاری‌ای از سوی نیروهای منسوب و هم‌عقیده و هماهنگ با تفکر و اندیشهٔ شما در جریان دفاع از سرزمین وجود داشت؟»

باید توجه داشت که سیاسی و جناحی شدن جنگ در نزد مردم قطعاً در تداوم روحیهٔ دفاع و فداکاری مردم تأثیر منفی و جبران‌ناپذیری خواهد گذاشت. شاید مهم‌ترین ضربه‌ای که تشیع در طول تاریخ دید، همین مسئله بود که معاویه و امویان در زمان مواجهه با امیرالمؤمنین(ع) و امام حسن(ع)، تلاش بسیار زیادی کردند جنگ‌ها و دفاع‌های حضرت علی(ع) و امام حسن(ع) را به حساب مبارزهٔ خانوادگی و طایفگی دو جناح و قبیلهٔ مهم، یعنی بنی‌امیه و بنی‌هاشم، بگذارند. طبیعی بود با وجود این ادعا، مبارزهٔ خانوادگی برای مردمی که در منطقه تحت حاکمیت امیرالمؤمنین(ع) بودند، آنان را به تشکیک وادارد ـ همان طور که چنین شده بود. شامیانی که نه از خانوادهٔ بنی‌هاشم و نه از خانوادهٔ

بنی‌امیه بودند، و آن‌ها را نمی‌شناختند و تابع کامل معاویه بودند، چیزی از این مفاهیم نمی‌دانستند، و این مسئله می‌توانست فضای اردوی امیرالمؤمنین(ع) را به فضایی آلوده به سیاست و درگیری و تنش تبدیل کند ــ که متأسفانه نتیجه داد. به‌خصوص در زمان جنگ صفین و بعد از آن و همچنین در زمان جنگ امام حسن(ع) با معاویه، این استراتژی تبلیغاتی و سیاسی جواب داد ــ و اتفاق افتاد آنچه نبایست می‌افتاد.

توجه ویژه به گروه‌های سازماندهی‌شده در استان‌های مرزی

موضوع بسیار مهم دیگری که باید به آن توجه کرد، موضوع گروه‌های سیاسی منطقه است. امریکایی‌ها در منطقهٔ خاورمیانه و در حوزه‌های پیرامون ما گروه‌های سیاسی افراطی را سازماندهی کردند، یا پس از سازماندهی، به آن‌ها نزدیک شدند. این گروه‌ها برای ما می‌توانند خیلی خطرناک باشند. با وجود عملیاتی که در زاهدان اتفاق افتاد (تاسوکی)، عملیات انفجار اتوبوس سپاه پاسداران، انفجارهایی که در خوزستان به وقوع پیوست، و درگیری‌هایی که حزب پژاک در کردستان انجام داد، به نظر می‌رسد امریکا توانسته است گروه‌های افراطی ضد ایرانی را بسیج، و از قدرت آنان و مهم‌تر از همه ناشناخته بودن و نامنفور بودن آن‌ها در نزد بعضی از مردم مناطق مرزی ایران استفاده کند؛ پدیده‌ای که سازمان مجاهدین خلق (منافقین) در ایران از چنین ظرفیتی برخوردار نیست.

مهم‌تر از همه اینکه ممکن است امریکایی‌ها، با ادعای تحقق کردستان بزرگ، بتوانند جمع بسیاری از احزاب سیاسی کرد را، مانند پ.ک.ک کردستان ترکیه که با ایران تعارض رفتاری و ایدئولوژیک بسیاری دارند، علیه جمهوری اسلامی ایران بسیج کند، و کشمکش‌های مرزی و ارضی گسترده‌ای را در منطقه و مرزهای ما دامن بزنند. بنابراین، ما باید درصدد تأمین امنیت بیشتر این منطقه برآییم، و در عزل

و نصب‌ها و رفتارهای دولتی تدابیر ویژه‌ای به خرج دهیم.

امریکا موفق شد در مناطق شرقی ایران گروه‌های افراطی را نظیر لشکر جهنگوی با کمک نیروهای داخلی پاکستان به مبارزه با ایران بسیج کند. همچنین باید از گروه‌های کوچک وهابی یاد کرد، که امریکایی‌ها در طی سال‌های اخیر با حمایت مالی عربستان توانستند در بعضی از مناطق داخلی به صورت گروه‌های به‌ظاهر مذهبی سازماندهی کنند؛ در واقع با استفاده از ظرفیت‌های اعتراضی یا گسیل آن‌ها به مناطق مختلف، بحران‌های خاصی را در ایران تولید کنند. همهٔ این کانون‌ها می‌توانند در چنین وضعیتی برای کشور خطرناک باشند و به استخدام اهداف امریکا در منطقه درآیند.

علاوه بر مخالفان جدی ضد شیعی، نظیر لشکر جهنگوی یا القاعده در عراق، گروه طالبان را در افغانستان داریم، که امریکایی‌ها می‌توانند به‌آسانی با آن‌ها به توافق برسند. بنابراین، ما باید در خصوص گروه‌های ضد ایرانی مسلحی که در حوزه‌های پیرامونی ما وجود دارند ـ نظیر جبههٔ التحریر در خوزستان، حزب پژاک در کردستان، سازمان‌های مسلح موجود، اشرار سیستان و بلوچستان، لشکر جهنگوی در پاکستان، طالبان و القاعده در افغانستان و عراق، مخالفان داخلی نظام، و اشرار قابل تجمیع و سازماندهی، که کم هم نیستند ـ به استراتژی اساسی و سازمان‌یافته‌ای برسیم، و اجازه ندهیم این گروه‌ها وارد درگیری نظامی متقابل با ایران شوند، یا اینکه در روابط بین ایران و سایر کشورهای منطقه بحران ایجاد کنند. به نظر می‌رسد این گروه‌ها از عوامل بسیار خطرناک در درگیری‌های متقابل امریکا و ایران هستند. شاید دادن نشان افتخار به رهبر جبههٔ التحریر، به عنوان رئیس‌جمهور خودخوانده در خوزستان از سوی دولت دانمارک، و حمایت دولت هلند از وی با

اشارهٔ امریکایی‌ها بوده است، و تلاشی است در راه تقابل سازمان‌یافته علیه جمهوری اسلامی.

در این میان، نباید از نقش گروه‌هایی نظیر سازمان مجاهدین خلق (منافقین) و سازمان چریک‌های فدایی و گروه‌های چپ‌گرای دیگر غافل بمانیم. به نظر می‌رسد باید منتظر مخاطرات جدی از طرف گروهک‌های این‌چنینی باشیم؛ چون بعید است که دولتمردان و سیاستمداران تاکنون اقدام و استراتژی جدی و مؤثری در این خصوص برداشته باشند.

برخی از مسئولان ما جزئی‌نگر هستند و این مسائل را از یک‌دیگر جدا می‌دانند؛ در حالی که اگر دربارهٔ این حوادث و ماجراها تأمل شود، کمترین سود آن این است که افرادی که در این مسیر از سوی نیروهای افراطی و وابسته و مزدور سوءاستفاده می‌شوند آگاهی می‌یابند، و دیگر اجازه نمی‌دهند چنین اتفاقاتی در اثر بی‌مبالاتی و بی‌تدبیری مسئولان محلی و منطقه‌ای روی بدهد. باید نهایت دقت و ظرافت را در برخورد با این گروه‌ها داشته باشیم، تا اقدامات فرهنگی و اجتماعی در منطقه زودتر به ثمر بنشیند. در این راه می‌بایست از مشاوران متعهد و مجرب و آگاه منطقه استفاده کرد. به تعبیری، می‌توان بیان کرد که در بین نیروهای محلی و بومی در گوشه و کنار کشور، چندین لشکر دشمن داریم، که باید مراقب باشیم کار ما به صلحی مانند صلح امام حسن مجتبی(ع) منتهی نشود. باید متدینین، انقلابیون، مردم، و مسئولان منطقه را از این خطرها و فتنه‌ها آگاه کرد، تا از اقدامات خودسرانه، بی‌عقلی‌ها و بی‌تدبیری‌ها در خصوص بحث‌های چالش‌زا و مهم بومی و محلی در گوشه و کنار کشور، به‌خصوص وعده‌های انتخاباتی، جلوگیری شود. ظرافت و زیرکی در برخورد با این مسائل هم بسیار کارگشا است. امید

است مسئولان محلی ما به چنین درک جدی و هوشمندانه‌ای دست یافته، و وطن‌دوستانه، مؤمنانه، و هوشمندانه عمل کنند.

تغییر الگوی نگهداری زیرساخت‌های اقتصادی

نکتهٔ دیگری که در این خصوص باید به آن توجه داشته باشیم، این است که ممکن است در وضعیت کنونی مخاطراتی جدی در کشور پیش رو داشته باشیم. چنانچه امریکا علیه ایران دست به اقدام مسلحانه بزند، ضربهٔ اول آن‌ها ممکن است بسیار سخت باشد و بخش عظیمی از منابع زیرساختی کشور را هدف قرار دهد. منابع زیرساختی شامل راه‌ها، پل‌ها، مراکز ارتباطی، ارتباطات تلویزیونی و رادیویی، و سایر ساختارهایی است که به فعالیت‌های رسانه‌ای و ارتباطی مرتبط است. همچنین مراکز و پایگاه‌های زیربنایی کشور مانند نیروگاه‌ها، سدها، پالایشگاه‌ها، و غیره نیز قطعاً هدف قرار می‌گیرند.

پرواضح است که کشور باید خود را برای چنین وضعیتی آماده کند. به عبارتی، در صورتی که فرض کنیم امریکا در آنِ واحد، مراکز تقویت و توزیع برق و پل‌های شهر تهران را هدف قرار دهد، بعد از آن چه رویکردی می‌تواند مشکل را حل کند؟ آیا برای قطعی آب، برق، و گاز چاره‌ای اندیشیده‌ایم؟ یا اگر مسیرهای جاده‌های بین‌المللی و مسیرهای حیاتی همچون پل‌ها و گذرگاه‌های مهم مسدود شوند، فکر و تدبیری داریم؟ اگر ارتباطات جاده‌ای در کشور دچار آسیب جدی شود، چه فکری برای تداوم این ارتباطات می‌توانیم بکنیم؟آیا برای این گونه امور و حوادث، که کم هم نیستند، چاره‌ای اندیشیده‌ایم؟ متأسفانه مشکل اساسی این است که همهٔ مراکز زیربنایی کشور در واقع برای کاربرد و بهره‌برداری بنا شده‌اند، و در مسیر ساخت آن‌ها اندیشهٔ

حفاظت یا جایگزینی آن در شرایط مخاطره‌آمیز در ذهن طراحان و سازندگان نبوده است. برای جلوگیری از آسیب‌پذیری یک مجموعه و محافظت آن در برابر خطر جدی حملهٔ موشکی، به نظر می‌رسد برنامه‌ریزی‌ای وجود نداشته باشد.

بی‌تردید ما ملزم هستیم خود را برای چنین وضعیت سختی مهیا کنیم. حداقل راهکارهای لازم را برای آن بیندیشیم و برای هر مجموعهٔ زیرساختی مدیریت بحران، محاسبهٔ جایگزین، و آلترناتیو مناسب داشته باشیم. اگر بتوانیم آلترناتیوهایی را برای هر یک از این مجموعه‌ها در نظر بگیریم و امکان جایگزینی آن‌ها را در وضعیت بحرانی سازماندهی کنیم، طبیعی است فشار جنگ تا حدود زیادی کمتر می‌شود، و کشور می‌تواند در برابر نیروهای متخاصم دفاع لازم را انجام دهد. از باب مثال، طراحی انواع پل‌هایی که فوراً می‌تواند بر سر پل‌های تخریب‌شده قرار گیرند، یا ایجاد فرصت‌های ارتباطی که قابلیت تخریب نداشته باشند و نتوان با موشک یا سایر هدف‌گذاری‌ها آن‌ها را از بین برد.

ممکن است بتوان مسیرهای بسیار ابتدایی و راهکارهای ساده‌ای را هم طراحی کرد. بنابراین در این مسیر، جدی‌ترین الزام برای کشور این است که خود را برای آلترناتیوسازی ظرفیت‌های زیربنایی خود آماده کنیم، که در این صورت امکان تداوم و حفظ منابع زیرساختی، و نیز قدرت دفاعی کشور افزایش می‌یابد؛ زیرا آنچه امریکایی‌ها را می‌تواند در تهاجم پیروز کند، نوع ضربهٔ اول آن‌ها به زیرساخت‌های کشور مقابل است. اگر ضربهٔ اول آن‌ها به زیرساخت‌ها به گونه‌ای باشد که بتواند کشور را فلج کند، در آن صورت ممکن است توازن وحشت را به نفع دشمن تغییر دهد. ولی اگر ما توانسته باشیم ظرفیت‌های جایگزین و آلترناتیو را به نوعی منطقی طراحی کنیم که ارتباط جامعه

را با یک‌دیگر دچار خدشه و آسیب جدی نکند، به طبع در برابر این توازن وحشت راه دیگری در پیش گرفته‌ایم، تا بتوانیم به طور اساسی از کشور دفاع کنیم.

به نظر می‌رسد این مسئله را می‌بایست نه فقط یک ضرورت دفاعی بسیار حیاتی، بلکه امری منطقی در هر سرمایه‌گذاری اقتصادی در خصوص زیرساخت‌های کشور دانست، و به آن توجه کرد.

ضرورت بهره‌گیری از سلاح‌های دقیق

مزیت استفاده از سلاح‌های دقیق در امریکا نکتهٔ مهمی است که در همه جای دنیا قابل توجه است، و ما نیز می‌بایست در مقابل آن خود را آماده کنیم. منظور از سلاح‌های دقیق استفادهٔ دقیق از انواع موشک‌ها، هواپیماها، و همچنین سربازانی با لباس‌های ضد گلوله و تفنگ‌های دوربین‌دار است. بی‌تردید برخورد با چنین پدیده‌ای به توجه و دقت زیادی نیاز دارد. ممکن است ما برای مقابله با امریکا همهٔ ابزارهای لازم را نداشته باشیم. هیچ کس نمی‌تواند ادعا کند که ایران می‌تواند در نبرد هوایی با امریکا با فوریت به برتری هوایی دسترسی پیدا کند. برخورد با چنین پدیده‌ای نیازمند برنامه‌ریزی جدی و دقت کامل است.

برای اینکه بتوانیم بخش اصلی نیروهای متجاوز را هدف قرار دهیم و از پیشروی آن‌ها جلوگیری کنیم، سطح بالایی از دقت در عملیات و ابزار و روش‌ها لازم است. برای این کار می‌بایست تجهیزات مدرن را از هم‌اکنون تهیه یا تولید کنیم. از باب مثال، سلاح‌های دستی و اسلحه‌های موجود در ایران دارای برد حداقلی است. برد مؤثر تفنگی مثل کلاشینکف سیصد متر است، و برد مؤثر تفنگ‌هایی مثل ام ۱۶ ممکن است کمی بیشتر باشد. اما مشکل اصلی در اینجا است که سرباز

طرف مقابل به لباس ضد گلوله و انواع امکاناتی مجهز است، که به نوعی او را از خطر مصون می‌دارند.

راه مقابله با سرباز مجهز به تفنگ دوربین‌دار این است که بتوانیم در سطح کشور، گسترهٔ وسیعی از دفاع را با نوعی دفاع تک‌تیرانداز به وجود آوریم؛ زیرا اگر جنگ به زمین کشیده شود، قطعاً جنگ خاکریزی و مانوری شبیه دفاع مقدس نخواهد بود؛ چون عملیات‌های دفاع مقدس بیشتر شبیه جنگ‌های اول و دوم جهانی بود. بنابراین، ما چاره‌ای نداریم که خود را برای جنگی مدرنیزه و نامتقارن آماده سازیم، تا با تغییر الگوی دفاع بتوانیم بخش بزرگی از نیروی زمینی دشمن را به‌سرعت از میدان خارج کنیم.

در واقع آنچه امریکا را دچار بحران وحشت و مشکل می‌کند، تعداد کشته‌شدگان جنگ و سربازانی است که به اسارت گرفتار می‌شوند. با وجود سلاح‌ها و دفاع معمولیِ ما، امکان بالا بردن آمار کشته‌شدگان و اسرا وجود نخواهد داشت. به نظر می‌رسد آنچه می‌تواند این ظرفیت را بالا ببرد، دشمن را در کشور ما زمین‌گیر کند، و عملیات‌های آن‌ها را، چه در کوهستان و چه در زمین و چه در شهر، دچار بحران اساسی کند، گسترش عملیات تک‌تیراندازی در سطح کشور است. دسترسی به این پدیده نه کار سختی است، و نه امکانات بسیار زیادی می‌طلبد؛ ابزاری است که می‌تواند با ابزار ما هماهنگ باشد و در حدّ ظرفیت و قدرت ما نیز هست. ما باید با استفاده از فرصت‌هایی که در اختیار داریم، تعداد تک‌تیراندازها را افزایش داده، و به گسترهٔ جغرافیایی آن نیز توجه کنیم.

علاوه بر این، گسترش ظرفیت تک‌تیراندازی در کشور می‌تواند برای ما توازن وحشت در برابر دشمن ایجاد کند؛ چون موجب افزایش

تلفات دشمن می‌شود. چنانچه این افزایش تلفات به صورت تصاعدی و دارای رقم وحشتناکی باشد، قطعاً می‌تواند در سرنوشت جنگ تأثیر اساسی بگذارد. از باب مثال، می‌توان به پدیدهٔ جنگ اسرائیل و حزب‌الله لبنان توجه کرد.

زمانی که حزب‌الله در برخورد زمینی و در مواجهه با تانک‌های مرکاوا توانست روزانه دو یا سه تانک را هدف قرار دهد، مقاومت اسرائیلی‌ها و و تلاش آن‌ها برای ورود به داخل سرزمین لبنان، مقاومتی جدی و تلاشی فراگیرتر شد. اما زمانی که حزب‌الله توانست یکباره با هوش و درایت و برنامه‌ریزی، میزان تلفات اسرائیلی‌ها و تانک‌های مرکاوا را افزایش دهد، و به روزی ده تا پانزده تانک برساند، آثار شکست در اردوی صهیونیست‌های اشغالگر آشکار شد، و امریکایی‌ها و اسرائیلی‌ها کوشیدند هر چه سریع‌تر از این جنگ و معرکه خارج شوند.

در واقع، این تغییر معادله در نبرد زمینی بود که حزب‌الله را پیروز میدان ساخت؛ حال آنکه حزب‌الله لبنان هیچ برتری هوایی و سلاح ضد هوایی درخور توجهی نداشت. بنابراین، تغییر ظرفیت دقت دفاع زمینی ما را در فقدان ظرفیت و دقت در نیروی هوایی یاری می‌دهد، و توازن را برقرار می‌سازد.

آماده‌سازی کشور برای خنثی‌سازی عملیات هلی‌برد

ما باید بخش‌های مختلف کشور را برای خنثی‌سازی عملیات هلی‌برد دشمن مهیا کنیم. در واقع، این آماده‌سازی نوعی بسیج عمومی و گردآوری منابع برای شرایط خطرناک است. همان طور که در گذشته نیز توضیح دادیم، به‌هیچ‌وجه امریکا همانند جنگ جهانی اول و دوم پیشروی زمینی نخواهد کرد. جنگ وضعیت متفاوت و متنوعی یافته

است، و با توزیع نیرو و تلاش برای تثبیت و تسریع در نیرو، شکل خواهد گرفت. بنابراین، وقتی ما بتوانیم الگوی جنگ دشمن را تصویر کنیم، به‌راحتی می‌توانیم، در آنِ واحد و در فرصت مقتضی، دشمن را در محاصره‌های خاص خود درآوریم، و عملیات‌های هلی‌برد دشمن را در نقاط مختلف ـ قبل از آنکه گسترش پیدا کنند ـ محدود، و نیروهای زمین‌گیرشده را محاصره کنیم.

محصور شدن قطعاً به تسلیم شدن آن‌ها منتهی می‌شود، و این مسئله منوط به این است که ما نیروهای دفاعی کشور را با ظرفیت‌های لازم به صورت آماده‌باش ذهنی و عینی در اختیار داشته باشیم؛ یعنی اگر در بخش‌هایی از کشور هم‌زمان نیروهای دشمن هلی‌برد شدند، دچار اضمحلال و سردرگمی ذهنی نشویم.

سرگشتگی در میدان جنگ بدترین عنصر برای شکست است، و آگاهی به وضعیت موجود و طراحی ظرفیت لازم برای هر گزینه می‌تواند قدرت دفاعی را افزایش دهد. بنابراین، از اساسی‌ترین ضرورت‌ها این است که ما نیروهای خودی را با الگوی جنگ‌ها و آنچه در ظرفیت و برنامهٔ نیروهای امریکایی و راهبرد استراتژیک نیروهای دشمن خواهد بود، آشنا کنیم.

وقتی نیروهای خودی با این مدل جنگ دشمن آشنا باشند، راهکارهای اساسی‌تری را، حتی به لحاظ فردی، می‌توان در میدان در پیش گرفت. به نظر می‌رسد بخشی از آنچه ما در جریان دفاع مقدس به صورت آسیب بر ما وارد شد، همین مسئله بود که غالب نیروهای ما نمی‌دانستند در چه استانی و با چه هدفی ممکن است بجنگند. البته نباید انتظار داشت نیروهای عادی و حتی افسران رده پایین از ظرفیت‌های عملیاتی آگاهی داشته باشند و از شیوه‌های عمل و روندهایی که ممکن

است فرماندهان در نظر بگیرند، آگاهی بیابند.

این واقعیت زمانی به وقوع می‌پیوندد که ما جنگی مبتنی بر فرماندهی واحد و منظم داشته باشیم. اگر دارای عملیات مشخص سرزمینی بوده باشیم، طبیعی است فرماندهان هر آنچه را که مقدور می‌دانند، خود بدانند و دیگران ندانند. اما آنچه را که ما بر آگاهی نیروهای عمومی تأکید می‌کنیم، آگاهی از نوع نبرد دشمن است، نه همهٔ شیوه‌ها و شگردها. اگر ما با شیوه‌های دشمن آشنا باشیم، قطعاً در برخورد با آن‌ها ممکن است ابتکارات بهتری را اجرایی کنیم، و نیروی خودی می‌تواند با آگاهی بیشتری در میدان جنگ حاضر شود.

ضرورت برخورد سریع و قاطع

مسئلهٔ دیگری که ما باید در بحث دفاع به آن توجه اساسی کنیم، برخورد سریع و قاطع با امریکا است. مثلی را حضرت امام(ره) در سال‌های اولیهٔ شکل‌گیری انقلاب اسلامی مطرح می‌کند: «مثل امریکا، مثل سگ است. اگر شما سنگ بگیرید و به سمت او پرتاب کنید، او فرار می‌کند. اما اگر شما فرار کنید، پارس می‌کند و به شما حمله خواهد کرد.» واقعیت این است که نباید به‌هیچ‌روی در برخورد با امریکا در نبردهای زمینی و سایر نبردها مماشات کرد. امریکایی‌ها با اخلاق کابویی خویش و روحیهٔ خاصی که دارند، همانند چاقوکشی عمل خواهند کرد، که اگر طرف مقابل خود را ضعیف ببینند، در زدن ضربات متعدد به او تردید نخواهند کرد. اما وقتی که طرف مقابل آن‌ها در برابر یک ضربهٔ او، ضربهٔ قوی‌تری و یا شبیه همان ضربت به آن‌ها وارد می‌کند، قطعاً در وارد آوردن ضربهٔ دوم تردید خواهند کرد.

بنابراین، کوتاهی در مواجههٔ نظامی با امریکا جز خودکشی چیز

دیگری نیست، و هیچ کس در جهان از تسلیم در برابر قدرت‌های زورگویی چون امریکا نتوانست روی آسایش و آرامش را ببیند. در واقع، کوتاهی در دفاع در برابر امریکا غیر از پذیرش ذلت و سپس مرگ ذلیلانه چیز دیگری را به ارمغان نخواهد آورد. هر چه نیروی دفاعی داخلی از آمادگی بیشتری برخوردار باشد، ضریب گسترش جنگ و دامنهٔ ظفر برای طرف مقابل را به‌شدت کاهش خواهد داد.

ضرورت مدیریت توازن وحشت در جنگ

می‌بایست توجه داشت که در جنگ با امریکا، خویشتن‌داری سبب آن نمی‌شود که امریکا از میدان خارج شود؛ مگر آنکه خویشتن‌داری ما یک خویشتن‌داری مدیریت‌شده باشد؛ همچنان که حزب‌الله لبنان در مواجهه با اسرائیل، نبرد را با خویشتن‌داری مدیریت می‌کند، و این‌چنین موجب توازن وحشت می‌شود. از باب مثال، حزب‌الله توانست در جریان جنگ با نوعی خویشتن‌داری هدایت‌شده، عملیات را به فشار و اهرم سیاسی بسیار سنگینی تبدیل کند. اسرائیلی‌ها در جریان جنگ نتوانستند خویشتن‌داری کنند، چرا؟ چون همهٔ سلاح‌ها و امکانات خود را به میدان آوردند؛ یعنی در آنِ واحد هر آنچه را که داشتند، رو کردند. اما حزب‌الله با موشک‌باران مرحله به مرحله و متر به متر توانست شماری از شهرک‌نشینان اشغالگر را، که در سرزمین اشغالی سکنا گزیده بودند، به طرف مرکز کشور (تل‌آویو) براند، و خیل گستردهٔ آوارگان را به دولت اسرائیل تحمیل کند.

با ورود خیل گستردهٔ آوارگان، که به صورت روزانه افزایش پیدا کردند، فشار و وحشت بسیاری به خانه‌های همه اسرائیلی‌ها ارمغان آورد. ولی اگر حزب‌الله بدون مدیریت بحران و خویشتن‌داری در روز

اول، موشک‌های خود را به سراغ همهٔ شهرهای اسرائیل می‌فرستاد، وحشت ناشی از فرود موشک در شهرهای مختلف ظرف یکی دو روز از میان می‌رفت، و در واقع توازن وحشت به نفع نیروهای حزب‌الله تغییر پیدا نمی‌کرد.

بی‌تردید حزب‌الله در برابر هر ضربه‌ای که اسرائیل می‌زد، ضربهٔ دیگری وارد می‌کرد. این نوع خاصّ خویشتن‌داری مدیریت‌شدهٔ حزب‌الله و اعلام حمله به تل‌آویو در واقع برای صدور وحشت به داخل خانه‌های یهودیان ساکن در منطقه بود، که در این شیوه از عملیات پاسخ خود را به‌درستی گرفت. بنابراین، برخورد سریع و قاطع به معنی برخورد هدایت‌نشده و مدیریت‌نشده نیست؛ بلکه همراه با مدیریتی است، که بحران و فشار و توازن وحشت را وارد اردوی دشمن کند.

ضرورت گسترش عرصه و میدان نبرد

نکتهٔ دیگری که ایران می‌تواند در برخورد با امریکایی‌ها از آن بهره بگیرد، گسترش میدان نبرد است. بی‌شک امریکایی‌ها بر اساس فرضیهٔ تشابه با مدل اختاپوسی، ظرفیت محدودی به لحاظ نیروی زمینی خواهند داشت، که این ظرفیتِ محدودِ استفاده از نیروی زمینی فرصت امریکایی‌ها را برای گسترش و تداوم جنگ از بین خواهد برد. آن‌ها به دلیل محدودیت تعداد نیروهای نظامی ناچارند در محدودهٔ خاصی بجنگند. در این صورت قدرت تبادل نیروها و استراحت برای آن‌ها فراهم می‌شود. بنابراین، بهترین کار آن خواهد بود، که بتوانیم دشمن را در مناطق مختلف پراکنده کنیم. پراکنده‌سازی نیروهای دشمن سبب خواهد شد آن‌ها به اهداف متعدد و متنوعی تبدیل شوند. در این صورت هماهنگ کردن این نیروهای پراکنده، برای تصرف منطقه‌ای مشخص،

برای آن‌ها بسیار دشوار خواهد بود.

تجمع نیروهای دشمن همیشه می‌تواند به برتری آن‌ها بینجامد. اشتباه اساسی، که ایرانیان تاریخ میانه در برخورد با نیروهای مغول مرتکب شدند، این بود که نیروهای مغول تجمع کرده بودند؛ اما نیروهای ایرانی با پراکنده شدن در حوزه‌های مختلف، به اهدافی هضم‌شدنی تبدیل شدند ــ که در نهایت به شکست انجامید. این شیوه از عملیات جنگی در جریان جنگ اسپانیا با انقلابیون کوبا نیز اتفاق افتاد. نیروهای چریکی کوبا در جریان جنگ با اسپانیایی‌های استعمارگر توانستند نیروهای این کشور را، که بیش از یکصد و بیست‌هزار نفر بودند، به اهداف متعدد تبدیل کنند و پیروز شوند. در حالی که انقلابیون کمتر از پنجاه هزار نفر بودند، آن هم با سلاح‌هایی کهنه.

امپراتوری اسپانیا در آن زمان از برترین قدرت‌های جهان بود، و امکانات و ظرفیت‌های بسیار گسترده‌ای داشت. محاسبهٔ استراتژیک ژنرال ماکسیمو گومِز بر این اساس قرار گرفت، که علت اشغال کوبا دسترسی اسپانیا و ثروتمندان اسپانیایی به محصول شکر این کشور است؛ بنابراین تصمیم گرفت به همهٔ مزارع و منابع تولید ثروت اسپانیایی‌ها حمله کند. او با گسترش اهداف نظامی اسپانیایی‌ها را مجبور کرد برای این اهداف نیروهای خود را پراکنده کنند. ماکسیمو گومز به دسته‌ها و گردان‌های خود دستور داده بود در فصل برداشت نیشکر تمامی مزارع نیشکر و کارخانه‌های متعدد متعلق به اسپانیایی‌ها را به آتش بکشند؛ پس هر گردانی که در مسیر کشور حرکت می‌کرد، خطی از آتش به همراه داشت.

این استراتژی سبب شد نیروهای اسپانیایی ناچار شوند برای دفاع از مزارع و کارخانه‌ها در سطح کشور پراکنده شوند. این پراکندگی

سبب شد آن برتری و توازن استراتژیک به نفع نیروهای انقلابی و چریکی کوبایی تغییر کند. آن‌ها توانستند با استفاده از ظرفیت بومی بودن، گردان‌ها و گروه‌های خود را در نقاط مختلفی که دسته‌های اسپانیایی به گشت‌زنی و محافظت از مزارع مشغول بودند، جایگزین، و به‌آسانی آن‌ها را شناسایی کرده و هدف قرار دهند. بدین ترتیب، نبرد با شکست دولت اسپانیا خاتمه پیدا کرد؛ همچنان که امریکایی‌ها نیز در طول زمان در جریان جنگ عراق به حراست از چاه‌های نفت و مراکز صدور نفت عراق مجبور شدند ـ که این در کاهش توان دفاعی و تهاجمی آن‌ها در عراق بسیار مؤثر بود.

بی‌تردید ما نیز می‌توانیم با توجه جدی به این مسئله، اجازه ندهیم نیروهای دشمن در نقطه‌ای معین تجمع کنند؛ چون این کار به زیان ما خواهد بود. از سوی دیگر، تجمیع نیروهای خودی نیز امکان تبدیل شدن آن‌ها را به هدف بمباران گستردهٔ دشمن در پی خواهد داشت. ما با پراکنده‌سازی هوشمند می‌توانیم اهداف متعددی را در سطح کشور در نظر بگیریم، و به نوعی دشمن را در خاک خودی و در سایر نقاط خاورمیانه درگیر پدیده‌ای کنیم، که تاکنون با آن مواجه نشده‌اند.

جلوگیری از صدور نفت

در بحث دفاع ایران می‌بایست به این نکته توجه داشت، که غرب در صورت هجوم به ایران دارای پاشنه آشیلی اساسی است. این پاشنه آشیل اساسی همان جریان سوخت به سمت امریکا و اروپا است. بی‌شک این جریان سوخت هم متضمن منافع ما به دلیل فروش آن است، و هم متضمن سایر کشورها برای خرید سوخت و به حرکت درآوردن چرخ صنعت و تجارت آنان.

چنانچه در این اوضاع و احوال جریان سوخت بر علیه مردم ایران قطع شود، باید از صدور جریان نفت در خاورمیانه برای نیروهای مهاجم به هر نحو ممکن جلوگیری کرد؛ چون اگر ایران نتواند از منابع نفتی خود برای تداوم دفاع استفاده کند، قطعاً غرب مهاجم نیز نباید از نفت دیگران بهره ببرد. بنابراین، باید با استفاده از گسترش حوزهٔ دفاعی کشور، امکان صدور نفت دیگر کشورها نیز در وضعیت آشفته و ناامنی قرار گیرد.

اگر غرب بتواند در سایهٔ نفت دیگر کشورها گرم بماند و حرکت صنایع آن‌ها متوقف نشود، قطعاً فشار آن علیه ما مضاعف خواهد بود. البته دیگر کشورهای منطقه این گمانه را شیرین می‌دانند، که با قطع صدور نفت ایران، قیمت نفت جهان به‌شدت به صورت تصاعدی افزایش پیدا می‌کند. در صورت افزایش قیمت نفت، وقوع جنگ در ایران، و قطع صدور نفت ایران آن‌ها جای خالی نفت ایران را پر خواهند کرد، و بازار نفت ایران را به دست خواهند گرفت. آن‌گاه ایران دچار شکست قطعی خواهد شد.

برای اینکه این فرضیه به وقوع نپیوندد، غرب و کشورهای منطقه از مسئلهٔ عدم صدور نفت ایران بهرهٔ استراتژیک نبَرَند، توازن وحشت و فشار به همهٔ عناصر مهاجم سرایت کند، و دشمن از جنگ علیه ایران دست بکشد، خواه ناخواه می‌بایست جریان صدور سوخت (نفت و گاز) به غرب دچار مشکل اساسی شود ـ مگر آنکه جنگ علیه ایران به طور کلی متوقف شود.

این حربه، که هیچ کس نباید در سایهٔ ناامنی و نابودی مردم و نظام سیاسی ایران دارای امنیت یا ثروت بیشتری شود، می‌تواند هم بر کشور امریکا، هم بر کشورهای حامی آن، و هم بر سایر نیروهای بین‌المللی فشار کافی بیاورد. بنابراین، باید به این نکتهٔ اساسی توجه

کنیم که ما با هیچ کس در دنیا جنگ نداریم؛ اما جنگ با ما نباید سفرهٔ دیگران را رنگین، و کاسهٔ ما را تهی کند. این توانایی و ظرفیت بالای ما می‌تواند دفاع از سرزمین خودی و دفاع از هویت ملی و دینی‌مان را شکل بدهد.

اگر امریکا بتواند جنگ را به صورتی پیش ببرد که موجب قطع صدور نفت ایران و ادامهٔ صدور نفت دیگر کشورها شود، این کاملاً به نفع کشورهای همسایه و همچنین بهره‌برداران از نفت و جنگ‌آفرینان خواهد بود، که جنگ به پروژه‌ای درازمدت و فرسایشی تبدیل شود، تا در سایهٔ درازمدت شدن جنگ و فرسایشی شدن آن، توان ایران کاهش یافته، در برابر دشمن تسلیم شود، و در نقطهٔ مقابل، توان اقتصادی و مالی کشورهای متخاصم افزایش چشمگیری یابد. در چنین وضعیتی، به نفع همسایگان و صادرکنندگان نفت خواهد بود که جریان جنگ در ایران تداوم پیدا کند. ولی اگر ما بتوانیم این وضعیت را بر کشورهای امریکایی و اروپایی و همچنین کشورهای منطقه تحمیل کنیم، که جنگ با ایران نباید موجب ثروتمند شدن کشورهای دیگر شود، می‌توانیم فشار لازم را بر غرب و منطقه وارد کنیم.

تلاش برای خروج هر چه سریع‌تر از نبرد

بحث تلاش هر چه وسیع‌تر و سریع‌تر برای خاتمهٔ نبرد نکتهٔ مهم دیگری است، که باید به آن توجه شود. وضعیت کشور ما به گونه‌ای نیست که بخواهیم یا بتوانیم در طولانی‌مدت به جنگ ادامه بدهیم. تجربهٔ دفاع مقدس ثابت کرده است که در بعضی مقاطع، خاتمهٔ جنگ در فرصت محدودتر می‌تواند به نفع ما تمام شود. امریکایی‌ها از اینکه به منطقه بیایند و به اهداف خود نرسند، قطعاً شکست خورده‌اند و در جهان

حرفی برای گفتن نخواهند داشت. ما نباید در این فکر باشیم که در برابر امریکا به پیروزی قاطع و سریعی دست بیابیم، که در اثر این پیروزی قاطع بتوانیم امریکایی‌ها را به تسلیم و پذیرش شکست وادار کنیم. همین که بتوانیم در وضعیت جنگی که خواهیم داشت، به توازن استراتژیک برسیم، و کشور را حفظ کنیم، پیروزی بسیار بزرگی برای ما خواهد بود.

حفظ ایران و نظام جمهوری اسلامی، ایجاد توازن وحشت در برابر دشمن، و همچنین جلوگیری از نابودی کشور به منزلهٔ پیروزی قطعی ما خواهد بود. بنابراین، نباید در حال حاضر به پیروزی از نوع پیروزی در جنگ‌های کلاسیک فکر کنیم. در چنین وضعیتی، پیروزی به شکل جنگ‌های کلاسیک قطعاً دور از دسترس خواهد بود، و ممکن است به کاهش توان ما و در نهایت شکست قطعی ما منتهی شود.

هدف ما در جنگ احتمالی آیندهٔ آن است، که هویت ملی، دینی و استقلال کشور و نظاممان را حفظ کنیم، و کشور را از تجاوز دیگران برهانیم. بنابراین، وقتی هدف ما محدود، معین و دست‌یافتنی، و البته بسیار بزرگ بوده باشد، قطعاً ابزارهایی که ما در اختیار داریم، می‌تواند ما را در رسیدن به این هدف بسیار بزرگ و مهم یاری کند. بنابراین، باید توجه داشته باشیم که ـ چه در تبلیغات و چه در اعلامیه‌های رسمی نظامی یا سیاسی ـ به‌هیچ‌وجه اهداف بزرگی را پیش روی خود نگذاریم، که بعدها خود به موانع بزرگ تبدیل می‌شوند. ما باید اهداف و ابزار خود را در برابر آنچه در پیش رو داریم، حفظ کنیم.

مخاطرات و تهدیدات اجتماعی در عرصهٔ بین‌المللی

حملهٔ امریکا به ایران می‌تواند علاوه بر اینکه خطر امنیت ملی و

موجودیتی برای ایرانیان و مسلمانان به دنبال داشته باشد، مخاطرات وحشتناک دیگری را نیز برای امنیت اجتماعی جهان و اروپا و غرب و کشورهای عربی به همراه دارد، که از خطر حمله به یک کشور کمتر نیست.

۱. خطر گسترش و گسیل مواد مخدر به غرب

آنچه غرب را در این میان تهدید می‌کند، این است که در طول سال‌هایی که جمهوری اسلامی ایران شکل گرفته است، همیشه ایران در برابر گسیل موادّ مخدر برای غرب در منطقه سپر دفاعی بوده است. این سپر دفاعی در برابر موج گستردهٔ موادّ مخدر به سمت اروپا بود ـ که البته در این مسیر بیش از سه‌هزار شهید تقدیم دفاع از امنیت بین‌المللی و حفظ کرامت انسان‌ها کرده است. چنانچه امریکا ایران را درگیر پدیدهٔ جنگ یا تهدید به جنگ کند، به طبع ایران برای حفظ موجودیت و هویت خود ناچار است همهٔ امکانات دفاعی را در مسیر حفظ کشور از تجاوز دشمنان استفاده کند. در چنین وضعیتی، دو گزینه پیش روی صادرکنندگان موادّ مخدر خواهد بود: اول اینکه مسیر ایران را، که ممکن است به طور جدی ناامن شده باشد، به سایر مسیرها تغییر دهند، که در این صورت ممکن است کشورهای عربی یا همسایگان شمالی ما را تهدید کنند. دوم اینکه از وضعیت داخلی سوءاستفاده کنند، و از فقدان وجود سپر دفاعی بهره بگیرند، که در آن صورت اروپا در تباهی ناشی از آنچه خود خواسته و ساخته است، فروخواهد رفت؛ کاری که با پیش‌بینی آلکساندر دومانش، رئیس سازمان اطلاعاتی فرانسه، با عنوان عملیات «نبرد پشه با فیل» در جریان جنگ روسیه با افغانستان روی داد، و امریکا و فرانسه با انتقال موادّ مخدر به داخل نیروهای نظامی روسیه، آن‌ها را گرفتار و زمین‌گیر کردند؛ اما این جریان خود

به یک قدرت مافیایی بین‌المللی و جریانی سازمان‌یافته تبدیل شد، که توانست موادّ مخدر را از مرزهای روسیه به اروپا و امریکا برساند، و امریکا را در دام تباهی و چاهی که خود کنده بود، گرفتار سازد.

این خطر اساسی برای اروپا در حال حاضر نیز وجود دارد، که ناامن کردن ایران، تجاوز به ایران، و ایجاد ناامنی در منطقه سپر دفاعی را برای اروپا برمی‌چیند، که این خطری بزرگ برای جهان و به‌خصوص غرب است؛ خطری که قطعاً نمی‌توان آن را با خطر بمب هسته‌ای مقایسه کرد.

۲. خطر مصادرهٔ پول‌های موجود در اروپا

نکتهٔ آخر اینکه امریکا در جریان یازده سپتامبر و حمله به عراق، ثابت کرده است که به دلارهای موجود در بانک‌های اروپا و امریکا نیز چشم طمع دارد. سابقهٔ امریکا در جریان پیروزی انقلاب اسلامی ثابت کرده است که هر چقدر طلا و پول از کشورهای اروپایی در آن کشور موجود باشد، قطعاً آن‌ها را مصادره خواهد کرد. با این فرض، چیزی که می‌تواند به طور جدی برای امریکایی‌ها و جنگ‌طلبان همچون لقمه‌ای بسیار چرب عمل کند، بهانهٔ تعارض با اسلام، امکان کمک کشورهای عربی، و امکان کمک به نیروهای مسلمان و تروریست‌های ایرانی و عرب در امریکا و اروپا است. در صورت وقوع جنگ، این خطر نه تنها ایران و سایر مناطق را تهدید خواهد کرد؛ بلکه آماده‌ترین و چرب‌ترین لقمه برای امریکایی‌ها در مسئلهٔ جنگ سرمایه‌های موجود در بانک‌های اروپا و امریکا است. آن‌ها به‌آسانی این لقمهٔ چرب را مصادره خواهند کرد؛ همچنان که در جریان یازده سپتامبر ۲۰۰۱ و بعد از آن، به بهانهٔ ارتباط برخی از سازمان‌های اقتصادی عربی در کشورهای اروپایی

و امریکایی، توانستند حجم سنگینی از پول شرکت‌های مختلف را در امریکا و اروپا مصادره کنند. باید به این نکتهٔ اساسی توجه داشت که امن‌ترین مکان برای سرمایه‌گذاری در جهان، کشورهای مسلمانی چون ایران است. ممکن است در ایران هم مکان سرمایه‌گذاری‌ها هدف قرار گیرد؛ اما خطر مصادرهٔ سرمایهٔ سرمایه‌داران و ثروتمندان و بازرگانان ـ به‌خصوص سرمایه‌داران مسلمان ـ و تصاحب پول، جواهرات، و امکانات و تجهیزات آن‌ها در وضعیت جنگی در اروپا و امریکا به مراتب بیشتر از خاورمیانه و به‌خصوص در ایران است.

آخرین گمانه‌ها

تحولات جدید در خاورمیانه فرایند نوینی از وقایع در حال شکل‌گیری را پیش روی جهانیان گذاشته است. جنبش‌های اسلامی ریشه‌داری که سال‌های طولانی به دیوار سخت سیطرهٔ غرب و ساختار خاورمیانهٔ چرچیلی برخورد می‌کردند، هم‌اینک توانستند پایگاه‌های مهم نفوذ امریکا و غرب را در منطقه به تصرف درآورند. صرف نظر از تعمیق در ماهیت هر یک از این جنبش‌ها و تحولات در مصر، تونس، لیبی، یمن، بحرین، فلسطین، لبنان، و دیگر کشورها اوضاع به‌شدت بر ضد امریکا در حال رقم خوردن است؛ چه اینکه دولت‌های به‌ظاهر میانه‌رو و معتدلی که هم‌اینک به قدرت رسیده‌اند، در یک فرایند زمانی نه چندان درازمدت، در مواجهه با مطالبات روزافزون سیاسی و اجتماعی و

فرهنگی جوامع پس از انقلاب و رسیدن به آزادی سیاسی، نمی‌توانند چندان پردوام باشند. فرایند انقلابی‌تر شدن و رادیکالیزه شدن این انقلاب‌ها و تحولات فرایند گریزناپذیر است، و غرب هم نمی‌تواند موانع چندانی در برابر این سیل عظیم انسانی به راه بیندازد. همان طور که در نظریهٔ اختاپوسی بودن سلطهٔ غرب گفته‌ایم، غرب نمی‌تواند همهٔ انرژی و قدرت خود را در برابر تحولات این کشورها متمرکز کند؛ خاصه اینکه ماهیت ناشناختگی این تحولات به‌شدت بر ساختار آن‌ها حاکم است.

در این میان، باور ما آن است که وقوع این تحولات سبب شده است امریکا به دنبال تسویهٔ قطعی با جریان مقاومت در خاورمیانه بوده باشد. چه اینکه بحران سوریه را باید از این دست دید. مهم‌تر اینکه بنا به اظهار صریح عبدالحلیم خدام، معاون سابق رئیس‌جمهور سوریه و از رهبران فعلی مخالف دولت سوریه: «اگر می‌خواهید ایران را از مصر و فلسطین و لبنان و عراق بیرون کنید، باید آن را از سوریه بیرون کنید؛ چه اینکه سقوط دولت بشّار اسد و خروج ایران از سوریه منتهی به خروج و عقب‌نشینی ایران از کلّ منطقهٔ خاورمیانه خواهد شد.»

بنابراین، روند تحولات منطقه فشار را بر یکسره کردن مسئلهٔ ایران برای غرب بسیار جدی‌تر کرده است. اما این تلاش و برنامهٔ بسیار مهم و استراتژیکی با چند مانع بسیار مهم روبه‌رو شده است، که این موانع به سه دستهٔ بسیار مهم تقسیم می‌شوند:

۱. موانع موجود در داخل کشور
۲. موانع موجود در منطقهٔ خاورمیانه
۳. موانع موجود در سطح بین‌المللی

۱. موانع موجود در داخل کشور

موانع موجود برای امریکا در داخل ایران خود به چند دستهٔ اصلی و بسیار مهم تقسیم می‌شود، که پرداختن گسترده به آن‌ها حدیث مفصلی است. با این وجود، مسئلهٔ وحدت و همدلی ملی در برابر خطر هجوم خارجی و غرب، که در داخل کشور شکل گرفته است، سبب شده است خطر حملهٔ امریکا با خطر بروز بیماری جناحی شدن دفاع همراه باشد، که امید اصلی امریکا در ایران نیز همین پاشنهٔ آشیل در جامعهٔ ایران است. به نظر می‌رسد با وجود بروز اختلافات بر سر انتخابات ریاست جمهوری و فتنهٔ ۱۳۸۸، جامعهٔ ایران به سمت وفاق نسبی در حال حرکت است؛ اما این وفاق اخیراً با چند بیماری خطرناک روبه‌رو شده است، که ماجرای اختلاس سه‌هزار میلیارد تومانی به آن دامن زده، و ترس از انشقاق در انتخابات آتی مجلس شورای اسلامی نیز از نگرانی‌های آن است. با این وجود، جامعهٔ ایران به‌خوبی لمس کرده است که دشمنی غرب و امریکا به دلیل مسئلهٔ پیشرفت ایران در دانش هسته‌ای و خطر ساختن بمب هسته‌ای نیست.

دشمنی امریکا و غرب علیه ایران و اسلام و عناصر سیطره‌جویانهٔ آن به قدری آشکار است، که به‌آسانی نمی‌توان آن را نادیده گرفت. پیشرفت‌های تسلیحاتی جمهوری اسلامی مانع بسیار بزرگ در عرصهٔ ملی در برابر خطر تهاجم است. این پیشرفت‌ها، که در جریان به زمین نشاندن پهپاد جاسوسی امریکا رگه‌ای بسیار نیرومند از دانش نظامی را در ایران به نمایش گذاشت، قطعاً جنگ‌سالاران طرف‌های مقابل را به توقف برنامه‌های نظامی و تغییر توهم‌های آنان دربارهٔ ایران وامی‌دارد، و فرایند تجاوز نظامی را خواه ناخواه به عقب خواهد برد. چه اینکه نظامیان در وضعیتی وارد مبارزه و جنگ خواهند شد، که حداقل در

گمانه‌های اولیهٔ خود برای نبرد پیروز میدان بوده باشند.

به زمین نشاندن هواپیمای بسیار پیشرفتهٔ جاسوسی سازمان سیای امریکا اقتدار تکنولوژیکی جمهوری اسلامی را به رخ جهانیان کشید؛ اما همین شکل‌گیری قدرت تکنولوژیک برای امریکا و غرب زنگ هشدار بسیار خطرناکی خواهد بود. یعنی ما به صرف یک پیروزی بزرگ و شیرین، و صدالبته غرورآفرین، نباید گمانه‌های خطر را کاهش‌یافته تلقی کنیم؛ مگر اینکه دشمن مجبور شود برنامه‌های خود را تغییر دهد. اما نمی‌توان به این احتمال هم چندان امیدوار بود؛ چون دشمنی که قصد هجوم نظامی را دارد، قطعاً احتمال می‌دهد که نیروی مقابل آن بخشی از قدرت و دانش نظامی آن را خوانش کرده باشد. اتفاق به زمین نشاندن پهپاد امریکایی علاوه بر آنکه پیشرفت علمی ایران را ثابت کرد، شاید فرایند گسترش تخاصم را نیز سرعت ببخشد، و امریکا را در اتخاذ تصمیم برای تخریب زیرساخت‌های توسعه و رشد دانش و علوم و پیشرفت ملی در ایران مصمم‌تر سازد.

موانع موجود در منطقه خاورمیانه

مسئلهٔ بیداری اسلامی در منطقهٔ خاورمیانه اوضاع جدیدی را رقم زده است؛ چون از یک سو امریکا به دلیل نابسامانی موجود در منطقه و ترس از گسترش و تعمیق انقلاب، ترجیح می‌دهد هر چه سریع‌تر این تحولات را قطع کند. زیرا نابسامانی‌های سیاسی موجود در منطقه فرصت لازم را برای بحران‌سازی جدید و به دست آوردن فرصت‌های مناسب در پس این بحران برای امریکا و اسرائیل فراهم می‌آورد. اما اگر امریکا در برابر این تحولات تأخیر ورزد، ممکن است نیروهای مخالف امریکا بتوانند جبههٔ متحدی را سازمان دهند، که عرصهٔ

مخاصمات را در منطقه به‌شدت گسترش دهد و جبهۀ مقاومت را از محور کانونی ایران، سوریه، لبنان، فلسطین، و عراق به محورهای جدید مصر، تونس، لیبی، الجزایر، یمن، و بحرین نیز بکشاند ـ که در این صورت دولت‌هایی چون عربستان سعودی و قطر قابلیت‌های منطقه‌ای خود را از دست خواهند داد. همان طور که هم اینک نیز به دلیل حمایت بی‌دریغ عربستان و امریکا از دیکتاتورهای منطقه و حمایت جبهه‌ای از اسرائیل و امریکا، این کشور اعتبار منطقه‌ای خود را در حد یک ژاندارم خون‌ریز در منطقۀ خاورمیانه از دست داده است. و صدالبته در این میان نیز عربستان به‌شدت مشوق شروع این جنگ جدید منطقه‌ای خواهد بود؛ چه اینکه تأخیر در اجرای آن ممکن است موجب تثبیت نیروهای جدید منطقه، و زوال روزافزون نیروهای حامی امریکا در منطقه شود.

با همۀ مفروضات موجود، فرضی بسیار مهم وجود دارد، که امریکا در حال حاضر با طیف گسترده‌ای از نیروهای آزادشدۀ اسلام‌گرا در لبنان، مصر، تونس، لیبی، یمن، و حتی بحرین، عربستان، و ترکیه روبه‌رو است، که اندازۀ این طیف گسترده و اینکه چه موقعیتی برای نیروهای امریکایی در منطقه پس از تجاوز ایجاد خواهد شد، به‌هیچ‌وجه مشخص نیست. این سردرگمی در برابر حجم واقعی نیروهای اسلام‌گرا محاسبات نظامی امریکا را دچار مشکل خواهد کرد. بسیاری از این نیروها به امید شکست نهایی امریکا در غرب، در منطقۀ خاورمیانه به میدان خواهند آمد. امریکا و اسرائیل از گسترش میدان نبرد در منطقه به‌شدت هراسان خواهند بود؛ به‌خصوص اینکه روند سیطرۀ بلامنازع امریکا در عربستان به وضعیت تخاصمی شدید تبدیل شد و جامعۀ پاکستان حتی در میان اهل تسنن هم‌اینک به شدت گرفتار

احساسات شدید ضد امریکایی شده است. چه اینکه بمباران‌های مکرر هواپیماهای بدون سرنشین امریکا جامعهٔ تسلیم‌شدهٔ پاکستان را نیز به ستوه درآورد و کشتار ناجوانمردانهٔ مردم و سربازان پاکستان موجب شد ارتش پاکستان در اقدامی کاملاً شجاعانه پایگاه نظامی امریکا را از آنان پس بگیرد.

مانع منطقه‌ای دیگر امریکا فشار شدید عراقی‌ها بر خروج امریکا از منطقه بوده است. این فشار، که اخیراً به نتیجه رسیده است، سبب شد امریکا بعضی از پایگاه‌های خود و در نتیجه برخی از فرصت‌های استراتژیک خود را در عراق از دست بدهد؛ فرصت‌هایی که می‌توانست برای آن‌ها منابع قدرت بسیاری را علیه ایران فراهم سازد ـ هرچند حضور امریکا در عراق برای ایران نیز می‌تواند فرصت‌های هجوم به پایگاه‌های امریکایی را به دنبال داشته باشد.

سقوط دولت سعد حریری در لبنان و وقوع کشمکش‌های سیاسی در سوریه برای ایران می‌تواند زمینه‌های مساعدتری از تحرک قوا را فراهم سازد.

موانع موجود در سطح بین‌المللی

در حال حاضر، از جدی‌ترین موانع برای امریکا در سطح بین‌المللیِ بحران اقتصادی، آغاز و گسترش جنبش ضد سرمایه‌داری وال‌استریت است. این جنبش هرچند ممکن است در کوتاه‌مدت سرکوب شده یا فروکش کند؛ سؤالات بسیاری را در جامعهٔ امریکا ایجاد کرده است.

جنبش ضد سرمایه‌داری، که در اولین آماج حملات خود لشکرکشی‌های امریکا را به مناطق مختلف جهان هدف قرار داده است، این حملات را اسباب بدبختی و گرسنگی مردم امریکا و کشورهای

غربی می‌داند و فشار سنگینی را برای خروج نظامیان امریکا از مناطق مختلف مورد تجاوز امریکا بر دولتمردان و انکار عمومی امریکا وارد آورده است. حال سؤال این است که این جنبش برای شکل‌گیری حمله‌ای جدید علیه کشوری چون ایران دست‌بسته خواهد نشست؟ با این وجود، ما موظفیم که اوضاع به وجود آمده در امریکا را چندان به نفع خود ارزیابی نکنیم. اما این سؤال نیز مطرح است که اگر جامعهٔ امریکا برای خروج از بحران اقتصادی و سیاسی به جنگی جدید تن دردهد ــ که احتمال آن نیز کم نیست ــ آیا برای جنبش وال‌استریت در این وضعیت می‌توان قدرت بازدارنده‌ای را تصور کرد؟

به اعتقاد نگارنده، اعتماد به بازدارندگی نسبی جنبش وال‌استریت در امریکا تا حدود زیادی خوش‌بینی است، و ما باید مواظب باشیم ضمن توجه به این واقعیت بیش از حد به آن دل نبسته و اعتماد نکنیم.

مانع بین‌المللی دیگر وقوع بحران اقتصادی در اروپا است. بحران گستردهٔ اقتصادی و کشمکش‌های سیاسی و اعتراض ناشی از آن برای اروپا مشکلات بسیاری را فراهم کرده است. این کشمکش‌ها علاوه بر اینکه می‌تواند از جدی‌ترین موانع ورود به مباحث جنگ‌افروزانه در بین سران اروپا شود، به سکویی برای ورود به عرصهٔ نظامی‌گری و جنگ‌افروزی نیز می‌تواند تبدیل شود؛ چه اینکه تجربهٔ صدور بحران با ایجاد یک کانون بحران جدید یا تولید منبع درآمدی جدید برای اقتصاد بیمار اروپا پدیدهٔ مخاطره‌آمیزی است، که نباید آن را از نظر دور داشت. به‌خصوص اینکه جنگ‌های گذشتهٔ امریکا در خاورمیانه و خلیج فارس پشتوانه‌های مالی منطقه‌ای نظیر عربستان سعودی، کویت، و قطر را داشته است ــ که این حمایت مالی برای ورود به جنگ می‌تواند اشتهای سیاستمداران سرمایه‌داری غرب را برای ورود به

جنگ تحریک کند. به‌خصوص اینکه وقوع جنگ می‌تواند انبارهای تسلیحاتی آن‌ها را برای فروش به عرضه برساند، و خرابی‌های ناشی از جنگ و ضرورت بازسازی آن تا سال‌های طولانی منبع بسیار مناسبی برای درآمد و ارتزاق زالووارانه از اقتصاد کشورهای درگیر جنگ در منطقه باشد. همان طور که این تجربهٔ بسیار موفق در تحولات لیبی به وقوع پیوست. جامعهٔ لیبی با دسیسهٔ مکارانهٔ فرانسه و انگلیس به جنگ داخلی کشیده شد، و نیروهای نظامی ناتو با بمباران‌های گستردهٔ مناطق غیر ضرور، که به بمباران و حملهٔ هوایی نیازی ندارند، هم هزینهٔ این بمباران‌ها و عملیات نظامی غیر ضرور را دریافت کردند، هم بر این منطقهٔ بسیار ثروتمند مسلط شدند، و هم در منافع ناشی از بازسازی آن شریک بلامنازع خواهند بود.

تاریخ اروپا و غرب سرشار از وقوع جنگ‌های مختلف برای صدور بحران‌های داخلی به خارج است، و پناه بردن از بحران کنترل‌ناپذیر و سازماندهی‌نشده به بحران کنترل پذیر و سازماندهی‌شده از شیوه‌های معمول مدیریت بحران‌های داخلی و بین‌المللی است.

با این وجود، به نظر می‌رسد که در تقریرات فوق نوعی دوگانگی تصور شود و این امر از نظر صاحب این قلم مقبول است؛ چه اینکه بحران‌های بزرگ و تحولات سیاسی و بین‌المللی پدیده‌های یک‌وجهی نیستند، و پیچیدگی‌های دنیای سیاست و اقتصاد گمانه‌های یکسان و یکنواختی را به عناصر آن دیکته نمی‌کند. به همین دلیل پیش‌بینی تحولات بسیار مشکل و نابسامان خواهد بود. پیچیدگی بسیار قضایای فعلی جهان معاصر ما می‌طلبد که ما علاوه بر گزینه‌ها و گمانه‌های فوق، مفروضات دیگری را هم نظیر وقوع اختلاف در میان سران جهان سرمایه‌داری و فرایند ناهمگونی تحولات مختلف در کشورهای مورد

نظر در توجه قرار دهیم، و باز در چنین وضعیتی به فرضیه‌های دیگری بیندیشیم؛ فرضیه‌هایی که ممکن است دشمنان ما تصور کنند که ما به آن‌ها نمی‌اندیشیم. به عبارت دیگر، ما باید خود را برای «فکر کردن به آنچه فکرکردنی نیست» آماده سازیم، و در چنین حقیقتی به تمرین تفکر و عمل استراتژیک بپردازیم، تا علاوه بر قابلیت‌های سیاسی و تکنولوژیکی قابلیت تحلیل استراتژیک ما نیز افزایش درخوری پیدا کند.

روسیه و چین و بحران تقسیم منابع

سیاست‌های بین‌المللی روسیه و چین در خاورمیانه از دیگر موانع وقوع جنگ در منطقه است. بی‌تردید امریکا در عمق استراتژیک هر دو کشور بزرگ آسیایی نفوذ نظامی و سیاسی گسترده‌ای به هم زده، و تلاش و ایستادگی روسیه و چین در اغلب موارد با فریب یا شکست همراه بوده است؛ چه اینکه روسیه و چین نتوانستند از قطعنامه‌های صادره برای حمله به افغانستان، عراق، و لیبی جلوگیری کنند، و پس از وقوع جنگ و جاگیر شدن امریکا در منطقه متوجه اشتباه استراتژیک خود در فرایند تقسیم منابع و مناطق نفوذ یا هماهنگ در عرصهٔ بین‌الملل شده‌اند. به نظر می‌رسد در وضعیت کنونی، اگر این اتفاق تکرار شود، هم روسیه و هم چین تقریباً از خاورمیانه اخراج خواهند شد، و دوستان یا نیروهای هماهنگ با خود را در عرصهٔ بین‌المللی از دست خواهند. چون اگر امریکا بتواند مشکل خود را با ایران با نابود کردن جمهوری اسلامی حل کند، بی‌تردید رقبای بعدی امریکا روسیه و چین خواهند بود.

تاریخ تحولات روابط بین‌الملل این واقعیت را ثابت می‌کند که غرب و امریکا در هیچ نقطه‌ای از فشار بر رقبا و دشمنانشان، یا باج‌خواهی از دوستان خود توقف نخواهند کرد. به همین دلیل، روسیه

رزم‌ناوهای خود را به مرزهای آبی سوریه فرستاده است، تا مانع سقوط جدی‌ترین پایگاه ارتباطی آن در خاورمیانه شود. از طرفی، امریکا و غرب به‌خوبی می دانند سقوط سوریه به خارج شدن ایران از منطقه و قطعاً حذف تأثیرگذاری و نفوذ روسیه در منطقهٔ خاورمیانه و مناقشات اعراب و اسرائیل منتهی خواهد شد. بدین ترتیب، ایران تنهاشده در برابر امریکا و غرب گام بعدی امریکا خواهد بود. این روند می‌تواند بر سرنوشت روسیه در معارضه با غرب تأثیرگذار باشد. به همین دلیل روسیه به سوریه و ایران همچون خاکریزهای مقابل خود و به چین نیز همچون بازار بزرگ اقتصادی می‌اندیشد.

طبیعی است که هم روس‌ها و هم چینی‌ها در برابر مطامع استراتژیک امریکا ایستادگی کنند؛ اما باید توجه داشت که به‌هیچ‌وجه روس‌ها برای حفظ دوستان منطقه‌ای و فرامنطقه‌ای وارد منازعات شدید نظامی نخواهند شد. تجربهٔ تاریخی اتحاد شوروی و روسیه ثابت می‌کند که حتی حکومت ایدئولوژیکی چون اتحاد شوروی در بحران موشکی کوبا در برابر تهدید هسته‌ای امریکا عقب‌نشینی کرد، و دوستان بسیار نزدیک خود را نیز در برابر تهاجم نظامی امریکا تنها گذاشت. جنگ‌های اعراب و اسرائیل، و مناسبات مصر و شوروی و تحولات پیرامون آن‌ها به‌خوبی ثابت می‌کند که روس‌ها فقط تا مرز خطر دوستی می‌کنند، و پس از آن ممکن است برای جنازهٔ شما کمی اشک بریزند، و امید به یاری مخاطره آمیز و خطرپذیری آن‌ها در عرصهٔ خطر امیدی ساده‌لوحانه خواهد بود.

کتابنامه

اسپوزتیو، جان. ل (۱۹۹۲). تهدید اسلامی: اسطوره یا واقعیت، نیویورک: دانشگاه آکسفورد.
استروپ، ران (۱۳۸۸). حزب‌الله لبنان، تهران: مؤسسۀ اندیشه‌سازان نور.
اطلاعات، ۱۲ دی ۱۳۵۶.
الهی، همایون (۱۳۶۹). اهمیت استراتژیکی ایران در جنگ جهانی دوم، تهران: نشر دانشگاهی.
خاطرات علی امینی (طرح تاریخ شفاهی ایران وابسته به مرکز مطالعات خاورمیانۀ دانشگاه هاروارد)، تهران: حوزۀ هنری.
آوری، پیتر (۱۳۶۹). تاریخ معاصر ایران (مقدمه)، دانشگاه کمبریج،

ترجمهٔ محمد رفیعی مهرآبادی، تهران: عطایی.
اولسر، یان (۱۹۹۶). نفت خلیج فارس، استراتژی بزرگ، سانتا مونیکابرند.
بیل، جیمز (۱۳۷۱). شیر و عقاب، ترجمهٔ مهوش غلامی، تهران: شهر آشوب.
پارسادوست، منوچهر (۱۳۷۵). شاه اسماعیل اول، چ ۲، تهران: شرکت سهامی انتشار.
پیترز، جان (۱۳۷۸). معماری نظامی بر پایهٔ نظم نوین جهانی، ترجمهٔ سید حسین محمدی نجم، تهران: دانشکدهٔ فرماندهی و ستاد سپاه پاسداران.
توکلی، یعقوب (۱۳۷۷). خاطرات جهانگیر تفضلی، تهران: سورهٔ مهر.
توکلی، یعقوب (۱۳۹۱). اولین امیر، اولین ترور، تهران: بنیاد حفظ آثار ارزش‌های دفاع مقدس.
جردن، هامیلتون (۱۳۶۴). بحران، ترجمهٔ محمود مشرقی، تهران: نشر هفته.
حسین اکبری (۱۳۸۵). بوسنی در گذر زمان، تهران: مؤسسهٔ اندیشه‌سازان نور.
خاطرات علی امینی (۱۳۷۶). به کوشش یعقوب توکلی، تهران: دفتر ادبیات انقلاب اسلامی.
خلیل‌زاد، زلمی (بی‌تا). استراتژی برای قرن بیست و یکم، بیروت: آمن.
راهنما (ماهنامهٔ مطالعات تروریسم)، ش ۴.
راهنمای جین (۱۹۸۶). در معرفی هواپیماهای جهان، لندن: جین.
رئیس‌طوسی، رضا (۱۳۸۵). سرزمین‌های سوخته، تهران: مؤسسهٔ مطالعات تاریخ معاصر.

زلمی، خلیل‌زاد. ایالات متحده و خلیج فارس، «جلوگیری از برتری منطقه‌ای سوروایول»، ش ۲، تابستان ۱۹۹۵، ۹۵ تا ۱۲۰.
سازمان مجاهدین خلق: پیدایی تا فرجام (۱۳۸۵). به کوشش جمعی از پـــژوهشگران مـؤسسهٔ مـطالعات، چ ۲، تهران: مؤسسهٔ مطالعات پژوهش‌های سیاسی.
سامانی، خان‌ملک (بی‌تا). دست پنهان انگلیس در ایران، بی‌جا.
سراج، رضا (۱۳۸۷). جنگ در پناه صلح، قم: تسنیم اندیشه.
سویدان، طارق (۲۰۰۵). تاریخ فلسطین، کویت (ترجمهٔ یعقوب توکلی، تهران: نشر معارف، زیر چاپ).
صمیمی، مینو (۱۳۸۶). محمد در اروپا، ترجمهٔ عباس پویا، تهران: اطلاعات.
طلیعهٔ انقلاب اسلامی: مجموعه بیانات و پیام‌های امام خمینی سال ۱۳۵۷ در خارج از کشور (۱۳۶۱). تهران: نشر دانشگاهی.
عاقلی، باقر (۱۳۸۰). روزشمار تاریخ ایران، از مشروطه تا انقلاب اسلامی (حوادث ۲۶ مرداد ۱۳۳۲)، تهران: گفتار.
عزت بگوویچ، علی (۱۳۸۴). خاطرات علی عزت بگوویچ، ترجمهٔ محمدباقر پی‌پل‌زاده، تهران: مؤسسهٔ اندیشه‌سازان نور.
فونتن، آندره (۱۳۶۶). یک بستر و دو رویا (مشروح گزارش جنگ ویتنام)، ترجمهٔ عبدالرضا هوشنگ مهدوی، تهران: البرز.
نجفی، موسی و دیگران (۱۳۸۱). تاریخ تحولات سیاسی ایران، چ ۳، تهران: مؤسسهٔ مطالعات تاریخ معاصر.
نقیب‌زاده، احمد (۱۳۸۷). تاریخ دیپلماسی و روابط بین‌الملل، چ ۵، تهران: قومس.
هالستی، کی. جی (۱۳۷۳). مبانی تحلیل سیاست بین‌الملل، ترجمهٔ

بهرام مستقیمی، تهران: دفتر مطالعات سیاسی و بین‌المللی.
هانتیگتون، ساموئل (بی‌تا). «نظریهٔ جنگ تمدن‌ها»، مجلهٔ امور خارجه Foreign Affairs.
هیکل، محمدحسنین (۱۳۶۵). بریدن دم شیر، ترجمهٔ محمدکاظم موسایی، تهران: اطلاعات.

The Eagle Against The Lion

By

Yaghoob Tavakoli

2015